普通高等教育“十二五”规划教材
全国高职高专规划教材·物流系列

U0960930

物流经济地理

（第二版）

主　编　王　珂

副主编　张敦胜　李蔚倩　詹捍东　吴翠霞

参　编　肖长刚　林德山　李宪国　刘培标
　　　　刘　娟　胡　宁

北京大学出版社
PEKING UNIVERSITY PRESS

内 容 简 介

本书为“全国高职高专规划教材·物流系列”之一，内容包括物流业发展概述、农业物流地理、工业物流地理、商业物流地理、旅游经济地理、运输业物流地理、物流分区地理、国际物流与外贸地理等内容。

本书可作为三年制高职高专物流管理及相关专业的教材，也可作为物流从业人员的学习用书和参考资料。

图书在版编目（CIP）数据

物流经济地理/王珂主编. —2 版. —北京：北京大学出版社，2013.9
（全国高职高专规划教材·物流系列）
ISBN 978-7-301-23001-5

Ⅰ. ①物… Ⅱ. ①王… Ⅲ. ①物流—经济地理—中国—高等职业教育—教材
Ⅳ. ①F259.22

中国版本图书馆 CIP 数据核字（2013）第 182837 号

书　　名：物流经济地理（第二版）
著作责任者：王　珂　主　编
策 划 编 辑：李　玥
责 任 编 辑：李　玥
标 准 书 号：ISBN 978-7-301-23001-5/F·3709
出 版 发 行：北京大学出版社
地　　址：北京市海淀区成府路 205 号　100871
网　　址：http://www.pup.cn　　新浪官方微博：@北京大学出版社
电 子 信 箱：zyjy@pup.cn
电　　话：邮购部 62752015　发行部 62750672　编辑部 62765126　出版部 62754962
印 刷 者：三河市北燕印装有限公司
经 销 者：新华书店
787 毫米×1092 毫米　16 开本　13 印张　315 千字
2008 年 8 月第 1 版
2013 年 9 月第 2 版　2017 年 1 月第 4 次印刷（总第11次印刷）
定　　价：26.00 元

第二版前言

《物流经济地理》是物流管理专业的基础必修课程，也是物流学与经济地理学相结合的一门综合性课程。本书自2008年出版以来，对拓宽学生的视野、提升学生的职业素质起到了很大的作用，受到广大读者的欢迎。

随着社会经济的发展和改革的深入，我国物流业发生了很大的变化，我国的经济布局也得到了进一步的完善和更新。为使教材与经济发展同步，编写组在第一版的基础上对本书进行了修订。

这次修订的内容主要包括以下几个部分：

1. 对教材中的数据信息进行了更新，体现出数据的时效性和权威性；

2. 在第六章《我国运输业物流地理》中增加了高速铁路及铁道部改革的内容；

3. 在第七章《物流分区地理》中增加了环渤海经济圈的内容；

4. 对第九章《国际物流与外贸地理》的内容进行了调整和充实。

本书具有以下几个特点：

1. 注重结合行业发展实际，体现实用、够用、能用的高职高专教学原则，体现学以致用的精神；

2. 本书既适合高职高专物流专业的师生使用，又可为社会人士学习物流经济地理起到参考借鉴的作用。

本教材由王珂任主编，张敦胜、李蔚倩、詹捍东、吴翠霞任副主编。具体编写分工如下：王珂编写第1章，张敦胜编写第2章，詹捍东编写第3章，肖长刚编写第4章，林德山编写第5章，李宪国、李蔚倩编写第6章，刘培标、刘娟编写第7章，吴翠霞编写第8章，胡宁编写第9章。

由于编者水平所限，教材中难免存在不足之处，敬请专家和读者提出宝贵意见，以便修订时加以完善。本书的修订再版得到北京大学出版社的大力支持，在此表示衷心的感谢。

编　者

2013年7月

目　录

第 1 章　我国物流业发展概述

本章内容摘要

- 我国物流业的发展阶段；
- 我国物流业的发展现状和特点；
- 当前物流业存在的问题；
- 我国物流业布局；
- 物流园区建设与布局的基本方法。

1.1　我国物流业的产生与发展

商品流通由商流活动与物流活动两部分组成，它们之间既有互相制约而构成整个商品流通有机体的统一性，又具有各自处于不同流通环节的相对独立性。因此，从它们的业务性质上加以考察，表现为两种类型：商品收购和商品销售，是以货币为媒介，以在不同部门或企业之间实现商品所有权转移为特征的“商流”类型；商品运输和商品储存，是实现商品实体在空间位置上移动和为衔接下一个“商流”业务而收贮商品，以及进行必要的包装、加工和整理为特征的“物流”类型。商流对物流有决定性的作用；物流也反作用于商流。物流搞好了，就能促进商流的发展；反之，就会使商流处于中断或瘫痪状态。

所以，物流在整个商品流通乃至社会再生产中占有十分重要的地位，有着极其重要的作用。从理论上认识物流的重要性以及它在社会再生产和商品流通中的地位，认识商流与物流的辩证统一关系，进而建立起具有中国特色的现代商业物流管理体系，是整个商业管理的重要组成部分。

1.1.1　我国物流业的发展阶段

从新中国成立到 1978 年前，我国一直是计划经济体制，生产、运输、仓储、销售等都由国家控制，企业在物流过程中没有一个经营自主的空间，物资不能按市场规律有效流动，所以此阶段内我国经济领域中没有物流的概念，更缺乏有关物流理论的研究。1978 年后，随着经济体制的改革和市场的开放，我国开始发展物流业。我国从国外引入物流概念有两条途径，一是 80 年代初随“市场营销”理论的引入而从欧美传入；二是“Physical Distribution”从欧美传入日本，日本人翻译为“物流”，而 20 世纪 80 年代初，我国从日本直接引入“物流”的概念。20 世纪 90 年代后期，随着我国经济体制改革的发展，企业产权关系日益明晰，生产、流通等企业开始认识到物流的重要性，于是国内开始出现了不同形式的物流企业。此时，大多物流企业是由原运输企业、仓储企业、商业企业或工业企业等改造重组而来，但已有少数物流企业开始建立在物流理论上，根据物流运作规律进行组织与管理。同时，对物流的研究也从流通领域向生产领域渗透。网络技术、电子商务的发展对物流业的发展提出了新的要求，加强了我国物流业与世界物流业的合作与交流，使我国物流业的发展开始走向国际化和全球化。

统计数据显示，1991—2002 年，全社会物流总值从 3 万亿元上升到 23.3 万亿元，增长了 6.7 倍，年均以 20.4% 的速度递增，大大高于同期 GDP15.4% 的年均增速。近年来，一些经济发达或较发达城市更是重视物流业的发展，如深圳市把现代物流与高新技术和金融并重，作为跨世纪经济发展目标的三大支柱产业之一。为了充分发挥自身的区位优势，尽快把深圳建成国际物流中心城市，深圳市委托美国盖兰德公司做了《深圳现代物流发展策略及交通运输相关政策研究》的咨询报告，同时，还委托同济大学编制了《深圳“十五”及 2015 年现代物流发展规划》，把发展现代物流业置于重要地位。

图 1-1　物流基地

在我国，物流业不仅在规模上有了突飞猛进的发展，而且在内涵上也有了新的内容。信息技术和通信技术在物流业中被广泛应用，为电子商务服务的物流企业也已建立，绿色物流、农业物流、第三方物流等纷纷崛起。

虽然从近年的发展来看，我国的物流业有了飞速的发展，但是与发达国家相比还有很大的差距。因此，营造一个有利于物流业发展的整体经济环境十分必要。

1.1.2　我国物流业的发展现状和特点

（1）社会物流需求快速上升，幅度明显高于同期 GDP 增幅。2010 年，我国社会物流货物总额为 125.4 万亿元，年均增长 7.5%；在社会物流货物总额中，工业品物流总值比重最大，幅度最高，2012 年为 177.3 万亿元。这组数字说明，物流发展与一个国家的经济总量成正比，与一个国家的经济发展水平成正比，也说明经济发展对物流的依赖程度越来越高。

（2）社会物流总成本增长逐年趋缓，但占 GDP 的比重仍处于高位。这反映出我国物流运作水平极为粗放，社会化、专业化水平低，经济增长付出的物流成本太高。

（3）社会物流增加值的幅度高于国民经济增长水平。这说明我国物流社会化、专业化水平在不断提高，第三方物流企业在加速发展，物流业已成为国民经济的重要产业。

（4）物流领域固定资产投资快速增长，但投资规模还相对较小，滞后于物流需求的增长。按国土面积和人口数量计算的运输网络密度，2003 年，我国仅为 1 344.8 千米/万平方千米和 10.43 千米/万人，而美国为 6 869.3 千米/万平方千米和 253.59 千米/万人，印度为5 403.9 千米/万平方千米和21.6 千米/万人。每万美元GDP产生的运输周转量，我国为4 823 吨千米，美国仅为870 吨千米。另外，由于物流运作模式、物流设施装备落后，我国工业生产中物流活动所占时间为整个生产过程的90%左右，而发达国家为40%左右。

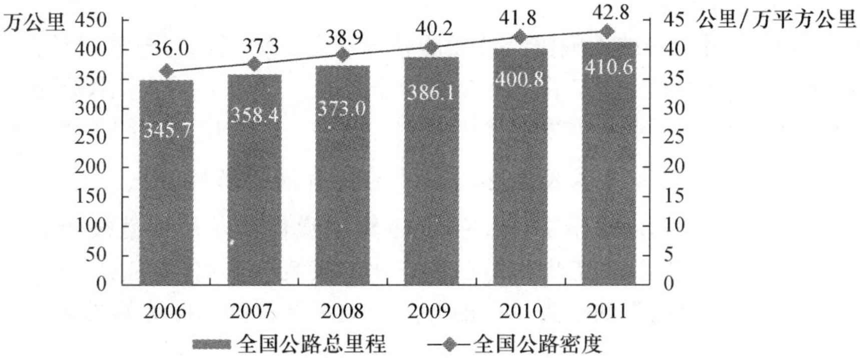

图 1-2　2006—2011 年全国公路总里程及公路密度

1.1.3　当前物流业存在的问题

物流是经济活动的重要组成部分，是企业生产与人民生活相连接的一个重要环节，是供应和保障链不能缺少的行业。物流水平的高低决定着企业的生存，现代物流是现代人类社会全部经济活动的连接纽带和服务平台。但是，我们必须清醒地认识到，当前物流业供需不平衡的结构性矛盾依然存在，粗放的经营格局尚未根本改观，大多数物流企业的信息化程度仍然不高；同时，物流行业的法律法规不完善，经营中不规范操作的现象仍很严重；另外，许多物流业管理者思想观念陈旧、专业知识匮乏等问题也严重制约了物流行业的发展。

1. 我国物流业的管理体制尚未理顺

物流业涉及的行业多、门类广，如铁道部、民航局、海关、国内贸易局、外经贸部、交通部、能源部、农业部等国有企业和政府职能机构的参与和国家计委、经贸委等政府综合部门的宏观管理。由于物流业的管理体制没有理顺，各部门之间分工又有交叉，所以物流行业管理中存在条块分割、部门分割、重复建设等问题。另外，已经形成的社会物流系统与企业物流系统不能有效地互补，也对物流的合理化产生不利的影响。

2. 物流服务尚处于卖方市场，物流企业管理分散，社会化服务水平低

根据有关部门的调查，多数企业暂时没有物流服务的需求。这一方面由于目前物流业的发展需要进一步规范，另一方面主要是考虑成本、效率和服务标准问题。由于条块分割、部门分割，缺乏统一规划，重复建设加剧，加上市场发育滞后，全国物流企业处于小、多、散、弱的状况，难以形成有效的社会服务网络，物流企业能够为企业提供的服务比较单一，相关的法律尚未健全，企业对物流活动的控制能力比较弱，企业管理层对物流的理解和认识程度不够，等等，制约了企业对物流服务的选择。

3. 物流业缺乏战略规划，整体合力不足

（1）关于现代物流的理论研究比较滞后。政府部门缺乏对物流产业、物流企业、单个物流作业环节提供的服务与一体化物流作业服务、物流业投入产出统计指标体系计量等一

系列理论问题的概念界定，致使许多实际问题无理可依。

（2）物流行业人才培训和物流信息工作需要加强。物流业人才的培养滞后、物流信息化没有明确的主管部门，导致社会对物流的认知度弱、物流人才匮乏、物流信息渠道没有建立、信息沟通不畅等问题。

（3）物流业的发展没有纳入国民经济发展整体规划。物流业属于服务行业，基本覆盖了国民经济的所有产业，但由于其作为新兴的服务产业，还没有纳入国民经济大系统，具体的发展目标模糊，物流行业协调发展能力较差，这在一定程度上制约了物流业的发展。

4. 基础设施能力不足和技术装备落后的矛盾没有得到很好解决

交通运输能力仍不能满足运输需求，主要运输通道供需矛盾依然突出。仓储设施落后，大量的仓库是五六十年代的老旧建筑；现代化的集装箱、散装运输发展不快；高效专用运输车辆少；汽车以中型汽油车为主，能耗大，效率低；装卸搬运的机械化水平低。

1.1.4 我国物流业布局

1. 我国物流业格局的形成

我国物流业经过20年的发展，已经取得了一定的成绩。目前我国在东部地区已经形成了以沿海大城市群为中心的四大区域性物流圈格局：一是以北京、天津、沈阳、大连和青岛为中心的环渤海物流圈；二是以上海、南京、杭州和宁波为中心的长江三角洲物流圈；三是以厦门和福州为中心的环台湾海峡物流圈；四是以广州和深圳为中心的珠江三角洲物流圈。

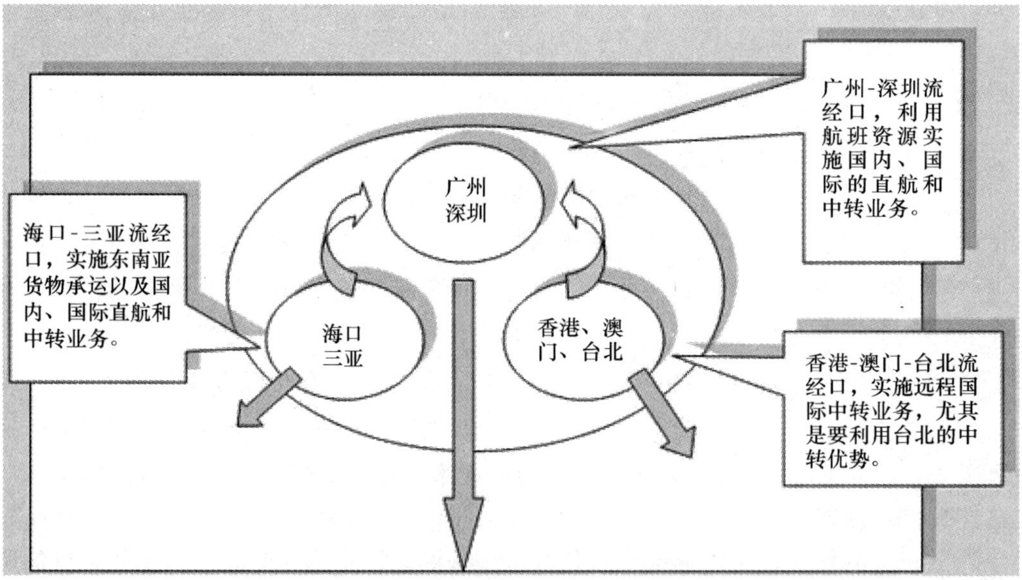

图1-3　泛南海大空物流圈示意图

这四大物流圈以滚动式、递进式的扇面辐射，带动中部和西部地区的发展，这种辐射功能包含着巨大的物流辐射和集散功能，以激活和融通全国范围的物流、人流、信息流。四大物流圈的形成使中国物流业的发展呈现出“区域引力场”的现象，其周围地区包括中西部地区都处于物流圈引力场的吸引范围内。同时部分大城市和特大城市已经成为区域性物流产业发展中心，而且全国范围内以基本交通运输线为基础形成若干物流通道，使我国物流业发展的点—轴—面系统已略呈雏形。

2. 东中西部物流业发展的不平衡

我国地域辽阔，地区经济发展不平衡，东部沿海地区历史上经济发达且改革开放较早，经济发展快，基础设施完善，物流需求比较旺盛，提供物流服务的企业和机会较多，物流发展水平高，短时间内能实现物流现代化，而中西部地区由于经济水平、区位条件、历史因素以及国家经济政策等原因，物流业发展水平低，发展物流业的难度较大，使我国在全国范围内出现物流业发展的东、中、西差异。1999 年东部地区物流产值高达 3 140. 59 亿元，而中部和西部地区仅各为 1 401. 23 亿元和 476. 81 亿元，东中西部之间差距很大。这种不平衡性减少了商品流通的相对规模，给东中西部地区物流业的合作带来了一定的难度。但中西部地区也已经形成了以大城市为中心、以交通运输线为纽带的物流节点，为以后物流业的发展奠定了一定的基础。

从时间角度看，东中西三大地带的物流业产值从 1984 年开始一直呈上升趋势，1992 年之前三大地带的物流产值增加比较平缓，增加速度较小；从 1992 年开始三大地带的物流产值增加速度加快，呈直线上升趋势。1984 年东部地区物流产值为 243. 44 亿元，中部地区为 160. 11 亿元，西部地区为 60. 36 亿元，比例结构为 52∶35∶13；1992 年东部地区物流产值为 765. 55 亿元，中部地区为 167. 07 亿元，西部地区为 371. 64 亿元，比例结构为 48∶23∶29，其中中部地区落后于西部地区；到 1999 年，东部地区物流产值为 3 936. 02 亿元，中部地区为 1 774. 4 亿元，西部地区为 682. 5 亿元，比例结构为 61∶28∶11，差距越来越大。东部地区物流产值增加尤为明显，中部地区增加也较快，都远远高于西部地区，西部地区物流产值增加缓慢，与我国经济发展的政策有关。从 1978 年开始，我国的经济开放政策一直倾向于东部地区，而西部地区的经济投资环境较差，经济发展优惠条件少，我国的经济发展政策为东部地区物流产业的快速发展注入了活力。

3. 南北物流产业的发展差距分析

由于我国南北方地区的经济基础不同，尤其是我国改革开放以来，在经济开放政策倾向于闽粤地区和长江三角洲地区，以及各种因素影响下，南北方地区经济发展差距愈来愈大。物流产业作为流通领域中最重要的产业，是整个国民经济发展的衔接地带，经济发展的差距问题深刻影响了物流经济活动的发展。在改革开放初期，南北方地区的物流产值变化不是很明显，但从 1992 年开始，南方地区的物流产业迅速发展，速度惊人，北方地区虽然也在加快发展，但已经明显落后于南方地区，两者的差距愈来愈大。1984 年北方地区物流产值为 235. 73 亿元，南方地区为 228. 18 亿元，南方地区落后于北方地区；1986 年北方地区物流产值为 333. 49 亿元，南方地区为 334. 13 亿元，南北方持平；从 1987 年开始南方地区物流产值增加快于北方地区，1992 年北方地区物流产值为 586. 41 亿元，南方地区物流产值为 717. 85 亿元，南北比例为 1. 22∶1；从 1992 年开始发展差距比例加大，到 1999 年南北方发展比例高达 1. 38∶1。南北物流产业发展的差距很明显是我国经济开放政策倾斜的产物。如果经济开放政策仍旧过分倾向于南方地区，这种差距就会继续加大。

4. 城乡物流业发展的不平衡

在我国，落后的农业和农村经济与现代工业、发达的城市经济并存，以文盲、半文盲、文化水平低的群众为基础的落后科学与世界先进科学技术并存，广大的不发达地区、贫困地区与经济发达、比较发达地区并存，而且，我国正处于实现工业化、现代化的双重任务下。这种国情决定了城乡在经济、消费、观念等诸多方面存在着很大的差距，物流企业、物流设施、物流活动高度集中在交通极为发达的大城市中，形成辐射功能极强的物流中心城市，而在乡村地区物流业的发展比较缓慢，使城市物流与乡村物流在过程上相脱节，甚至在少数乡村物流几乎为零，造成物流市场的地域化、畸形化。无论在我国的东部地区还是中西部地区都是在城市首先发展起物流业，然后以交通运输线例如铁路、河流、公路等为纽带形成物流节点，向周围地区包括乡村地区辐射。

5. 全国物流业格局的发展趋势

尽管特殊的国情决定了我国物流业发展呈现出不平衡性，存在着城乡和区域差异，但物流业的发展最终将趋向平衡。我国正在实施西部大开发战略和扩大内需政策，扩大内需必将极大促进物流量的增加，给中国物流业发展提供新的机遇。西部大开发将有数以万亿元的资金投入到中西部的基础设施建设中，其中很大一部分是交通运输工程。西部铁路网的建设首先将和东部已有铁路网的主干道相连接，同时连接西部各省，它将成为东西部交流和西部各省相互联系的重要通道，为西部地区协调统一发展提供支持条件；此外，新亚欧大陆桥也作为西部铁路网的一条主干线，为西部地区经济走向国际、发展国际物流创造条件，这必将推动中西部与东部的商品交流以及对外贸易的增加. 拓展我国物流市场发展的空间。我国国情决定了物流业首先在经济发达地区得以发育、成长，并且在这些区域中物流业首先在城市中兴起，使城市成为物流业发展的中心，带动周围地区和临近城市的发展，然后向区域中的农村地区辐射、蔓延，最后由点到线，由线到面，最终覆盖全国，并且与世界物流业发展接轨，与全球物流业融为一体，形成遍及全世界的物流网络。

1.2 物流园建设与布局的基本方法

物流园区是现代物流业发展中出现的新型业态，是基础设施的重要组成部分，在提高物流的组织化水平和集约化程度，转变经济发展方式，促进经济发展和保障社会稳定等方面发挥着重要作用。在2008年，由国家质量监督检验检疫总局和国家标准化管理委员会发布的《物流园区分类与基本要求》国家标准中，对“物流园区”进行了这样的定义：“为了实现物流设施集约化和物流运作共同化，或者出于城市物流设施空间布局合理化的目的而在城市周边等区域，集中建设的物流设施群与众多物流业者在地域上的物理集结地。”

1.2.1 国内外物流园区发展现状

1. 国外物流园区发展现状

走在物流发展前沿的美国，其物流中心可分为三类：由特大型生产企业独资建立；零售和商业企业自有；社会化物流中心。特点：物流中心配送、运输、送到率都在99%以上；采用先进的设施、设备和技术；尽量降低成本。

日本物流中心也分为三类：大型工商企业自有；由某企业投资、小型企业加盟；接受委托为其他企业服务。特点：运用较成熟的计算机技术；建立严格的规章制度；配备比较先进的物流设施。

德国物流中心可以分为综合型和专业型，其功能可分为集货、送货、转运、加工、配送、物贸和国际多式联运综合物流中心等类型。德国政府在物流中心建设中进行整体的规划，通过物流中心推动各种运输方式协调发展，形成综合运输网。由政府投资建设公路、铁路、港口的基础设施，政府资金通过税收或土地的置换来获得，政府监督物流中心的建设，引导、吸引物流企业和国际性的物流服务商进入物流中心。

2. 我国物流园区发展现状

我国物流园区的探索与实践起始于20世纪90年代末，随后各地掀起了规划建设物流园区的高潮，物流园区在促进物流业，乃至地方经济发展中的作用日益明显。但客观地说，物流园区的物流基础设施建设仍然明显滞后于市场需要，发展水平仍然偏低，许多投入使用的物流园区经营比较困难，利润水平不高。物流园区发展存在诸多问题和困惑。

2009年，国务院发布的《物流业调整和振兴规划》中提出，优化物流业发展的区域布局，将物流园区列入“九大重点工程”之一，我国物流园区发展再次迎来新机遇，规范化建设、专业化运营、协同式发展、低碳节能等先进理念正成为我国物流园区建设和发展所遵循的重要指导思想。

1.2.2　物流园区布局的基本方法

1. 物流园区的功能定位

物流园区的功能可定位为以下四种类型。

（1）国际货运枢纽型。这主要是指与港口、陆路口岸相结合，以集装箱运输为主，设有海关通道的大型中转枢纽。

（2）实效性区域运送型。它分为两种类型，一是满足跨区域的长途干线运输和城市配送体系之间的转换枢纽；二是多式联运转换枢纽。

（3）市域配送型。它主要满足多品种、多批次、少批量的配送运输要求，提供准时、高速服务质量的货运枢纽。

（4）综合型。它兼有上述三种类型的特征。

2. 物流园区布局原则

物流园区功能布局规划过程中所应遵循的原则如下所示。

（1）近距离原则。在条件允许的情况下，使货物在园区内流动的距离最短。以最少的运输与搬运量，使货物的流动以最快的速度到达用户的手中，并满足客户的要求。

（2）设施布置优化原则。在园区规划设计时，应尽量使彼此之间货物流量大的设施布置得近一些，而物流量小的设施与设备可布置得远一些。同时尽量避免货物运输的迂回和倒流，因为迂回和倒流现象会严重影响物流园区的整体效率与效益，甚至会影响物流园区货物的流畅和环境。因此，必须将迂回和倒流减少到最低程度，使整个物流园区的设施布局达到整体最优。

（3）系统优化原则。物流园区不仅要重视作业流程的优化，而且还要重视园区设施规模和布局的优化。既要解决各物流环节的机械化、省力化和标准化，又要解决物流园区的整体化、合理化和系统化；既要降低成本，又要使用户满意，提高服务水平，增强竞争力。总之，要达到物流园区整个运作的最优化。

（4）柔性化原则。随着社会经济的发展，货流量及货物的种类也会发生变化，因此，物流园区设施的规划及布局应该留有发展的空间和适应于变化的设计。如，发达国家有些工业厂房都是组合式的，设备安装也有利于变动和调整。物流园区的建设应随货流量的增加而逐步进行，国际经济形势的变化可能会使货流量呈跳跃式的增长，因此园区建设必须留有发展的空间。

（5）满足工艺、生产和管理要求的原则。物流园区的设施布局首先要满足货物的工艺流程的要求。要有利于货畅其流，有利于生产和管理，有利于各环节的协调配合，使物流园区的整体功能得到充分的发挥并获得最好的经济效益。要完善物流增值配套功能，包括尽可能地提供货物的分拣、包装与再包装等服务，加强与海关、检疫等监管部门的协作，完善通关环境，等等，为客户的整个物流过程节省时间和减少费用，实现物流园区的物流和客户效益的整体最优化。

思考与练习

1. 简述物流业在国民经济中的作用。
2. 简述我国物流业的发展现状。
3. 简述物流园区布局的基本原则。

第 2 章　我国农业物流地理

本章内容摘要

- 农业经济发展状况、问题与趋势；
- 粮食作物生产与分布；
- 经济作物生产与分布；
- 林、牧、渔业生产与分布；
- 物流发展与农业。

2.1　农业概述

农业是利用动植物和生物的生活机能，经过人工种植、培育、饲养等生产活动，以获得各种农产品的生产部门。它包括种植业、林业、畜牧业和水产业等部门，亦称第一产业。

2.1.1　农业经济发展概况

我国农业生产历史悠久，但是在旧中国，农业处于十分落后的状况。新中国成立以后，农业生产得以较快地发展，尤其是党的十一届三中全会以后，农村推行了家庭联产承包责任制，加上积极引进和推广先进的农业科学技术，使农业生产走上了快速发展的道路，其主要表现在以下几个方面。

（1）农产品产量迅速提高。如表 2-1 所示。

表 2-1　我国主要农产品产量统计表　　单位：万吨

农产品名称＼年份	1978	1985	1990	1995	2000	2005	2011
粮食	30 477	37 911	44 624	46 662	46 218	48 402	57 121
棉花	216. 7	414. 7	450. 8	476. 8	441. 7	571. 4	738. 8
油料	521. 8	1 578. 4	1 613. 2	2 250. 3	2 954. 8	3 077. 1	3 279. 2
甘蔗	2 111. 6	5 154. 9	5 762. 0	6 541. 7	6 828. 0	8 663. 8	12 037. 4
茶叶	26. 8	43. 2	54. 0	58. 9	68. 3	93. 5	147. 5
水产品	465. 4	705. 2	1 237. 2	2 517. 2	4 278. 5	5 106. 1	5 611. 5

（2）农业生产条件大为改善，基础设施建设日益完善。新中国成立以来，各级政府领导人民治理江河，拦洪蓄水修建水库8.6万多座，改造易涝地约2 000万公顷，灌溉面积由新中国成立初期的1 600万公顷增加到目前的5 000万公顷，供水能力达到5 000万多亿立方米，有效地提高了农业的抗灾能力；农业工业发展也很快，2011年农用化肥由新中国成立初期的7.9万吨增加到6 525.9万吨，农用机械总动力由12.1亿瓦增加到9.7亿千瓦，基本改变了过去单纯依靠人力、畜力和落后的生产工具的状况，农药使用量增加到146万吨。我国农村基础设施建设机制发生了重大变化，由过去农民主导向政府主导转变，基础设施建设更加完善。

（3）农业生产结构日趋合理。农业生产结构不合理是我国农业生产中长期存在的问题，集中表现为：种植业比重偏高，各部门内部结构不协调；种植业以粮食为主，畜牧业以养猪为主，林业以采伐为主，水产业以捕捞为主；等等。近20多年来，由于各地贯彻落实“绝不放松粮食生产，积极发展多种经营”的生产方针，使农业生产结构有了很大的改善。种植业比重继续下降，畜牧业、水产业比重持续上升。全国各地适应市场需求，积极淘汰劣质品种，压缩大路品种，发展优质专用农产品。经过结构调整，我国农产品市场供应更加丰富，花色品种更加多样，质量档次明显提高，在国际市场上的竞争力逐步增强。

（4）农业地区分布逐步趋于合理。新中国成立以来，为了满足沿海地区工业对农产品原料的需要，我国恢复和发展了东南沿海地区的棉、麻、油料、甘蔗等经济作物的生产，现已形成比较稳定的生产基地；同时，为了配合东北、西北、西南、海南等地新型工业基地的建设，相应地建立了三江平原、松嫩平原、河西走廊、银川平原等粮食基地，内蒙古和新疆的甜菜基地，云南和海南的橡胶基地等。我国已基本改变了旧中国耕作业遍及东南沿海的局面，使我国内陆和边疆地区能够就近提供粮食和农产品原料。

2.1.2 农业产品的地域性

农业是利用动植物的生长繁殖来获得产品的物质生产部门，它一般要依靠土地才能进行，包括种植业、畜牧业、林业及渔业。因为土地是地形、气候、水文、植被等诸因素影响下的自然综合体，其地域性差异就形成了农业生产的地域性差异。另外，农业再生产是自然再生产与经济再生产互相融合的物质生产过程，而经济再生产过程因为各国、各地区的开发历史、社会经济发展、习俗差异等也存在着地区差异。所以各国、各地区农业生产发展极不平衡，存在着明显的地区差异。

从大尺度空间来看，首先是国与国之间存在着差异。发达国家一般农业经营高度机械化、集约化，商品率高，畜牧业产值一般高于种植业。而发展中国家则农业技术比较落后，种植业在农业中占绝对优势，从事农业的劳力比较多，亩产量和消费量都偏低，甚至有些国家粮食不能自给。即使是发达国家，由于国情不同，农业现代化的特点也有差异。如人多地少的日本与地广人稀的加拿大及澳大利亚就明显不同。

从中尺度空间来看，一个国家内部因自然条件、历史开发和经济基础不同，农业也存在显著的差异。如我国东南部季风区以种植业为主，西北内陆区以畜牧业为主，青藏高原有其独特的高原牧业与河谷农业。即使是东部季风区，以秦岭和淮河为界也存在着明显差异，南方以水田为主，种植水稻，而北方以旱地为主，种植小麦和玉米等。

从小尺度空间来看，以城市为中心向外围延伸也会形成圈层结构的农业差异。如城市的郊区形成了以种植蔬菜、花卉、奶肉禽蛋为主的郊区农业。另外，在新兴工矿城市如大庆，克拉玛依的周围往往会形成商品性的粮食和蔬菜基地。

换一个角度，以农作物的类型来看，不同农作物因其生长习性差异也呈现出明显的地域分布差异。如水稻多分布在高温多雨的热带、亚热带季风气候区及热带雨林气候区，小麦相对而言要求的热量、水分条件并不是很高，多分布在温带大陆性气候区和我国的半湿润半干旱地区。同样属于热带经济作物的咖啡、可可、油棕、橡胶、甘蔗等也因为历史、经济、自然的原因出现了地域差异。如油棕比较集中分布在马来西亚及周边地区，可能与过去曾属英国的殖民地有关。

从因地制宜，适当集中的农业发展原则出发，各国都相应建成了大面积的商品性生产基地，或者说农业生产区域化。如美国现代农业发展的区域专业化，我国的商品粮、商品棉生产基地，许多发展中国家的热带经济作物生产基地，等等。

2.1.3　农业生产存在的问题

我国农业虽然有了很大发展，但是存在的问题也很严重，当前，我国农业面临的最大问题是农业生产的不确定性。近期农产品价格剧烈波动是农业生产能力不稳定的表现。短期内，多数农产品的价位趋高，有助于农业生产能力的扩大，改善农产品供求关系，促进农产品市场稳定。但是，从长期来看，农产品市场剧烈波动，不但影响到中低收入消费者的生活质量，而且对小农经济冲击也较大。具体问题有以下几个。

1. 粮食人均产量增长不高

虽然是世界上粮食产量最多的国家，但是按 13.4 亿人口平均，每人每年占有的粮食还不足 400 千克，略低于世界平均水平。50 多年来，我国粮食总产量增长 3 倍，但因人口也增长了 2 倍多，每年增产的粮食大部分被增加的人口所消耗，平均每人增加的粮食并不多。

2. 农业生产力较低

我国农业综合生产力尚低，抗灾能力差，农业生产率常有较大波动。农业基础设施相对滞后。城镇建设，特别是农村城镇化建设步伐不够快，直接导致了农业生产力的提高。

3. 农业结构还不合理

我国农、林、牧、渔业没有全面发展，林业和渔业比重太小，各地农业发展很不平衡。随着各级政府对环境保护工作的日益重视和国家环境保护法律法规的日渐完善，限制和淘汰高能耗水耗、高污染产业的力度不断加大，第二产业的改造升级越来越紧迫。

4. 农业环境污染日益加重

我国受污染的耕地达2000 万公顷，约占耕地总面积的1/5。耕地退化严重，自然灾害频繁。水土流失趋向严重。长期的粗放型开发和利用，建设用地规模不断扩大。自然保护区、森林公园等受保护面积占国土面积比例偏低，导致局部水土流失比较严重。

2.1.4　新型农业的出现及发展趋势

新型农业现代化是以粮食优质高产为前提，以绿色生态安全、集约化、标准化、组织化、产业化程度高为主要标志，基础设施、机械装备、服务体系、科学技术和农民素质支撑有力的农业现代化。

1. 旅游（观光）农业

观光农业是一种以农业和农村为载体的新型生态旅游业。近年来，伴随全球农业的产业化发展，人们发现，现代农业不仅具有生产性功能，还具有改善生态环境质量，为人们提供观光、休闲、度假的生活性功能。随着收入的增加、闲暇时间的增多、生活节奏的加快以及竞争的日益激烈，人们渴望多样化的旅游，尤其希望能在典型的农村环境中放松自己。于是，农业与旅游业边缘交叉的新型产业——观光农业应运而生。

观光农业是把观光旅游与农业结合在一起的一种旅游活动，它的形式和类型很多，其中规模较大的主要有五种。① 观光农园。在城市近郊或风景区附近开辟特色果园、菜园、茶园、花圃等，让游客入内摘果、拔菜、赏花、采茶，享受田园乐趣。这是国外观光农业最普遍的一种形式。② 农业公园。即按照公园的经营思路，把农业生产场所、农产品消费场所和休闲旅游场所结合为一体。③ 教育农园。这是兼顾农业生产与科普教育功能的农业经营形态。代表性的有法国的教育农场、日本的学童农园、台湾地区的自然生态教室等。④ 森林公园。⑤ 民俗观光村。

2. 特色农业

特色农业就是将区域内独特的农业资源或区域内特有的名优产品，转化为特色商品的现代农业。特色农业的关键之点就在于“特”，其具体表现在以下三个方面：一是特色农业之“魂”是“唯我独存”或“唯我独尊”。我国自古以来就有“物以稀为贵”的道理，对于发展特色农业来讲，也只有做到了人无我有、人有我优，才能“特”起来。二是特色农业之“根”是天赋，也就是自然地理环境条件。各地的自然条件自古以来就有所不同，如果不切实际地盲目模仿别人，只能落个劳民伤财的后果。三是特色农业之“本”是传统，即我们通常所讲的种植、养殖或加工习惯，尤其是先进的农业科技。

3. 高科技农业

科学技术的应用，一是可以提高单位农产品的产量，二是可以改善农产品的品质，三是可以减轻劳动强度，四是可以节约能耗和改善生态环境。

（1）生物技术成为现代农业科学技术体系的核心。农业是现代生物技术应用最广阔、最活跃、最具挑战性的领域，集中体现在新物种塑造、新快速繁育技术应用、新农业工厂构建、新人造食品和饲料生产、新能源开发和新空间领域拓展等方面。农业高新技术如基因技术和分子农业的发展与产业化，将推动现代农业水平的进一步提高。

（2）农业高新技术的应用拓宽了农业领域。全球定位系统（GPS）、地理信息系统（GIS）、连续数据采集传感器（CDS）、遥感（RS）、变速自理设备（VRT）和决策支持系统（DSS）等技术的发展在农业上的应用，促使农事操作更加标准化、精致化、高效化、工厂化和可控化。近年来，一种被称为精确农业（precisionagriculture）的新型农业模式在发达国家悄然兴起。精确农业是利用重要的农业作物参数和知识，在适当的尺度上优化生产系统管理，根据特定地块的作物潜在生产能力控制不同的投入水平（如肥料、杀虫剂、除草剂等）。

4. 可持续农业

可持续发展的现代农业的主要模式是生态农业。以科学原理为指导，利用动物、植物、微生物之间的相互依存关系，应用现代科学技术，保护、培植和充分利用自然资源，防止和减少环境污染，形成生态和经济的良性循环，就能够实现农业的可持续发展。

5. 标准化农业

农业标准化是先进生产力在现代农业中的具体表现，它是指通过不断调查、探索、发掘农业生产实践的规律，运用“统一、简化、协调、优选”的原则，对农业生产产前、产中、产后全过程，通过制定标准和实施标准，推广科学生产操作规范，促使农业向专业化大生产发展。现代农业不仅要求农产品品种标准化、农业生产技术标准化、农业生产管理标准化，还要求农业市场规范化、农村经济信息建设标准化。

6. 信息化农业

当代世界正在由工业化时期进入信息化时代。以计算机多媒体技术、光纤和通信卫星技术为特征的信息化浪潮正在席卷全球。同样，现代信息技术也正在向农业领域渗透，形成信息农业。

7. 工厂化农业

所谓工厂化农业，是指在相对可控的环境条件下，采用工业化生产，实现集约高效、可持续发展的现代超前农业生产方式，即农业先进设施与陆地相配套、具有高度的技术规范和高效益的集约化规模经营的生产方式。

我国是个农业大国，在当今经济全球化的形势下，必须研究现代农业的发展趋势，扬长避短，在做好基础工作的前提下，创造条件，大力发展高科技农业、精细农业、信息农业、生态农业等，使农业尽快走上现代化的道路。

2.2　粮食作物的生产与分布

粮食作物，亦称为食用作物，是谷类作物、薯类作物、豆类作物的统称。其产品含有淀粉、蛋白质、脂肪及维生素等。

中国粮食作物种类多、分布广、地域差异大，生产水平不平衡而发展潜力大。中国栽培较普遍的粮食作物共有20多种，世界各种主要粮食作物几乎都见于中国。中国也是世界重要产粮国之一，2011年全国粮食总产量57 121万吨，居世界首位。

2.2.1　稻谷

中国是世界种稻最早、产稻谷最多的国家。稻谷在各种粮食作物中平均单产最高，占粮食播种总面积的29%、总产量的42.4%。全国90%以上的稻谷集中于淮河、秦岭以南的南方地区。稻谷在北方地区种植少，且零星分散，近几年有所发展，以东北三省稍多，面积约占北方稻区的40%。

中国稻谷产销量大，年产量在1.7亿吨左右，占世界总产量的30%以上，而东北四省区稻谷产量1 600万吨左右，占全国总产量的10%左右。另外，稻谷的商品化程度高、用途广，东北水稻流通量大、生产地域广、品种多、标准化有些难度；价格波动也较为明显，受季节性影响较大。

按自然条件和稻谷栽培制度及品种类型，我国主要有以下几个稻谷生产区。

（1）东北半湿润早熟单季稻作区。黑龙江流域以南、长城以北地区，包括黑龙江、吉林、辽宁和内蒙古东部地区。主栽品种以早粳和特早熟早粳为主。该区大于零度积温 3 500～3 700 度，年降水量 350～1 100 毫米。稻作期一般 4 月中下旬—9 月上旬。

（2）西北干旱单季稻作区。地处大兴安岭以西的北方大部分地区，包括内蒙古西部、新疆、宁夏、甘肃大部。品种主要是早熟早粳、中粳。该区大于 10 度积温 2 000～4 500 度，无霜期 100～230 天，年降水量小于 400 毫米，大部分地区气候干旱，光能资源丰富。稻作期一般 4 月—10 月。

（3）华北半湿润单季稻作区。地处秦岭、淮河以北，长城以南地区，包括北京、天津、河北、内蒙古东南部、山东、山西、河南大部、安徽和江苏淮河以北地区、陕西中北部、甘肃兰州以东地区。种植品种以粳稻为主。该地区大于 10 度积温 4 000～5 000 度，无霜期 170～230 天，年降水量 580～1 000 毫米以上，冬春干旱，雨量大多集中在夏秋。

（4）西南湿润单季稻作区。地处我国中西部及高原地区，包括四川、湖南西部、贵州大部、云南中北部、青藏高原河谷地区。水稻垂直分布明显，低海拔以籼稻为主，高海拔以粳稻为主，中间地带籼粳混栽。该区大于 10 度积温 3 000～6 500 度，年降水量 500～1 400 毫米。生长季 180～260 天。稻作期 3 月下旬—10 月。

（5）长江流域湿润单双季稻作区。地处南岭以北、秦岭以南，包括江苏及安徽中南部、上海、浙江、江西、湖南、湖北、四川盆地、陕西和河南南部。早稻品种多是籼稻，中稻品种多为籼型杂交稻，连作晚稻和单季晚稻以粳稻为主。该区大于 10 度积温 4 500～6 000 度，水稻生产季 210～260 天，年降水量 700～1 600 毫米。

（6）华南湿润双季稻作区。南岭以南，包括云南西南部、广东、广西、福建、海南和台湾等省（区）。种植品种以籼稻为主，山区也种粳稻。本区大于 10 度积温 6 500～9 000 度，水稻生长季 260～365 天，年降水量 1 300～1 500 毫米或以上。

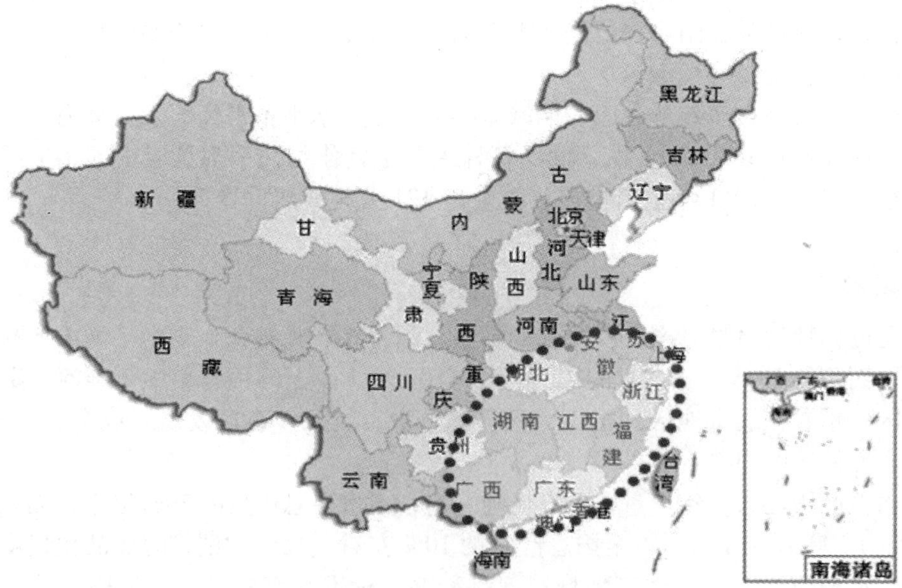

图 2-1　我国水稻分布图

2.2.2　小麦

小麦是我国主要粮食作物之一，总面积和总产量仅次于水稻，居第二位。在我国北方和南方，春季和冬季均可种植。小麦分为冬小麦和春小麦两大类，我国以栽培冬小麦为主，其面积和产量均占小麦的 80% 以上。我国小麦栽培遍及全国，大体可划分为三个区域。

（1）春小麦区。主要分布在长城以北、岷山、大雪山以西地区。这些地区大部分处在高寒或干冷地带，冬季严寒，冬小麦不能安全越冬，故种植春小麦；因无霜期短促，常在 200 天以下，栽培制度绝大部分是一年一熟。近年来，我国北方地区培育了一批抗逆性强、适应性广、丰产性高的春麦良种，现已在各地推广，获得显著增产，对改变春小麦低产的作用很大。

（2）北方冬小麦区。主要在长城以南，六盘山以东，秦岭、淮河以北的地区。这是全国最大的小麦集中产区和消费区，小麦播种面积和产量约占全国的 2/3 左右。一般实行一年两熟或两年三熟耕作制度，仅北部长城沿线两侧地带为冬、春麦混合的过渡地带。由于冬小麦是越冬作物，种植冬麦与其他粮食作物矛盾较少，可以减少冬闲地面积，扩大夏种面积，增加粮食总产量。因此，1949 年以来冬小麦的播种面积不断扩大。

（3）南方冬小麦区。在秦岭、淮河以南，折多山以东，播种面积和总产量约占全国的 30% 左右。由于本区人民多以稻米为主要口粮，因此，小麦的商品率较高，是我国商品小麦重要产区，如图 2-2 所示。

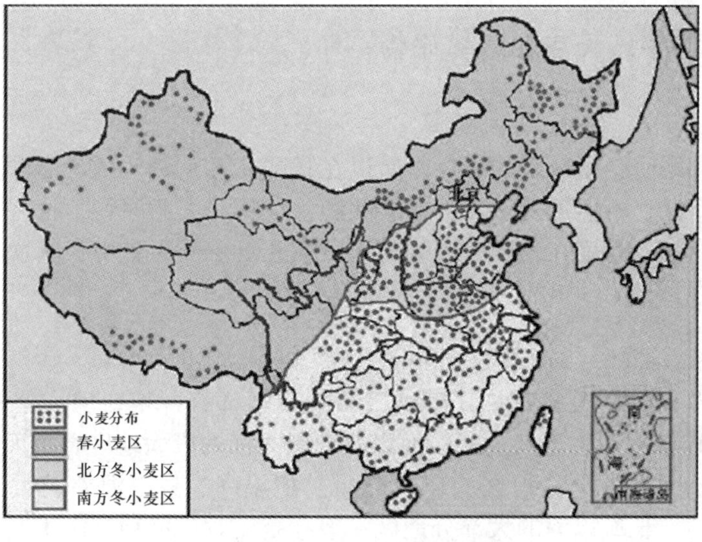

图 2-2　我国小麦分布图

2.2.3　玉米

玉米的适应性强、用途广、产量高，是我国最主要的杂粮，在粮食作物中的地位仅次于水稻和小麦。

从玉米播种面积的密度来看，大致集中在从东北到西南的弧形狭长地带内，即大兴安岭—辽南—冀北—晋东—陕南—鄂北—豫西—四川盆地的周围—黔、桂西部—滇西南等地。玉米主要种植于这一狭长地带内的500米以上的半山、丘陵地区，如图2-3所示。

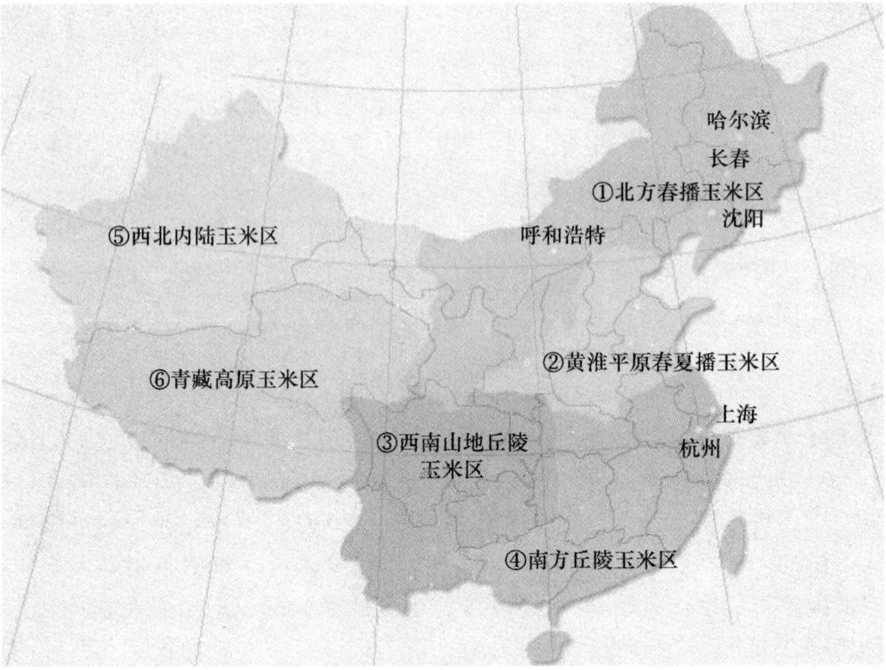

图2-3　我国玉米分布图

2.2.4　高粱、谷子、大豆和薯类作物

1. 高粱

高粱有抗旱、耐涝、耐盐碱的特性，所以在我国北方干旱地区、涝洼及盐碱地区多有种植。高粱用途广泛，不但可以作为粮食、酿酒、饲料和工业原料，秸秆也是农村不可缺少的建筑材料和燃料。高粱在我国分布甚广，以东北平原最为集中，其次为黄河中下游各省及淮北平原一带。

2. 谷子

谷子耐旱性强，在我国分布及其广泛，几乎全国都有种植，但主要产区分布在北纬30°～48°、东经108°～130°地区。从淮河以北到黑龙江的广大地区种植面积最大，西部的甘肃、新疆（包括西藏的部分地区）阳光充足、积温高、昼夜温差较大，特别适合“金谷子”的开发种植。长城以南的大部分地区一般在夏麦收后播种，由于产量不高，种植面积不断减小。全国95%的谷子面积集中分布于黄土高原、黄淮海平原、松辽平原和内蒙古西部及东南部。东北地区和西北地区以春谷为主，华北地区则以夏谷居多。

谷子是中国主要农作物在世界上单产水平领先的为数不多的农作物之一，也是目前世界上单产唯一能够翻几番、同时具有粮草兼用双重特性的农作物。传统谷子的产量太低，种植面积不断锐减，导致资源量少，因而目前尚有较大的市场缺口。

3. 大豆

大豆原产于我国，栽培历史悠久，种植面积大，分布遍及全国。20世纪以前我国是世界上唯一生产大豆的国家。目前大豆仍是我国重要的出口产品。大豆是喜温作物，在北方温带地区栽培。我国大豆分布十分广泛，集中分布在松辽平原和黄淮平原。松辽平原是我国生产历史最长、产量最大、出口最多的大豆生产基地。

4. 薯类

我国薯类品种繁多，以甘薯、马铃薯为主，还有芋头、木薯、蕉芋、豆薯等，在我国薯类生产中，甘薯约占薯类种植面积的80%，其次为马铃薯。

甘薯是西方作物，并有一定的抗旱能力，适宜种植在疏松沙质的土壤中。在我国，甘薯分布极为广泛，但集中分布在黄河流域、长江流域和珠江流域，以山东、四川省的产量为最多。

马铃薯主要分布在东北、内蒙古和西北各地。木薯集中分布在南岭以南的两广、滇南地区。

2.2.5　商品粮生产基地

新中国成立以来，我国粮食生产虽有很大的发展，但由于我国人口众多，农业生产水平不高，粮食商品率低，产需矛盾仍然突出，粮食问题并未真正过关。为了解决这个问题，建立商品粮基地显得尤为重要和迫切。商品粮基地是指在一定条件下，以生产粮食为主并能稳定地提供数量较多的商品粮的地区。根据我国情况，可以选建四种类型的商品粮基地。

（1）南方高产商品粮基地：包括长江三角洲、江汉平原、鄱阳湖平原、洞庭湖平原和珠江三角洲，共五片，属人多地少的地区。该区地处亚热带，自然条件优越，农田基本建设基础较好，有精耕细作的传统，是高产商品粮基地。

（2）东北低产商品粮基地：包括三江平原、松嫩平原、吉林和辽宁中部平原，共三大片，该区商品粮耕地面积占全国商品粮耕地的40%以上，相对属于地多人少的地区。该区地处温带，无霜期较短，一年一熟制，粮食单产较低，每年提供全国商品粮的20%，是发展潜力较大的商品粮基地。

（3）西北半干旱地区商品粮基地：主要分布在河西走廊、河套平原、银川平原三大灌溉区。本区人均耕地面积高于南方却低于北方；土壤盐碱化严重，降水少，耕作粗放，产量较低；粮食商品率在20%以上，每年能为国家提供一定数量的商品粮。

（4）淮河平原商品粮基地：包括苏北和皖北两片。这里地处由暖温带向亚热带过渡地区，水、热条件高于黄河以北的地区，是我国重要的水旱稻地区，耕作制度以一年二熟和两年三熟为主，是发展前途很广阔的商品粮基地。

截至目前，国家共安排投资47亿元，建设了优质小麦、水稻、大豆和专用玉米等41个大型商品粮生产基地。这些基地提供了全国约1/3产量的商品粮。国家大型商品粮生产基地是促进粮食生产最直接、见效最快的建设项目。41个基地的粮食播种面积约占全国粮食播种面积的1/5，商品粮产量约占全国的1/3。在近年全国粮食播种面积大幅下降的情况下，大型商品粮基地在稳定和提高粮食综合生产能力、优化粮食品种结构、保证国家粮食安全中发挥着重要作用。

2.3　经济作物的生产与分布

2.3.1　纤维作物

1. 棉花

我国植棉历史悠久，是世界上主要产棉国之一。我国棉花分为五大产区。

（1）黄河流域棉产区。该区范围主要在秦岭淮河以北、长城以南、六盘山以东的河北中南部、山东西北部、河南东部、关中平原和汾河谷地，其中棉花产量以河南、山东、河北为最多。该区一直是我国最大的棉产区，目前产量低于长江流域棉产量，但是由于棉粮争地矛盾日益突出，棉花生产受到一定影响。

（2）长江流域棉产区。该区范围主要在秦岭淮河以南、南岭以北、青藏高原以东的长江流域地区。棉花产地主要集中在江苏的沿江沿海地带、上海市郊、浙江杭州湾地区、江汉平原、安徽沿江平原、湖南和江西的滨海平原，以及四川的沱江流域。

（3）西北内陆棉产区。该区主要是六盘山以西的沿黄河灌区、河西走廊和新疆全境。棉田主要分布在新疆和河西走廊地区，其中新疆棉田占90%。该区棉花质量最佳，是我国长绒棉生产基地，新疆是我国产棉第一大省区，约占全国棉产量的20%以上，是极具发展前景的地区。

（4）辽河流域棉产区。主要分布在长城以北的辽河及大凌河两岸的平原和辽东半岛。区内气温低、生产期短，是植棉面积不大、历史较短的棉区，棉花产量低。今后本区不易扩大棉田，而应选用抗旱、高产、早熟的品种来提高棉花产量。

（5）华南棉产区。该区位于我国长江棉产区以南各省，包括粤、桂、闽、台、滇、黔南等地区。区内高温多雨，病虫、杂草危害严重，适应性较差，棉田少而分散。今后可发展多年生木棉。

国家为了实现产、供、需平衡，就近满足需要，重点建设以下五大商品棉基地：冀中南鲁西北豫北平原、长江下游滨海沿江平原、江淮平原、江汉平原、南疆棉区。

2. 麻

麻是一年生或多年生草本植物，种类很多，主要有黄麻、红麻、苎麻和亚麻。其中黄、红麻约占麻类作物种植面积的一半。黄麻主要分布在浙、粤、桂、川、皖、苏等省区，目前，我国黄麻栽培面积与产量仅占黄、红麻的5%～10%。我国红麻常年种植面积26.7万公顷，纤维总产量约为73万吨，约占世界的80%。红麻种植区域辽阔，南起海南岛，北至黑龙江，东起台湾，西达新疆都有栽培。

3. 蚕茧

蚕茧是种养结合的产品，我国自古有“东方丝国”之称。我国以桑蚕茧和柞蚕茧为最多。蚕丝是一种高级的纺织原料，具有光滑柔软、耐磨耐拉、富有弹性等特点，为国防、医疗、民用工业所广泛使用，并一直是我国传统大宗出口物资。

（1）桑蚕茧。桑蚕以食桑叶而闻名，我国桑蚕主要分布在浙江、四川、江苏、广东四省，尤以江浙的嘉兴地区和苏州地区、广东的佛山地区以及四川的南充地区为四大生产地区，山东、湖北、安徽、陕西等省次之。可以重点建设的桑蚕商品型生产基地有：浙江的杭嘉湖平原，江苏的太湖平原、徐淮平原，江苏、安徽的江淮平原，河南、安徽的黄淮平原，四川的川中盆地，湖南的洞庭湖平原，珠江流域的粤西南、桂东南的丘陵区，山东丘陵以及湖北、河南、安徽的大别山区等地。

（2）柞蚕茧。柞蚕茧又名野蚕茧，是放养在山地丘陵的丛林中，以食柞树、橡树、栎树等树叶而得名，柞蚕是我国特产，也不与粮棉争地。主要分布在辽东半岛的丹东、凤城，山东半岛的青岛、烟台，豫西山地的南阳和黔北的遵义地区。此外，黑龙江、湖北、内蒙古、吉林等地都有柞蚕生产。

（3）蓖麻蚕。在山东、河南、河北、安徽、广东、广西等地还有少量的蓖麻蚕。

2. 3. 2 油料作物

油料作物种类多，有油菜、花生、胡麻、向日葵，还有油茶、核桃、椰子、油橄榄等。其中油菜、花生、芝麻、胡麻、向日葵五种种植面积大、产量高，是我国五大主要植物油源。

（1）油菜。油菜是我国第一大油料作物。它原产于我国，其播种面积和产量约占油料作物的50%左右。油菜种植面积分布广泛，在我国有20多个省市区种植，它性喜凉湿，可在高寒地区种植，亦可在南方越冬，按播种期分为春播油菜和秋播油菜。

我国以秋播油菜为主，主要分布在长江流域，其中以四川省居第一位，其次有安徽、江苏、湖北和湖南等省区。春播油菜，主要分布在燕山以北和陇山以西地区的青海、甘肃、新疆和黑龙江等省区。

（2）花生。花生是我国第二大油料作物。它原产于美洲热带、亚热带的巴西。明朝中后期引入中国。它性喜温，短日照。适宜在沙质土壤中生长。在我国集中产区有华北的山东、河南、河北等省，华南的广东、广西，长江流域的江苏、安徽和四川，东北的辽宁等地。

（3）芝麻。芝麻含油率一般在40%～60%，是含油率最高的草本油料植物，但单产低。芝麻是一种喜温怕涝的植物，在我国种植已有2000多年的历史。主要分布在湖北江汉平原和黄淮平原，以湖北省芝麻单产为高，以襄阳地区为集中产区。河南、湖北、安徽历来被称为我国三大芝麻产区。

（4）向日葵。向日葵原产于北美洲，明清之际传入中国。其营养价值高，并有降低血压的作用，是新兴的油料作物。它早熟、耐旱、耐盐碱，主要分布于东北西部与北部、华北北部和西北等地，其中以吉林省、黑龙江省、辽宁省和内蒙古自治区为最多。

（5）胡麻。胡麻是油用亚麻，是我国西北和华北北部的主要油料作物。胡麻籽出油率一般在30%～35%，它性喜凉、耐旱，主要分布在长城以北阴山丘陵地区（即河北坝上和内蒙古东部）、刘半山两侧和甘肃定西等地区。

2. 3. 3 糖料作物

我国的糖料作物主要集中在南方的甘蔗产区和北方的甜菜产区，有“南甘北甜”之说。

（1）甘蔗。甘蔗原产于热带、亚热带地区，产量高，收益大。甘蔗是中国制糖的主要原料。在世界食糖总产量中，蔗糖约占 65%，而中国则占 80% 以上。南方甘蔗产区以广西、广东、云南、海南、福建最为集中，约占全国食糖总产量的 80%、蔗糖总值的 90%。两个重要产区在广西和海南。

（2）甜菜。甜菜是栽培历史较晚的糖料作物，甜菜性喜温凉气候，具有耐寒、旱、碱等特点，生长期在 150～170 天左右，要求日照时间长、昼夜温差大，以及深厚疏松的土壤。

我国大面积引种糖用甜菜是 1906 年，先在东北试种，1908 年建立第一座机制甜菜糖厂后逐渐向其他地区推广。主要产区在北纬 40°以北，主要分布于长城以北，以东北地区松嫩平原为最大产区，其次为内蒙古河套及新疆玛纳斯河流域等地区。产区包括东北、华北、西北三个，其中东北种植最多，约占全国甜菜总面积的 65%。这些地区无霜期短、积温较少、日照较长、昼夜温差较大，都是春播甜菜区，而且这些地区的甜菜单产和含糖率高、病害轻。

2.3.4　其他经济作物

（1）茶叶。茶叶是我国重要的饮料作物，原产我国，生产历史悠久，虽一度受挫，但恢复发展很快，目前，我国茶叶产量居世界第二，仅次于印度。

茶叶性味甘、苦、微寒，是中国传统的天然保健饮料。按商品茶的分类加工，中国市场上销售的茶叶有七类：红茶、绿茶、花茶、乌龙茶、紧压茶、普洱茶和黄茶。

茶叶广泛分布在我国南方山丘地带，以浙江、湖南、安徽、四川、福建、云南、湖北等省为主。同时，亦在华南茶区的云南、广东、桂南、海南等地分别建立红茶、普洱茶、乌龙茶基地；在西南茶区的四川、贵州建立红茶基地；在江南茶区的闽南、鄂西北、赣北、闽北分别建立红茶、绿茶、乌龙茶基地；在福州、长沙、苏州、桂林等地建立花茶基地；在长江以北茶区的万种、鄂东、陕南、豫南建立绿茶基地。

（2）烟草。烟草原产于南美洲，明万历年间传入我国。目前，中国是世界烟草种植第一大国，年产量约占世界的 32%，其中烤烟占绝大多数。这主要是从增加财政收入考虑，各地鼓励大力发展所致。烟草是所有农作物中唯一对人民身体健康毫无好处的作物，是一种“亚毒品”，须从保护人民健康、减少资源浪费出发，限制其进一步增加，或者削减其产量。

河南、云南是中国最大的烤烟生产基地，其产量占全国的 1/5，尤其集中于许昌地区和玉溪地区，其次为山东，产量占全国 11.28%，主要集中于青州、临朐等地区。再次为黔、桂、皖、湘等地。

2.4　其他作物的生产与分布

2.4.1　林业生产与布局

1. 林业

林业是以森林植物为主要对象的生产部门，它包括森林的保护、造林、育林、采伐、集运、加工制造等一系列生产环节。森林不仅为生产和生活提供木材和林副产品，而且为人类生存和农业生产提供良好的生态环境。

2. 我国主要林区的分布

（1）东北林区。东北林区包括大兴安岭、小兴安岭、长白山地，是我国最大的天然林区。其木材蓄积量约占全国蓄积总量的1/3，是我国目前最主要的木材供应基地，树木以红松、云杉、桦树、兴安落叶松等用材林为主。本区森林集中连片，交通便利，林业基础好，采伐量大，机械化水平高，木材的采伐量和运出量居全国各林区之冠。

（2）西南林区。该区是我国第二大天然林区。森林主要分布于岷江上游、大渡河中上游以及雅砻江、金沙江、澜沧江和怒江等大河流域。

林区针叶树有多种冷杉、云杉及落叶松、高山松、华山松等，海拔更低的山坡出现壳斗科、樟树等常绿阔叶树。林区林下植物有杜鹃、悬钩子、忍冬和箭竹等。

（3）南方林区。包括秦岭、淮河以南，云贵高原以东的广大山区，即湖北、湖南、安徽、江西、浙江、福建、广东、广西和贵州省区及江苏省的一部分，区内以人工林为主，除用材林外，还是我国最大的经济林区。这里地处亚热带，林木生长的自然条件优越，交通便利，经济发达，接近消费区，农民有经营林业的传统经验，历来是我国主要木材、竹材供应基地之一。一般多为农林兼营，林区分布比较零散。根据林木种类的差异，区内又可分为长江流域和华南流域两个林区。

（4）防护林区。防护林区是为了调节气候，减免干热风、风沙及旱、涝、碱等自然灾害所营造的林带或大片森林。新中国成立以来，我国各地营造的防护林已取得举世瞩目的成就。其中规模较大的有以下四大防护林体系：

三北防护林。1978 年 11 月，国务院批准了在西北、华北北部、东北西部建设一个大型防护林工程——三北防护林。它包括了新疆、青海、甘肃、宁夏、陕西、内蒙古、山西北部、河北北部、北京、天津、辽宁、吉林、黑龙江等 13 个省、市、自治区，从新疆到黑龙江，总长达 1.4 万千米，形成一条“绿色长城”。

冀西、豫东沙荒林。这里是黄河、漳河、沙河泛滥的沙荒地带，新中国成立以来，在这些沙荒地带上营造了沙荒林，现已泡桐成林、果树成片，改造了低产田，收到了许多方面的经济效益。

沿海防护林。1988 年沿海防护林体系工程开始建设，在我国 1.8 万千米的海岸线上，营造起防风固沙、防浪固堤、保护农田、涵养水源等为主的多林种、多树种、多形式、多功能相结合，带、片、网、点相结合的区域性防护林体系。

长江中下游防护林。为了防止长江中下游的水土流失，保护农田，防止生态失去平衡，1989 年国家规划在这一地区进行防护林体系建设。

2.4.2　畜牧业生产与布局

1. 畜牧业

畜牧业是利用动植物的生活机能，通过人工饲养、繁殖动物以取得畜产品的生产部门。在我国，北部和西部广大地区历来是全国重要牧区，拥有牲畜头数约占全国的 10%，而以种植业为主的东部广大农村却拥有全国 86% 的牲畜头数，所提供的肉食约占全国的 95%，奶、禽、蛋等畜产品也占绝对优势。

2. 畜牧业的生产分布

由于自然环境和社会经济条件的地域差异，我国畜牧业在空间分布上，首先是由东南向西北有规律地分为农区畜牧业、半农半牧区畜牧业和草原牧区畜牧业。其次在各区域之内又有呈点状分布的现代化水平较高的城郊畜牧业。

（1）牧区畜牧业。它主要分布在北部的内蒙古高原、西部的新疆和西南部的青藏高原，从东向西呈明显的地带性变化。区内地广人稀，草原草场广布。耕地资源极少，散布于一些河谷、绿洲地带，故纯农户所占比例小。

牧区畜牧业主要有牛、马、羊、骆驼等食草的大牲畜，其中骆驼、马、绵羊、牛总头数分别占全国的87.1%、53.9%、76.1%、28%。

（2）农区畜牧业。该区向来从属于种植业，并带有副业性质的舍饲畜牧业为特点，以猪和家禽占重要地位，而黄牛、水牛、马、驴、骡等畜种则主要供役用。

（3）半农半牧区。该区沿长城南北呈狭长的带状分布，是农区役畜和肉食牲畜主要供应地之一。该区历史上曾是农牧业交替发展变化较大的地区，以兼有汉族经营纯农业与蒙古族经营纯牧业的生产方式为特色，区内含作农业与放牧畜牧业交错分布，畜牧业兼有纯牧区放牧与农区舍饲的特点。区内科尔沁草原和坝上高原等天然草场以放牧牛、马、羊为主，是肉、乳、细毛的重要生产基地。此外，宁夏的盐池、同心与内蒙古毗邻地区，历来以发展滩羊为主。

（4）城郊畜牧业。随着城市化进程的加速、城市规模的扩大，城市非农业人口对肉、奶、禽、蛋等畜禽产品需求量越来越大，在各中心城市周围逐渐形成一些集约化、现代化水平高的畜禽产品供应基地，即城郊畜牧业，虽占地不广，但在产值和产量上所占的比重却直线上升，显示出勃勃生机。随着市场经济的发展，城郊畜牧业正在向集中、大型、专业化的方向发展，并能够带动所在地区畜牧业的发展。它们发达、先进的生产方式，已被越来越多的个体户所效仿和接受。在经济发达区域，在交通干线沿线，已不断涌现出类似这样的畜牧业基地和企业，它们正悄悄地改变着我国传统畜牧业的生产方式。

2.4.3 水产业生产与布局

1. 水产业

水产业是指捕捞、养殖、保鲜、加工水生动植物以取得各种水产品的综合性生产部门。一般以鱼类的捕捞、养殖、加工为主，又称为渔业。

2. 海洋水产业

海洋水产业主要是指对海洋中的鱼、虾、蟹、贝类等海产资源进行人工繁殖、合理捕捞和加工利用的生产活动。其主要特点有：受自然条件和水生经济动植物资源影响较大，生产有一定的波动；鱼汛集中，生产时间性强、周期短；一次性投资较大，单位水域面积投资少，经济效益较好；资源种类多，且丰富，营养价值高。在我国主要分为四个海区：

（1）渤海海区。渤海位于我国北部，是三面环绕陆地的内海，总面积7.7万多平方千米，平均水深18米，有辽东湾、渤海湾和莱州湾三大海湾。辽河、滦河、海河和黄河流入，带来大量泥沙和有机物质，使沿海浮游生物丰富，天然饵料多，成为鱼类的天然产卵场所和重要渔场。该海区主要产小黄鱼、带鱼、对虾、毛虾等，其中，对虾是中国著名的特产，在国际市场上享有盛誉。

（2）黄海海区。黄海位于我国大陆和朝鲜半岛之间，为半封闭型浅海，总面积约38万平方千米。北部水域较深，是中国冷水鱼类和鳕鱼等分布的海区，经济鱼类十分丰富，有300多种，是中国唯一有冷水性鳕鱼分布的海区。该海区主要经济鱼类有大黄鱼、小黄鱼、带鱼、乌贼鱼、鲅鱼、鲐鱼等。

（3）东海海区。东海海区渔场总面积77万平方千米，有长江、钱塘江、甬江、闽江、瓯江等注入，大陆架浅海水域，海岸线曲折。各大江河带来了大量营养物质，为海洋鱼类提供了极丰富的饵料，成为重要的渔场，鱼种有700多种，以暖水性鱼为主，温水性鱼次之。主产全国四大经济鱼类，即带鱼、大黄花鱼、小黄花鱼、墨鱼，建有众多的大型渔港。

（4）南海海区。南海海区是我国仅次于东海海区的第二大海洋水产区，总面积350万平方千米，大小岛屿800多个。南海有珠江、韩江、釜江、南渡江、龙门江及红河等注入，地处热带、亚热带，经济价值较高的有池鱼、沙丁鱼等，还生产金枪鱼等大洋性鱼类。海龟、海参等是南海的特产。

3. 淡水水产业

我国淡水水产业主要集中在降水丰沛、地表水丰富的东部季风区。根据自然条件资源状况和生产水平方面的差异，可分为四大淡水水产区。

（1）长江、淮河流域淡水水产区。本区包括秦岭、淮河以南、南岭以北的长江中下游平原、盆地和丘陵地区，是全国最大的淡水鱼产区。本区位于亚热带范围内，雨量充沛，河湖密布，水质肥沃，水产资源极为丰富，鱼类繁多，约260多种。该区主要经济鱼类有青鱼、草鱼、鲢鱼、鳙鱼、鲤鱼、鲫鱼、银鱼等，还有虾、蟹、贝、螺、龟等。

（2）珠江、闽江流域淡水水产区。本区主要包括两广和福建南部，是中国淡水渔业发达地区之一，是全国第二大鱼区。这里地处热带、亚热带，鱼类生长期长，生长迅速，是全国单数单产最高的地区。以养殖为主，养殖的品种主要有草鱼、鲫鱼、鲢鱼、青鱼、鲤鱼等。珠江三角洲已形成农渔副结合的最经济、最合理的“桑基鱼塘”、“蔗基鱼塘”和“果基鱼塘”等良好的农业生态系统。

（3）黄河、海河流域淡水水产区。本区包括秦岭、淮河以北、长城以南、六盘山以东的大片地区，属暖温带半湿润半干旱地区，区内的黄土高原区严重缺水，水产业落后。黄河下游水系、海河水系、淮河及其北部支流、白洋淀、微山湖等天然水域及众多的人工库塘和沿河洼地，为水产养殖及天然捕捞提供了一定基础。本区主要经济鱼类有鲤鱼、鲫鱼、草鱼等，色泽鲜艳的黄河鲤鱼、白洋淀的河蟹以肉味鲜美而著称。

（4）黑龙江、辽河流域水产区。本区包括黑、吉、辽三省，地处高纬度，河、湖、库、泡子面积大，气候寒冷，是中国冷水性鱼类产区之一。主要河流有黑龙江、乌苏里江、松花江、嫩江，还有兴凯湖、镜泊湖、松花湖等大型湖泊。主要鱼种有大马哈鱼、鲟鱼、鲤鱼、江鳕鱼、银鳕鱼等。

为发展我国淡水养殖业，国家计划建设十大高产淡水养殖基地，即太湖区、洪泽湖区及骆马湖区、微山湖区、鄱阳湖区、洞庭湖区、洪湖区、白洋淀、黄河滩、松花江流域、淮河两岸和三大鱼苗基地，即太湖流域、江汉平原及西江流域。

2.5 物流与农业

2.5.1 我国农产品物流现状

1. 农产品产销现状

我国是一个农产品生产、贸易、消费大国。粮食、棉花、油料、蔬菜、水果、肉类、禽蛋、水产品产量均居世界首位。1978—2011 年，世界主要农产品增长量 20% 以上来自我国，尤其是我国无公害农产品销售势头非常强劲，农产品国际贸易得到大幅度增长。

2. “三绿工程”现状

改革开放以来，特别是 1999 年以来，国家 12 个部位开展了农产品绿色通道、绿色市场、绿色消费“三绿工程”建设，并已取得了较大进展。

（1）绿色通道建设。绿色通道通过 10 年的实施，使我国农产品流通效率大幅度提高。截至目前，我国共开辟全国性绿色通道 37 条，总里程达 8.3 万千米，覆盖了全国一定规模的重要鲜活农产品生产基地和销售市场，初步形成四通八达、高效快捷的绿色通道网络，我国农产品流通效率大幅度提高。

（2）绿色市场建设。近几年来，我国相继推出了《农副产品绿色零售市场》、《农副产品绿色批发市场》两个国家标准，发布了《农产品批发市场管理技术规范》、《绿色市场认证管理办法》,《绿色市场认证实施管理办法》等条例，目前我国已经建成通过验收的绿色农产品批发市场有 40 家，其中 8 家市场被评为“全国绿色市场样板单位”，现已在全国推广了“场厂挂钩”、“场地挂钩”、推行索证、绿色市场认证等准入制度，并取得较大的成效，食品安全质量提高较快，食品冷链技术等也得到迅速发展。

（3）绿色消费建设。自 1997 年以来，我国每年开展一次消费者权益保护日主题活动，至今先后有“讲诚信反欺诈、为农村消费、安全健康消费、明明白白消费、绿色消费、科学消费、营造放心消费环境、诚信、维权、健康、维权、消费与环境”13 个主题。

3. 各种农产品物流

（1）粮食物流。粮食物流是指粮食在生产、收购、储存、运输、加工和销售服务的整个过程中的实体运动，以及在流转环节的一切增值活动。它包含粮食运输、仓储、装卸、包装配送、加工和信息应用，是一条关于粮食实体运动的完整的供应链。

2011 年全国粮食总产量达到 57 121 万吨，创造了新的历史纪录，比 2010 年增产 2 473 万吨，增长 4.5%。

（2）专业花卉物流。我国花卉物流量较大。云南是我国花卉产业的龙头，近年来，云南花卉产业保持年均增长 20% 左右。

（3）果蔬物流。运输是果蔬流通过程中的一个重要环节，是生产与消费之间的桥梁。在果蔬运输中，外界条件对果蔬质量影响很大。我国幅员广大，自然条件复杂，在运输过程中气候变化莫测，运输工具和交通条件与发达国家还有相当大的差距，果蔬在运输中的损失是非常大的。由于治理超载，商品物流受阻、运费上涨，而运费的上调直接导致生活用品、煤等物品的价格上涨。

（4）水产品物流。在水产品运输方式上，铁路运输具有运量大、运价低的优势，是海鲜水产品运输的主要方式，一直占据着海鲜运输市场的大部分份额。但随着高速公路的迅速发展，公路海鲜运输优势日益增强。

2.5.2　我国农产品物流存在的问题

1. 我国农产品物流损耗较大，收费较高，流通成本较高

农产品的生物特性对运输效率和保鲜条件提出了很高的要求。目前，我国农产品物流是以常温物流或自然物流形式为主，农产品在物流过程中损失很大。有数据表明，我国水果、蔬菜等农副产品在采摘、运输、储存等物流环节上的损失率在25%～30%左右，也就是说有1/4强的农产品在物流环节中被消耗掉了，这直接导致了流通成本的提高。而发达国家的果蔬损失率则控制在5%以下。

2. 农产品质量标准不完善

（1）标准滞后。标准滞后表现为标准多年不变，且与WTO不相适应。如粮食（玉米）质量标准20多年不变，而粮食现在分为口粮、饲料粮、工业用粮，但至今仍采取统一的标准。实际上口粮质量要求应该较高，饲料粮质量标准相对较低，工业用粮需要标准专一的粮食，如果采取统一的粮食标准，必然会导致：资源浪费，按统一的口粮标准，许多符合饲料粮、工业用粮的粮食应不符合质量标准；标准不符合实际，因为同一品种有不同的专业需求，所以就要求有不同的质量标准；不能够保证食品安全，不同类别的产品用途，要求有不同质量的产品标准，如果乱用必然导致食品不安全。

（2）标准混乱。我国食品安全的标准体系由国家标准、行业标准、地方标准、企业标准构成。但许多标准没有认真地执行，是因为标准分散交叉，缺乏协调机制。目前许多标准分散于农业、质监、卫生等六七个部门，有无公害食品、绿色食品、有机食品、GS食品等多种质量标准，使企业，消费者混淆不清。目前我国食品质量标准有3 000多个，由于多头管理，交叉冲突，所以存在监管“真空”。

（3）标准无法沟通。由于标准不规范、标准混乱，所以政府与企业、企业与企业、企业与消费者之间无法进行有效地沟通，甚至国内企业与国外政府、企业、消费者也无法进行有效的沟通。因此，在目前我国没有掌握标准主动权的情况下，有效地沟通更具有重要意义，许多有效标准应积极向世界进行推介。

（4）标准不完善。许多标准在产品进行技术性方面做了许多规定，但对一些关键性的条件却没有做出规定，这反映在许多现有标准方面。

（5）标准体系不完善。目前，我国有《食品添加剂使用标准》等食品质量标准近3 000个，而与流通有关的标准仅有100多个，相比于生产和加工标准数量差距甚大，流通过程保障食品安全的标准严重不足，即使食品生产质量合格，也难保不在流通环节出现质量安全问题。可喜的是，《食品中苏丹红染料的检测方法——高效液相色谱法》国家标准及时出台，弥补了空白点。

（6）食品质量检测标准不统一。其主要表现在食品安全标准和检测方法上：食品标准不统一是困扰生产者、执法者和消费者的一大难题。检测方法的差异也可能导致截然不同的检测结果，比如地磅和天平，由于感量不同，一个精确到公斤，一个精确到毫克，检测结果肯定不一样。按国家标准，每公斤面粉中面粉增白剂含量不得超过0.06克，但有的

专家认为面粉中根本不能添加面粉增白剂。

（7）我国食品流通检测及环保体系仍不健全。目前，由于投入不足，检测设备和手段都很落后，加上缺乏必要的工作经费，检测的范围受到限制。建立检测中心、配有垃圾处理设备的食品零售企业和农贸市场所占比例偏低，消费者对任何一类食品安全性的信任度均低于50%。检测体系不健全，还表现为各自为政，许多市场、企业自建质量检测中心，导致遍地开花、重复建设、趋同投资，而具有社会化服务功能的质量检测机构相对较少，且服务又不到位，导致各部门的检测资源不能共享，快速检测的技术手段落后。

2.5.3　我国农产品物流的发展趋势

1. 农产品市场化、专业化、商品化、工业化

农产品市场应适应我国工业化、市场化、专业化、商品化等发展趋势，农产品的流通规模会进一步提高，农产品物流规模也会增大。

2. 农产品向生产性服务业发展

随着农产品向生产性服务业的发展，产前、产中、产后的系列化服务将成为一个发展的趋势，产供销一条龙、农工商一体化将使农产品的产业链联系得越来越紧密，农产品产业链条延长、加粗。

3. 农产品流通现代化建设

农产品流通包括农产品的商流、物流、信息流以及与之相适应的资金流、消费流，农产品流通现代化既包括其多流合一，又包括其多流分离，形成相互联系. 又相互分离的统一体系。

（1）农产品商流的现代化。农产品商流过程用计算机、网络技术来支撑完成，形成一个有机的整体。

（2）农产品物流的现代化。采用多种现代化物流技术，如运输技术、库存技术、装卸技术、包装技术、集装箱化技术、物流信息技术等，采用多种配送技术，如电子票签拣货技术、自动识别技术、EDI 技术、GIS 技术、交叉配送技术、准时制配送技术、ABC 配送技术、配送管理系统、JIT 技术、GPS 技术、RFID 技术等。

（3）农产品信息的现代化。农产品信息系统和交易平台建设，使之真正发挥引导农产品生产、交易、消费的作用。

（4）农产品资金融通的现代化。主要是农产品交易的电子结算、商品交易市场的电子化管理等。

4. 农产品消费现代化

农产品标准是农产品消费升级的基础，农产品标准的建立和健全，使国家标准、地方标准、行业标准、企业标准做到无缝连接。由于农产品的多种多样，需要采取多种标准，同时需要有一个逐步完善的过程。

5. 农产品物流现代化将会促进“三品”（无公害农产品、绿色食品、有机食品）生产

据统计，目前全国已有3044家企业的7219个产品获得了绿色食品标志使用权，实物总量达4988万吨，产地监测面积611万公顷；全国已有14088个无公害农产品通过认证，认定有规模的无公害农产品基地达16679个；已组建214个全国农产品标准化生产综合示

范区、100个标准化生产示范区，创建了200个无公害农产品生产示范基地县、20个出口示范基地；建设各类省级农产品标准化示范区近3 500个，示范面积8 000万亩；全国获得有机认证的企业已达1 164家，批准的认证机构139家，认证咨询机构756家。

思考与练习

1. 试分析长江三角洲和珠江三角洲地区生产总量下降的原因。
2. 为什么要大力发展包括玉米在内的杂粮生产？
3. 比较粮食作物、经济作物的地理分布，找出规律。
4. 发展农业物流需要解决的问题有哪些？

第 3 章　我国工业物流地理

本章内容摘要

- 工业经济发展状况、问题与优势；
- 工业在国民经济中的地位；
- 轻工业生产与分布；
- 轻工业的分类；
- 重工业的生产与分布；
- 重工业的分类；
- 物流发展与工业。

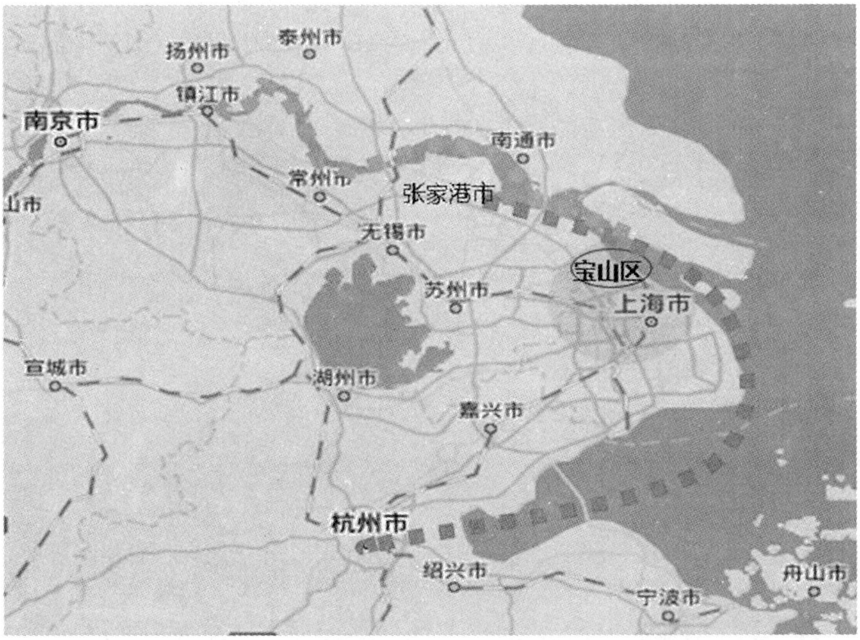

图 3-1　上海宝山工业园区地理位置

3.1　工业概述

工业是采掘自然物质资源和对工农业原料进行加工的社会物质生产部门，在生产、加工过程中需要一定场地、设备、工艺和专业工人。它为国民经济各部门生产生产资料，为人民生活提供生活资料，在国民经济中处于主导地位，是国家实现现代化建设的强大物质基础。

3.1.1　工业在国民经济中的地位

工业在国民经济中居主导地位，起主导作用。

1. 工业是提供燃料、动力和原材料的主要源泉

工业不仅为国民经济生产煤炭、石油和电力等燃料和动力，而且生产钢铁、木材、水泥、有色金属、塑料、橡胶和其他新兴原材料，促进国民经济各部门的发展。

2. 工业是提供现代化劳动资料的唯一源泉

工业中的生产制造业是劳动资料的唯一生产者，担负着技术改造与进步的使命，并以先进的技术装备（机器设备、生产工具以及先进工艺）武装和改造着国民经济各部门，同时也武装和改造着自己，使国民经济在先进技术的基础上迅速发展。

图 3-2　炼钢

图 3-3　矿工采煤

3. 工业是提供生活消费品的重要源泉

人民生活所必需的吃、穿、用必需品一部分是由农业生产提供的，一部分是由轻工业生产提供的，还有很多耐用消费品是由重工业生产部门制造的。由此可见，工业生产可以满足社会不断增长的物质文化生活需要。

4. 工业为农业提供了广阔的市场

大量的农产品除了满足农村市场的需求外，主要是提供给城市居民和工业生产建设，满足两个市场的需求。工业越发达，特别是与人民生活密切相关的轻工业产品的生产越发达，工业生产建设和城市居民对农产品的需求量就越大，对农产品的品种和数量的要求就越高。因此，工业为农业提供了广阔的市场。

5. 工业是国民收入的重要来源

目前我国城市企业，包括工业、建筑业、交通业、商业和服务业的企业有 100 多万个，为国家提供的税收和利润占全国财政收入的 90% 以上，其中城市工业所提供的税收和利润占全国财政收入的 80% 以上。

3.1.2　工业生产的特点

（1）工业生产有自己特有的工艺流程。流程中会发生机械作用、化学作用和微生物作用。

（2）工业生产具有连续性。工业生产受自然条件的影响较少，只要原料设备、厂房动

力、技术劳务、运输管理等条件有保证，就可以全年进行生产。

（3）工业生产具有阶段性。工业生产分为各个不同阶段，而各个阶段保持必要的联系，连续不断地进行生产。工业生产可以在一个地方连续进行，也可以在不同地方同时进行。其生产的连续性是通过工艺半成品的运输及各个生产阶段衔接起来的。

（4）矿产资源和工业原料对工业布局有重大影响。工业布局是工业生产在地域上的表现形式，具体安排时，要使工业尽可能接近原料、燃料产地和消费地区；要注意资源的综合利用与生态环境的保护；要注意工农结合与城乡结合。

（5）工业生产要有良好的建设条件。比如供水、供电、交通、用地、劳务、技术和市场需求等条件。

3.1.3 我国工业发展概况

根据经济发达国家工业化的历史进程，工业化可以分为前期、中期和后期三个阶段。在工业化前期阶段，工业化发展呈轻型结构，即农业、轻纺工业在经济中起主导作用，手工劳动和劳动密集型产业占绝对优势；工业化中期，大机器工业体系日趋完善，工业发展明显地向重、化工业倾斜，电力、钢铁和机械制造业等资金密集型产业在经济中起主导作用，基础工业和基础设施得到很大改善；工业化后期，以汽车、家用电器为代表的耐用消费品产业和以微电子技术、信息技术、航天技术、生物工程、新能源和新材料为代表的新型产业迅速发展，整个产业结构高度化趋势越来越明显。目前美、日等经济发达国家的产业结构已处于工业化后期。我国工业化前期起主导作用的农业和轻纺工业已得到大力发展，前景可观；工业化中期起主导作用的重、化工业，即基础工业和基础设施发展潜力也很大；工业化后期起主导作用的新型产业也正在有计划有步骤有重点地发展起来。由此分析，我国目前既不属于工业化前期，也不属于工业化后期，而是处于工业化中期的初始阶段。

在工业化中期的初始阶段，为研究工业结构，以利于整个工业发展，可以按工业产品的经济用途，把工业分为轻工业和重工业两大类。

1. 轻工业发展概况

轻工业是以生产生活资料为主的加工工业，其产品主要用于满足生活消费及部分生产资料的需要，包括食品、纺织、造纸、日用工业品、传统手工艺品等工业。我国轻工业门类众多，有食品、烟草加工、纺织、缝纫、皮革和毛皮制作、造纸、印刷、文化用品、工艺美术品、日用化学制品、家用电器、制盐、电光源、日用硅酸盐等几十个行业、20 多万个花色品种。改革开放以来，我国轻工业取得了很大发展，2012 年，轻工业总产值达到 18.05 万亿元，同比增长 18.2%，轻工业产品的花色品种增加，中高档产品产量大幅增长。发展到现在，我国轻工业取得了举世瞩目的历史性成就，我国已成为世界轻工产品生产大国。一些主要产品产量位居世界前列，如钟表、自行车、缝纫机、电池、啤酒、家具、日用陶瓷、皮鞋、电风扇、电饭锅、电冰箱、洗衣机、空调、微波炉、塑料农地膜的产量已居世界第一位。

我国轻工业在布局上也发生了显著变化。新中国成立以前，70% 的轻工业集中在上海、青岛、天津等少数沿海城市。目前除原有轻工业基地在不断更新设备的基础上大力提高生产能力外，广大内陆省区在国家重点扶植下，也兴办了许多轻工企业，使轻工业布局更广泛、更合理。

图 3-4　工厂机器运作

2. 重工业发展概况

重工业是以生产生产资料为主的工业部门，主要包括能源工业、冶金工业、化学工业、建筑建材工业及机械制造工业。

重工业同农业和轻工业等有着密不可分的联系，只有重工业发展了，才能有力地支援农业，促进轻工业的发展，加强国防力量，推动交通物流的发展。重工业为农业、轻工业和自身的发展提供能源、原材料、技术装备，有些重工业部门还直接为人民生活提供燃料、建筑材料等生活用品。一个国家重工业的发展规模、部门结构、技术水平等往往代表着这个国家的生产力水平及发达程度，在国民经济中占有举足轻重的地位，是建立独立完整的国民经济体系的基础和前提。按生产性质和产品用途划分，重工业可以分为三类：第一类是采掘（伐）工业，是指对自然资源的开采，包括石油开采、煤炭开采、金属矿开采、非金属矿开采和木材采伐等工业；第二类为原材料工业，是指向国民经济各部门提供基本材料、动力和燃料的工业，包括金属冶炼和加工、炼焦及焦炭化学、化工原料、水泥、人造板以及电力、石油和煤炭加工等工业；第三类为加工工业，是指对工业原材料进行再加工制造的工业，包括装备国民经济各部门的机械电子设备制造工业，金属结构、水泥制品等工业，以及为农业提供生产资料的化肥、农药等工业。

图 3-5　北欧航空

图 3-6　万吨级深水良港

新中国成立前，我国重工业极为薄弱，1949年的全部工业产值中，重工业只占26.4%，以采掘工业为主，机械工业偏重于修配，没有独立发展的基础。其布局畸形地集中在沿海地区，以辽宁最为集中，其次是京津唐和山东的青岛、济南等地，上海仅有一些以修配为主的机械工业，广大内地重工业寥寥无几。

新中国成立后，重工业发展很快。从“一五”时期开始就实行了优先发展重工业的方针，使重工业生产迅速向前发展，1957年年底重工业产值在工业总产值中比重由1949年的26.4%上升到48.3%，至1978年，重工业的比重已上升到56.9%。党的十一届三中全会以后进行了调整，重工业的比重有所下降，1995年我国重工业产值在工业总产值中占57.2%，重工业部门齐全，已形成完备的重工业体系。重工业布局也发生重大变化，除保持沿海地区的发展之外，内地重工业也得到较快的发展。现在在西南、西北和山西、湖南、湖北、河南等地，形成了许多新的工业基地和工业中心，重工业分布逐步趋向平衡合理。其产品产量迅速提高，2012年钢产量达7.17亿万吨，发电量为4.82万亿千瓦时，原煤产量为36.5亿吨，原油产量为2.07亿吨，水泥产量为21.84亿吨，汽车产量为1900万辆。

3.2 轻工业

轻工业是以生产生活资料为主的加工工业部门，其产品主要用于满足生活消费的需要，也有少部分作为生产资料，满足于工业和农业生产的需要。我国的轻工业门类众多，包括食品、烟草加工、纺织、缝纫、皮革和毛皮制作、造纸、印刷、文教体育用品、工艺美术品、化学药品制造、日用纤维制造、日用化学制品、日用玻璃制品、日用金属制品、手工工具制造、医疗器械制造、日用机械、家用电器、制盐、电光源、日用硅酸等几十个行业、20多万个品种。

3.2.1 纺织工业

纺织工业是指用棉、麻、丝、毛等天然纤维和化学纤维加工制成各种纱、丝、线、绳织物及其染整制品的工业部门，是我国轻工业体系中最重要的部门之一，在国民经济生活中发挥着极其重要的作用。我国纺织工业历史悠久，分布广泛，有棉、毛、丝、麻和化学纤维五大类。有纤维原料加工、纺纱、织布和印染等部门。

图3-7 大型纺织车间

1. 影响纺织工业的生产布局的主要因素

（1）原料因素。纺织工业一般设置在原料产地较为合理，可以取得原料的充分供给，并有利于降低运输费用，减少生产成本，提高经济效益。

（2）市场因素。纺织工业产品是人民生活必需品，产品销售范围广而分散，这就决定了纺织工业适宜分散设置在各个消费地区，按人口数量、供销范围确定规模和品种。

（3）劳动力与技术因素。纺织工业是机械和手工操作相结合的劳动密集型产业，需要较多的劳动力，并需要一定的技术水平，一般适宜设置在劳动力资源丰富、生产技术水平较高的地区。

图3-8　缝纫车间

图3-9　纺织机操作

2. 我国纺织工业的布局

我国纺织工业原料丰富，国内消费市场广阔，拥有世界重要生产技术力量和生产水平，具有发展纺织工业的各项有利条件，是世界纺织工业大国之一（见表3-1、表3-2）。纺织工业布局形成棉、毛、麻、丝、化纤相结合的全国纺织工业分布体系。2002年全国有纺织企业23 600家，工业总产值10 195.1亿元，实现利润336.3亿元，从业人数达788.9万人。我国的纺织工业在满足人民衣着消费、增加社会就业、扩大出口创汇、积累建设资金和为相关产业配套等方面发挥了重要作用。

表3-1　中国纺织生产能力在全球排位

产品	生产能力排位
棉纺	1
丝绸	1
毛纺	2
化纤	3

表3-2　中国纺织产品质量在全球排位

产品	生产量排位
棉纺	1
棉布	1
纺织品	1

续表

产品	生产量排位
服装	1
呢绒	2
化纤	3

（1）棉纺织工业布局。我国棉纺织工业具有“大分散、小集中”的布局特征。主要有以下棉纺工业基地：

以上海为中心的长江三角洲地区。是全国最大和最先进的棉纺织工业基地，棉纺织企业主要分布在无锡、南通、常州、苏州、常熟、南京、镇江、扬州、泰州、盐城、合肥、芜湖、蚌埠、安庆、杭州、宁波等地，其中无锡、南通规模最大，该区棉纺织工业原料不足，需从外地调进。

图 3-10　棉纺织车间

以天津市为中心的京津冀地区，是全国第二大棉纺织工业区，棉纺织企业主要分布在天津、石家庄、保定、唐山等地。该区原料丰富、人口稠密、交通方便，可适当发展。

以青岛、济南为中心的山东棉纺织区，是我国第三大棉纺织工业基地，在德州、惠民、烟台、潍坊、菏泽都有棉纺厂。

以武汉为中心的湘鄂赣棉纺织区，棉纺织企业主要分布在武汉、沙市、湘潭、长沙、黄石、襄樊、宜昌、赤壁、南昌、九江、抚州等地。该区人口稠密，交通方便，现有的设备和原材料均有一定的增产潜力。

以郑州为中心的关中地区，棉纺织工业主要分布在郑州、开封、洛阳、西安、咸阳、宝鸡、渭南、太原、临汾等地。该区的关中地区和天山南北以及河西走廊具有发展纺织工业的前途。

东北地区，棉纺织企业主要分布在沈阳、辽阳、营口、金县、大连、锦州、长春、牡丹江、佳木斯等地。

南方地区，棉纺织企业主要分布在广州、柳州、南宁、昆明、贵阳、遵义、三明、厦门和福州等地。

此外，西北的兰州、乌鲁木齐、银川、石河子等地也分布有棉纺织企业。

（2）毛纺织工业。毛纺织工业是生产高中档毛纺织品的纺织工业部门。毛纺织原料主要有羊毛、山羊绒、驼绒、兔毛和其他动物毛纤维，其中以羊毛用量最大。洗毛的加工工艺过程要求洗毛厂一般建在原料产地，而纺、织、染的布局适宜接近消费区，特别是技术力量较强、协作条件较好的大中城市。

目前我国毛纺织工业分布广泛，但又相对集中，突出表现为集中分布于东部沿海地区和西北地区羊毛产地。

东部沿海地区。该区毛纺织工业具有毛纺织技术水平高、力量雄厚、人口稠密、拥有巨大的消费市场等优势。目前该区是我国最重要的毛纺织工业基地，我国三大毛纺织工业中心——上海、北京、天津，都分布在这一产区。另外，还有无锡、南京、常州、苏州、济南、青岛、嘉兴、杭州、桐乡、保定、沈阳、丹东、广州等比较重要的毛纺织工业基地。

西部地区集中区。该区毛纺织工业原料充足，现已成为我国较发达的毛纺织工业基地，同时也是今后我国毛纺织工业最具发展潜力的地区。其中，新疆和内蒙古的毛纺织工业发展最快。本区主要毛纺织基地有乌鲁木齐、呼和浩特、通辽、赤峰、海拉尔、西宁、兰州、天水、银川、咸阳等地。

中部地区。本地区发展毛纺织工业，既无原料优势，又无技术优势，只为满足当地消费的需要。因此，区内的毛纺织工业生产规模不大，河南是本区最大的生产省。本区主要毛纺织基地有开封、吉林、哈尔滨、太原、武汉、重庆、长沙、衡阳、蚌埠、襄樊等地。

（3）丝纺织工业。中国素有“东方丝国”之称。我国生产的丝绸两千年前就沿“丝绸之路”远销国外。目前，丝绸仍是我国外贸出口和换汇最多的商品之一。

我国的丝纺织有桑蚕丝纺织和柞蚕丝纺织两种。桑蚕丝纺织工业遍布全国20多个省、市、自治区，主要集中在浙江、四川、江苏三省，其次是广东、山东、湖北、安徽等省。我国的柞蚕丝纺织业主要分布在辽宁、山东、河南三省，其次分布在内蒙古的扎兰屯、贵州的遵义和陕西的汉中。“鸭绿江绸”和“南阳绸”是国际市场上的畅销衣料。

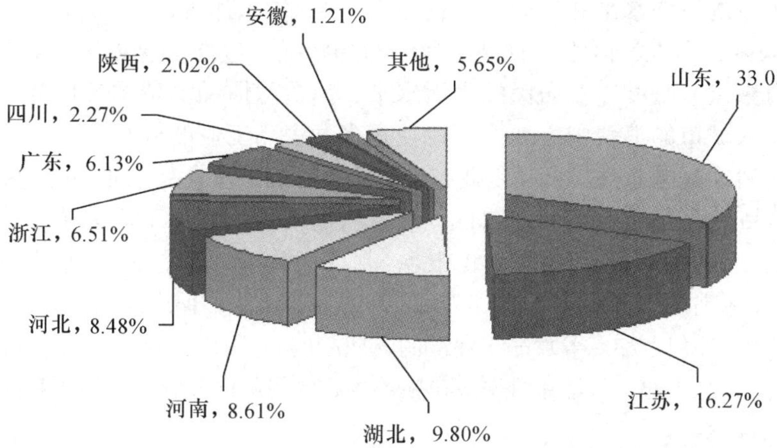

图3-11　我国纺织工业布局比例图

（4）麻纺织工业。我国麻类资源丰富，非常有利于麻纺织工业的发展。由于麻类初加工成品失重性大，因此麻纺织工业一般多布局在原料产区或产区附近交通便利的地区。我国麻纺织工业的布局情况是：

亚麻纺织主要分布在北方黑龙江、宁夏、甘肃、内蒙古、吉林、河北等亚麻产区，哈尔滨有全国最大的包括梳、纺、织、染的全能工厂。

麻袋织造业以上海、青岛、大连、天津等老基地和新建的杭州、广州、天水、承德等最为重要，其中杭州位于我国最集中的黄麻产区，麻袋织造业的规模最大。

现代化的苎麻纺织企业，以无锡、株洲、益阳规模最大。在产区附近的上海、广州、武汉、南昌、重庆、都匀等地也有分布。

（5）化学纤维纺织工业。化学纤维的出现，改变了单纯依靠天然纤维发展纺织工业的局面。化学纤维具有耐拉、耐磨、耐腐蚀等各种优良性能，因此广泛应用于纺织工业，不但增加了纺织原料资源，而且增加了纺织品的花色品种。化学纤维纺织工业已成为世界上发展最迅速的工业部门之一。我国的化学纤维纺织工业布局情况为：以天然纤维素（木材、棉短绒）为原料的黏胶纤维等工业，主要分布在吉林、丹东、保定、南京、新乡、上海和杭州等地；以炼油、炼焦废气、石灰石、食盐为原料生产锦纶、腈纶的合成纤维工业，主要分布在北京、兰州、永安（福建）、南昌、安徽、湖南、广西等地；以石油、天然气为原料的化纤工业，主要分布在上海、南京、天津、辽阳、长春和大庆等地。

3.2.2 食品工业

食品工业是以农副产品为原料的加工工业部门，包括粮食加工、粮油加工、制盐、肉类加工、水产加工、制糖、制茶、卷烟、酿酒、蛋乳制品等工业，主要分布在原料产地和消费中心。近年来，中国食品工业发展迅速，据相关资料显示，2010 年中国食品工业总产值为 63 079.93 亿元，到 2011 年，中国食品工业总产值已超过 78 078.32 亿元，年均增长幅度超过 31.6%。

1. 影响食品工业布局的因素

（1）原料因素，即农业因素。农业布局是决定食品工业布局的基础。食品工业原料的 90% 来源于农业，农业生产水平的高低、农副产品质量的优劣、农作物的区域分布状况，都会影响食品工业的发展水平和规模以及食品工业的部门结构和经济效益。

（2）消费因素，即人口因素。食品工业的布局状况，包括企业数量、生产规模和产品种类，受到人口数量、密度以及居民的生活水平、消费习惯和消费季节性的影响。一般来说，大城市或特大城市的消费中心地区，往往是多种食品工业的分布中心。

（3）运输条件。运输条件对食品工业布局有重要影响，按食品工业不同行业对运输条件的不同要求，食品工业布局有三种趋向性：对原料需求量大、加工后失重多或原料易腐变质、保鲜性能差、不适宜长途运输的，如制糖、制茶、果酒、鱼类加工、乳制品等食品工业部门，应趋向布置在原料产地；对原料加工后不失重或失重少，但产品在运输中需保持新鲜度的，如卷烟、啤酒、面包、糕点等食品工业部门，应趋向布置在消费中心；而对介于两者之间的，如肉类加工等食品工业，运输条件对其影响不大，既可趋向原料地，也可趋向消费地。

2. 食品工业的特点

（1）原料来源和消费市场的广泛性和普遍性。原料来源非常广泛，农、林、牧、副、渔都可以给食品工业提供丰富多样的原料来源。从食品需求来讲，凡是有人群居住的地方都要有相应数量的食品，并且随着人民生活水平的提高，食品需求量会日益增大，需求范围会越来越广。

（2）生产的季节性和地域差异性。因农业生产具有强烈的季节特性，形成农副产品原料的收购具有季节性，进而食品工业同样受季节变化和气候条件的影响。此外，农副产品原料带有区域性差别，有些原料又具有不宜久存和远销的特殊性，因此，就地加工或就近生产，是食品工业区别于其他轻工业生产之处。

（3）食品工业一般规模较小、投资较少、设备较简单，适应各地普遍发展。食品工业科技含量不高、制作简单、规模小、投资少、进入门槛比较低，在我国城市乡村普遍存在，是工业经济中较活跃的一环。

3. 我国主要食品工业布局

（1）粮食加工工业。粮食加工工业是将原料加工成米或面粉，供人们生活消费以及糕点等食品工业用原料。粮食加工工业遍布城乡各地，主要可分为碾米工业、面粉加工业和方便食品工业。

碾米工业。中国碾米工业与粮食消费的集中地区紧密相连，多分布在城市和稻谷集散地。在长江中下游的稻谷集中产区，集中分布大型碾米工业基地，如上海、南京、无锡、芜湖、九江、武汉、长沙等地。在我国北方水稻产区的河北、辽宁、宁夏也有一定规模的碾米工业。在全国分布着珠江三角洲、长江三角洲、四川盆地、太湖流域和福建沿海小平原五大碾米工业区。碾米工业相对集中的广州、上海、北京、成都、长沙、武汉等地，在加工成品粮的同时，利用稻谷的副产品制成糖醛、米糠，进而为酿酒工业、化学工业和日用化妆品生产提供了原料。

面粉加工业。面粉加工业的原料是小麦，成品是面粉。由于面粉最易污染，不宜长途远运，所以面粉加工业宜接近消费区。我国广大小麦产区，既是面粉工业的原料地，又是面粉的主要消费区。现在，全国各大、中城市都建有面粉厂，在全国形成了布局均衡的面粉加工体系，其中，北京、上海、天津、西安、武汉、南京、郑州、济南等城市的面粉加工能力最强。

图 3-12　面粉加工

方便食品工业。方便食品工业以大米、面粉为基本原料，生产各类方便食品，如儿童食品、营养食品、旅游食品等。随着科学技术的进步和消费结构的演变，近年来，各类方便食品已大量涌进消费品市场。目前，在全国各大城市中，方便食品工业发展非常迅速，以北京、上海、广州三大城市为核心的华北、华东、华南三大方便食品生产基地已经形成，为方便食品工业在全国的推广奠定了基础。

（2）食用油脂工业。食用油脂工业是食品工业中的重要部门，按其原料可分为植物油和动物油。植物油脂是目前我国消费量多、产量大的基本油脂，其原料主要有花生、油菜子、芝麻、大豆、棉籽、葵花籽和胡麻籽等。我国食用植物油的工业布局基本上与油料作物分布一致，存在地域特点。

以油菜子为原料的油脂工业主要分布在长江沿岸各省及以南地区，主要产地是重庆、成都、长沙、上海、广州等地。以花生为原料的油脂工业主要分布在青岛、烟台、广州、郑州、长春、哈尔滨等地。以大豆为原料的油脂工业主要分布在大连、长春、哈尔滨等地。以芝麻为原料的油脂工业主要分布在郑州、新乡、开封、安阳和武汉、蚌埠等地。以棉籽为原料的油脂工业主要分布在天津、郑州、西安、上海、无锡、南通等地。此外，在湖南、江西、福建等省有茶油生产，茶油为我国所特有的木本油料油，在西北、内蒙古等地有胡麻油生产，在江西、湖南有米糠油生产，在东北地区有玉米胚油生产。另外，雷州半岛和西双版纳的油棕加工也闻名全国。

我国是世界上食用油料生产最多的国家之一。2012 年，油料总产值 3 340 万吨，油料种植面积 1 398 万公顷，食用油脂加工企业的产品收入和利税总额等创历史新高。

（3）制糖工业。制糖工业的原料以甘蔗和甜菜为主。由于糖料的含糖量低且不宜久存，如果糖厂远离原料产地，不仅会增加原料的无效运量，还会降低原料的质量，从而降低经济效益，所以，制糖工业是趋向原料产地最明显的食品工业。

我国制糖工业和糖料产地的分布一致，糖料作物分布是“南甘北甜”，因此，南方盛产甘蔗的广东、广西、福建、云南、四川、江西、湖南等省区，以甘蔗为原料制糖；北方盛产甜菜的黑龙江、内蒙古、吉林、新疆、甘肃等省区，以甜菜为原料制糖。目前，全国大型制糖企业主要分布在广东、广西、福建、云南和黑龙江等省区。

我国以甘蔗为原料的糖厂分布具有明显特点：一是沿江河两岸建厂。由于糖料含糖率低，制糖需要大量的甘蔗调入，同时产生大量的废蔗调出，所以制糖工业多分布在运输便利、运价较低的水路沿线。二是相对集中分布。如珠江三角洲集中分布着以佛山和惠阳为中心的密集型制糖工业基地，此地区甘蔗种植面积约占全国的 1/3，而食糖产量占全省的 70% 以上；福建蔗糖生产基地，集中分布在仙游、莆田、晋江、龙溪和厦门等地。

我国北方以甜菜为原料的制糖工业，主要分布在东北的嫩江、松花江沿岸的呼兰、阿城、哈尔滨、佳木斯、吉林市和富拉尔基，以及内蒙古自治区的包头、呼和浩特，新疆玛纳斯河流域的石河子、呼图壁和伊宁，甘肃省的武威等地。上述地区土壤肥沃、地势平坦、日照时间长、昼夜温差大，非常适宜甜菜的生长，为发展甜菜制糖业提供了有利条件。

3.2.3 日用工业品工业

随着我国经济的发展，社会消费品结构发生了明显变化，食品、纺织品的消费相对下降，而日用品的消费却日益增长，日用品的生产和发展越来越多地影响到人民的生活水平。由此可见，有计划地完善日用工业品的生产体系，合理布局日用工业品企业，能够极大地提高人民的生活水平。

我国日用工业品工业门类繁多，主要有日用机械工业和家用电器工业。

1. 日用机械工业

日用机械工业主要是指自行车、缝纫机、钟表等生产行业。这些行业的特点是：生产技术水平要求高，原材料质量要求严，产品原材料消耗少，产品需求数量大，供应范围广。而在布局上则要求接近工业比较发达的城市。

2. 家用电器工业

家用电器是人们实现家庭生活现代化的必需品。不同的家电产品具有不同的性能和用途，它能使人们从繁重、琐碎、费时的家务劳动中解放出来，从而丰富人们的生活。改革开放以来，经过20多年的发展，我国各类家用电器的生产规模不断扩大，出现了一大批有实力的企业和消费者认可的品牌，逐步形成了较为完整的家用电器产品供应体系。

新中国成立前几乎没有家电工业，新中国成立初期，在修理业基础上开始生产吊扇、台扇、电熨斗、电炉、收音机等家电，直到1979年以后，家电工业才得到迅速发展。目前，我国家电工业已经具有相当大的生产规模，产品包括有线广播设备、广播发射调试设备、电视发射设备、卫星直播电视设备、收音机、录音机、电视机、电唱机和录像机等音像制品，洗衣机、空调器、电风扇、除尘器、抽油烟机、微波炉、电饭锅、电熨斗和电动按摩器等家用清洁卫生制品，电冰箱、冷藏柜和制冰机等家用制冷产品。家电工业产品不仅品种增多，产量也大大提高，出口额也逐年增加。2011年，中国家电业在产量、销量、出口等各领域都全面突破原有水平，达到新的历史高点。2011年，全行业工业总产值超过1.1万亿元，较2010年增长17%；工业销售产值达到1.07万亿元，较2010年增长17%，但与2010年接近31%的超高增速相比有所回落；中国家电业出口额达到470亿美元，较2010年增长17%。

在分产品领域，2011年冰箱产量达到7 300万台，同比增长8%～9%；空调产量为10 500万台，同比增长16.7%；洗衣机产量同比增幅为10%，电热水器产量同比增幅为33%，微波炉产量增幅与2010年基本持平。

2011年，中国家电业面临欧美债务危机、大宗原材料价格波动较大、人民币升值、国内信贷紧缩、房地产市场低迷、市场增幅趋缓、成本压力上升等复杂的国内外因素，但仍旧取得了不俗的成绩。拉动内需政策对中国家电业应对金融危机发挥了重要作用，随着政策的逐步退出，2012年中国家电业回归常态。这是经历了近几年高速运行和发展后的必然结果，也是经济运行周期中的正常调整。目前，我国家用电器产品出口到全世界200多个国家和地区。

家电产品是机械、电机、塑料、冶金等工业的生产综合体，因此，家电工业是一个综合性的工业部门，其生产工艺先进、专业协作广、科技水平高，要求其生产企业布局在工业基础好、科技水平高的大中城市。

(1) 电视机工业。我国电视机工业是新中国成立后建立起来的。1958年3月，第一台电视发送设备在北京试制成功，同年7月，上海试制出第一台“上海牌”黑白电视机。目前，我国不仅能生产不同规格的黑白电视机，而且彩色电视机也具有了遥控、多画面、流线型、立体声伴音等多种功能及特征。近年来又涌现出了数码彩电、等离子壁挂式彩电等新产品，其质量逐年提高，已达到国外同类产品的先进水平。现在全国有20多个省、区、市生产电视机，年产10万台以上的整机厂有40多家，其中年产20万台以上的厂家有20多个，形成了广东、四川、江苏、上海、天津、山东、浙江和福建八大电视机生产基地。2012年，中国电视机品牌关注度排行榜中，国产品牌占据了六个位置，并包揽前五名，关注度份额超过五成。其中，创维排名第一，关注度18.26%；海信位居第二，关注度为13.96%；长虹以11.77%的关注度排名第三。从技术层面和设计层面上比较，国产品牌与国外品牌的差距在不断缩小，此外，明显的价格优势也是国产品牌更受消费者青睐的重要原因。

（2）洗衣机工业。洗衣机的基本类型有三种，即滚筒式、搅拌式和波轮式。我国制造的洗衣机多为波轮式。我国洗衣机制造始于20世纪60年代，但批量生产是在1979年以后。虽然洗衣机生产时间不长，但发展迅速。目前，我国家用洗衣机生产已遍及除西藏以外的全国各地，主要产地在广东、江苏、上海，年产量在100万台以上；其次是山东、浙江、安徽和天津。目前，我国洗衣机年产量已高居世界首位，成为名副其实的洗衣机生产大国。

（3）电冰箱工业。20世纪50年代，我国开始生产电冰箱，主要供医疗和科研单位使用，生产数量很少。1979年以后，随着经济的发展、人民生活水平的提高，家用电冰箱生产进入了一个新的发展阶段，电冰箱品种不断增加，质量显著提高，噪音、能耗、制冷等标准均达到世界先进水平。目前，我国20多个省市区有生产电冰箱的能力，主要产地有广东、山东、安徽、河南、江苏、陕西和浙江等省。

（4）空调器工业。

2012年我国生产空调器近1亿台。我国的空调器生产不仅产量大幅度提高，而且品种规格越来越齐全，产品质量也日益改善。目前，我国空调器的主要产地有江苏、山东、广东、上海、北京等地。

3.2.4　其他轻工业

1. 造纸工业

造纸工业是以植物纤维为主要原料生产纸张和纸板的工业部门。纸张在国民经济生活中占有重要位置，科技、文化、教育事业的发展，需要消费大量纸张。纸张在工农业生产中也有广泛用途，因此，现代化的造纸工业已成为国民经济中的一个重要行业。

（1）影响造纸工业布局的因素。影响造纸工业布局的主要因素如下所示。

① 原料因素。造纸工业需要消费大量原料，平均每生产1吨纸，需要3～5立方米木材，或2吨芦苇，或3吨稻草，或4吨甘蔗渣。造纸原料一般体积大、价廉、不宜长途运输，因此，造纸工业特别是制浆工业在布局上宜接近原料产地。

② 交通运输因素。造纸行业需要大量纤维原料、燃料和辅助材料，因此，要求造纸工业必须布局在交通运输条件方便的地点，以保证原材料和产品的及时输送。

③ 消费因素。大城市往往是纸张的消费中心，又有大量废纸、废棉、废布、废木材等可回收纸浆，而且大城市交通便利，便于吸收各地分散的纸浆，因此，在消费中心城市建立造纸工业企业既接近消费地，又接近原料产地，最为可行。

水源、排污因素。造纸工业耗水量大，平均每生产1吨纸约需100～600立方米水，废水排放量也大，约为用水量的90%以上，并且废水中含有挥发性刺鼻物质及有毒物质，此外，造纸过程中会产生污染大气的硫化氢、二氧化硫等有害气体。因此，造纸工业的布局既要靠近丰富的水源并在其下游地段布点，又要充分考虑到如何减少对环境的污染。

图 3-13 造纸工艺流程图

（2）我国造纸工业的发展和现状。我国是世界上发明造纸技术最早的国家，远在东汉时期就有了手工造纸，唐代是我国造纸工业的兴盛时期，手工造纸遍及全国各地。中国的造纸术在人类历史上流传千年之后，直到 1799 年，世界上才出现机器造纸法。机制纸的问世，开创了造纸工业新局面，但与此同时，我国的造纸工业反而长期停滞不前。直到新中国成立后，我国造纸工业才得以迅速发展，不仅纸张产量大大增加，纸张质量也不断提高。同时，纸的品种也在逐年增加，新中国成立前纸的品种只有二三十种，现在已达 600 多种。目前，我国已成为世界纸张生产的第三大国，纸张消费的第二大国，令世界造纸界瞩目。

（3）我国造纸工业的布局。我国植物纤维丰富，造纸原料来源广泛，为造纸工业的普遍发展提供了条件。除西藏外，全国各省市都发展了机制纸生产，并呈现出明显的地域差异。

东北区。东北区是我国重要的纸张生产基地和商品纸供应基地。本区造纸原料丰富多样，以木材、芦苇为主。大型造纸中心有辽宁省的锦州、营口、沈阳、丹东，吉林的开山屯、吉林、石砚，黑龙江的佳木斯和齐齐哈尔等。

华北区。该区造纸工业原料主要有麦秸、棉秆、芦苇及废棉、废纸等。北京、天津是华北区最重要的造纸中心，此外，河北保定、山西太原、内蒙古扎兰屯等地均有大型造纸厂分布。

华东区。华东区是我国最大的纸张生产基地，但因本区消费量大，产品以自给为主。上海是本区和全国高级纸张的主要生产基地，造纸原料多采用城市的废纸、废布、废棉和禾草浆等；山东省造纸原料以麦秸、废棉为主，青岛、济南、潍坊为重要产地；福建竹木资源丰富，是我国新闻纸的主要产地之一，南平、福州、青州都建有大型造纸厂；江西、浙江、江苏、安徽等以稻草、芦苇、竹竿等多种原料造纸，重要的造纸中心有苏州、镇江、芜湖、杭州、嘉兴、南昌、南平、宣化等。世界闻名、历史悠久的宣纸，原产于我国安徽泾县，是以檀树皮为原料制成的，其纸质绵软、坚韧洁白、吸墨均匀、光泽经久不变，有“纸寿千年”之称。

图 3-14　造纸厂

中南区。该区造纸工业原料丰富，发展速度快，既有竹、木原料，又有蔗渣、麦秆、禾草等多种原料。主要造纸中心有武汉、岳阳、广州、南宁、柳州、开封、新乡等，其中广州造纸厂是全国著名的新闻纸厂之一。

西南区。该区以竹子、龙须草、禾草、木材等为原料制浆造纸。造纸工业主要分布在四川宜宾、重庆、乐山等地。宜宾是西南区最大的造纸中心，也是我国重要的新闻纸产地之一。

西北地区。该区造纸工业基础较差，又受原料、水源的限制，发展缓慢，生产规模不大，以陕西产量为最多。其主要造纸工业中心有西安、宝鸡和咸阳。

2. 手工艺品制造工业

我国手工业已有 4000 多年的历史，以技术精湛闻名于世，在全国各地形成了许多传统手工业区。各个地区创造的一些名牌产品、民族特需品以及工艺美术品，都是我国宝贵的民族文化遗产。恢复并发展我国手工业，对于继承和发扬历史与民族文化遗产、充分利用自然资源与人力资源、发展手工商品生产、扩大劳动就业、增加外汇收入等都具有重要的意义。

（1）日用陶瓷工业。我国是世界上最早发明和使用陶瓷制品的国家。7 世纪，我国陶瓷品就开始传往国外，从 8 世纪至 18 世纪的 1000 多年间独占世界市场，因此，我国自古就有“陶瓷之国”的美称。新中国成立前，我国陶瓷工业长期处于衰败之中，窑场大多倒闭，名窑大多停产。新中国成立后，日用陶瓷工业重新蓬勃发展起来，传统的名窑和精湛的技术才得到恢复和发展，日用陶瓷产量不断增多，产品质量不断提高，产品种类也不断增加。随着对外开放的深入，陶瓷出口量不断增多，成为我国轻工业产品中大宗出口商品之一。我国正式加入 WTO 以来，国内陶瓷业产品出口量和出口额连年递增，每年出口增长率都保持在 30% 以上，2011 年我国日用陶瓷产量突破 300 亿件，产值达 849 亿人民币。

我国陶瓷生产所需主要原料高岭土和黏土分布十分广泛，且陶瓷产品一般笨重易碎，不易远送，因此陶瓷工业一般分散布局在原料产地，就地产销，但高级陶瓷品的生产由于受优质原料和工艺技术的影响较大，所以分布上具有较强的地域性。目前，我国除西藏以外所有省市区均有陶瓷生产，以广东、山东、湖南、江西、河北和江苏六省产量最高，并已形成佛山、景德镇、淄博、夹江、德化五大产业带，以江西景德镇、湖南醴陵、江苏宜兴丁蜀镇的产品最为著名。

图 3-15　景德镇陶瓷

景德镇的陶瓷业有着悠久的历史，景德镇享有中国“瓷都”之称。这里生产的清花、玲珑、粉彩、古彩和颜色釉、薄胎瓷等均有“白如玉、薄如纸、明如镜、声如磬”的独特风格并因此而驰名中外。宜兴丁蜀镇素称中国“陶都”，生产的日用陶瓷有粗陶、细陶、紫砂陶和青瓷、白瓷等900 多个品种，其中，以紫砂陶器最负盛名。

醴陵有中国“瓷城”之称，著名陶瓷有釉下彩瓷。此外，淄博山泉的乳白瓷、洛阳的唐三彩、临汝的汝瓷、佛山的石湾瓷、潮州的枫溪瓷，以及有“北方瓷都”之称的唐山生产的白骨灰瓷，均为我国各地传统的名牌陶瓷产品。

（2）雕塑工艺品工业。在历史的长河中，雕塑以其独特的艺术语言，曾在原始宗教、陵墓、纪念碑、建筑装饰、工艺品等诸多领域里，发挥了不朽的历史作用。我国传统雕塑业种类繁多，包括以象牙、玉、石、材、木、角、骨、核桃、贝壳、椰壳、树根等为原料雕刻各种工艺品，以及以泥、面、膏等为原料雕刻各种工艺品。近年来由于经济的发展，特别是新材料的不断出现，雕塑艺术更加贴近人们的日常精神生活。而在我国出口贸易的广泛领域里，雕塑工艺品从多渠道进入了世界艺术市场。

玉雕在我国已有 3000 多年的历史，分布十分广泛，集中分布在北京、上海、苏州、扬州和成都。北京玉器厂雕刻的“虾盘”、“龙盘”和上海玉器厂雕刻的“翡翠”、“万紫千红瓶”都堪称国宝。

象牙雕刻是指以象牙为材料的雕刻工艺及其成品。牙雕是一门古老的传统艺术，也是一门民间工艺美术。象牙为大象身上最坚固的部分，其光洁如玉、耐用及珍贵堪与宝玉石媲美，因此象牙又有有机宝石之美誉。而象牙雕刻艺术品，以其坚实细密、色泽柔润光滑的质地、精美的雕刻艺术，备受收藏家珍爱，成为古玩中独具特色的品种之一，也是我国著名的工艺美术品之一。北京、上海、广州为我国三大著名的象牙雕刻工艺品产地。

石雕以浙江青田石雕、福建寿山石雕和湖南的菊花石雕最为有名。新中国成立后，青田石雕曾多次被选作国家礼品赠送外国领导人，1956 年 4 月苏联最高苏维埃主席团主席伏罗希洛夫来访，1956 年 10 月印度尼西亚总统苏加诺来访，1972 年 1 月美国总统尼克松来访，1978 年我国领导人访问朝鲜，都选用青田石雕作为礼品。可见它被人喜爱与推崇的程度。

木雕指在木料上进行的雕刻，通常也指用木料雕刻而成的雕塑工艺品。我国的木雕种类繁多，遍布于大江南北，最著名的有浙江的东阳木雕、广东的金漆木雕、温州的黄杨木雕，福建的龙眼木雕，人称“四大名雕”。其他种类有曲阜的楷木雕、南京的仿古木雕、浙江和湖南的黄杨木雕等。此外，海南岛的椰雕、无锡惠山的泥人、湖南益阳的竹刻、西藏扎布伦寺的面塑等都显示了精湛的技艺，不仅受到国内人民的喜爱，在国际市场上也久负盛名。

（3）织绣工艺品工业。我国织绣工艺品主要有刺绣、抽纱、地毯等，具有美观、大方、实用等特点。作为工艺品的刺绣，在我国最负盛名的是苏绣、湘绣、粤绣和蜀绣这“四大名绣”，此外还有京绣、鲁绣、汴绣、瓯绣、汉绣、闽绣等地方名绣。四大名绣各具特色：苏绣是以苏州为中心包括苏州地区刺绣品的总称，苏绣在长期的历史发展中，形成了图案秀丽、色彩文雅、针法活泼、绣工精细的独特风格，在国际市场上被誉为“东方的明珠”；湘绣是以湖南长沙为中心的刺绣产品的总称，其特点是构图严谨、色彩鲜明、神态逼真、各种针法富于表现力，通过丰富的色线和千变万化的针法，使绣出的人物、山水、花鸟、走兽等都具有特殊的艺术效果；粤绣是广东地区刺绣的总称，粤绣在长期发展中受到各民族民间艺术的影响，在兼收并蓄、融会贯通的基础上，逐渐形成了统一的艺术风格，其特点是色彩浓郁艳丽、对比强烈，图案饱满均匀、对称整齐，装饰性强，粤绣的针法丰富多彩、针步均匀、纹理分明、处处见针、针针整齐；蜀绣，亦称“川绣”，指以成都为代表的四川刺绣，蜀绣的绣工和针法特点可以概括为针脚整齐、线片光亮、紧密柔和和车拧到家，蜀绣以日用品居多，取材多数是花鸟虫鱼、民间吉择和传统装饰等，颇具喜庆色彩。

图 3-16　苏绣

地毯织造在我国有着悠久的历史传统。据史料记载，自佛教、伊斯兰教传入我国西藏、新疆之后，当地人就能用牦牛毛、羊毛织造色彩鲜艳、图案绚丽的拜跪垫。到宋、元、明、清时期，我国地毯织造规模日趋扩大，仅根据地毯的图案组织形式、色彩、用途、产地命名的种类就达几十种之多。目前，以天津、北京、兰州、榆林、和田及成都等地的产品较为著名，尤其是以新疆和田地毯工艺最为精湛；上海“松鹤牌”高级地毯具有时代感和创新写意的特色。北京、天津等地的产品主要销往欧美各国。

抽纱也称“花边”。相传清末由欧洲传入我国沿海口岸及附近乡村。北方以山东烟台地区为中心，习惯称“花边”、“镂空花边”；南方以广东潮汕地区为中心，习惯称“抽纱”。花边或抽纱是精致的手工艺品，其绣工精细，以广东的潮州、江苏的常熟、浙江的萧山和温州、山东的烟台和青岛等地产品最为著名。

（4）金属工艺品工业。金属工艺品是中国工艺艺术的一个特殊门类，主要包括景泰蓝、烧瓷、花丝镶嵌、斑铜工艺、锡制工艺、铁画、金银饰品等。金属工艺品在我国有悠久的制作历史，其制作精细，大都用作装饰，北京、上海、成都、哈尔滨、芜湖、云南、陕西、甘肃等地为其主要生产中心。景泰蓝是北京特有的特种工艺品之一，明代景泰年间是这种工艺品的鼎盛时期，并创造了一种以蓝为主的风格，故“景泰蓝”便成为这种工艺品的美名，景泰蓝技艺到清代乾隆年间空前兴盛，在国内外享有极高声誉；花丝镶嵌，又叫“细金工艺”，它是用金、银等材料，镶嵌各种宝石、珍珠或用编织技艺制造而成，以北京、成都最负盛名；铁画，也称铁花，安徽芜湖特产，为中国独具风格的工艺品之一，它是以低碳钢为主要原料，将铁片、铁线锻打焊接而成的各种装饰画，它将民间的剪纸、雕刻、镶嵌等各种艺术的技法融为一体，采用中国画章法，黑白对比，虚实结合，另有一番情趣；龙泉宝剑是中国著名的传统工艺品之一，因产于浙江龙泉而得名，具有“坚韧锋利、刚柔相济、寒光逼人、纹饰巧致”四大传统特色，龙泉宝剑名扬海内外，东南亚国家的华人、华侨喜爱把它挂在室内或床头，既为辟邪，又是装饰。

3.3　重 工 业

3.3.1　能源工业

1. 能源的分类

能源的分类方法很多。按原始来源可分为来自地球以外天体的能源（其中最重要的是太阳能）、来自地球内部的能源（包括地热能和核能等）、地球及其他天体相互作用产生的能源（潮汐能）三大类。

按基本形态可分为一次能源和二次能源。一次能源是指客观存在于自然界中，不需要加工的能源，也称初级能源（天然能源），如煤炭、石油、天然气、水能、风能等。二次能源是指由“一次能源”经过加工、转化而形成的能源，又称人工能源，如电能、汽油、焦炭、沼气等。

按再生性可分为再生能源和非再生能源。再生能源是指可循环利用的能源，不会因人类的使用而减少，如太阳能、风能等。非再生能源是指用一点少一点的能源，如石油、煤炭、铀等。

按应用广泛性可分为常规能源和新能源。常规能源是指当前人类普遍使用的能源，如煤炭、石油、天然气等。新能源是指应用不久或今后可能得到发展的能源，如波浪能、核能等。新能源和常规能源是相对而言的，在不同时期、不同地区有不同的内涵，如核能在我国还是一种新能源，而在发达国家则是一种常规能源。

图 3-17　风车发电

图 3-18　太阳能发电

2. 我国的能源结构

我国拥有丰富的煤炭、石油、天然气、水力等各类能源资源，其中，煤炭、水能等的储量居世界前列，地热能、太阳能、风能、潮汐能的储量也很丰富，油气资源的开发前景良好。改革开放以来，我国能源工业持续发展，产量稳步上升。目前我国的能源消费结构中煤炭占 68%，石油占 23.45%，天然气仅占 3%。同时，中国也是世界第二大能源生产国与消费国，我国人均能源资源占有量和消费量远低于世界平均水平。因此，我国能源工业发展的基本方针是“以电力为中心，以煤炭为基础，大力发展水电和核电，积极开发石油和天然气，改善能源结构，重视节电和节油”。

表 3-1　2011 年世界一次能源消费结构　　单位：百分吨油当量

	原油	天然气	原煤	核能	水力发电	再生能源	总计
美国	833.6	626	501.9	188.2	74.3	45.3	2269.3
加拿大	103.1	94.3	21.8	21.4	85.2	4.4	330.3
墨西哥	89.7	62	9.9	2.3	8.1	1.8	173.7
北美洲合计	1026.4	782.4	533.7	211.9	167.6	51.4	2773
阿根廷	28.1	41.9	1.1	1.4	9	0.4	81.9
巴西	120.7	24	13.9	3.5	97.2	7.5	266.9
智利	15.2	4.7	5.3	—	4.7	1	30.9
哥伦比亚	11.7	8.1	4.3	—	10.9	0.2	35.1
厄瓜多尔	10.5	0.4	—	—	2.2	0.1	13.2
秘鲁	9.2	5.6	0.8	—	4.9	0.1	20.7
特立尼达和多巴哥	1.7	19.8	—	—	—	0.05	21.5

续表

	原油	天然气	原煤	核能	水力发电	再生能源	总计
委内瑞拉	38.3	29.8	2	—	18.9	—	89.1
其他中南美洲国家	53.7	4.7	2.4	—	20.4	2	83.3
中南美洲合计	289.1	139.1	29.8	4.9	168.2	11.3	642.5
奥地利	12.5	8.5	2.5	—	6.9	1.6	32
阿塞拜疆	3.6	7.3	0.05	—	0.6	0.05	11.5
白俄罗斯	9	16.5	0.05	—	0.05	0.05	25.5
比利时	33.7	14.4	2.1	10.9	0.05	2.1	63.3
保加利亚	3.5	2.6	8.4	3.7	0.6	0.3	19.2
捷克共和国	9.1	7.6	19.2	6.4	0.6	1.1	44
丹麦	8.3	3.8	3.2	—	0.05	3.4	18.7
芬兰	10.5	3.2	3.3	5.3	2.8	2.6	27.7
法国	82.9	36.3	9	100	10.3	4.3	242.9
德国	111.5	65.3	77.6	24.4	4.4	23.2	306.4
希腊	17.2	4.1	7.3	—	1	0.9	30.5
匈牙利	6.5	9.1	2.7	3.5	0.1	0.7	22.6
爱尔兰共和国	6.8	4.2	1.3	—	0.2	1.1	13.6
意大利	71.1	64.2	15.4	—	10.1	7.7	168.5
哈萨克斯坦	10.2	8.3	30.2	—	1.8	—	50.5
立陶宛	2.7	3.1	0.2	—	0.2	0.1	6.4
荷兰	50.1	34.3	7.8	0.9	0.05	2.7	95.8

3. 煤炭工业

中国能源以煤炭为主，煤炭工业是我国最重要的能源生产部门，发电、炼焦、建筑材料、交通运输、民用等行业都要用煤炭，它主要包括勘探、开采和采掘的全部生产过程。我国煤炭工业发展迅速，从20世纪80年代开始，国家投资兴建了一批大型现代化煤矿，使煤炭产量逐年提高，1989年后产量一直保持在10亿吨以上，2011年原煤产量35.2亿吨，2012年原煤产量36.6亿吨。

（1）我国煤炭资源特点。我国煤炭资源主要有以下特点：

资源丰富、品种齐全、煤质较好。我国目前已探明的煤炭储量达8 900亿吨，高居世界榜首。我国煤种齐全，炼焦煤、动力煤、化工煤和民用煤都有，而且以发热量高的无烟煤和用途广泛的烟煤为主，烟煤中炼焦煤占1/3以上，煤质良好。

分布广泛而又相对集中。从黑龙江到海南，从东海之滨到天山山麓，全国80%以上的县都有煤炭资源，但分布很不均匀。我国80%以上的煤炭资源主要集中在北部、西部地区，而煤炭主要消费区在东部沿海，这种消费中心偏东、资源中心偏西的局面，决定了我国北煤南运和西煤东运的基本格局。

条件较好。煤层的厚度、埋藏深度和煤层的倾角等因素对煤炭的开采方式和开采难易程度有很大的影响。我国大多数煤炭资源埋藏深度为500米左右，且地质构造简单，煤层倾斜度小，开采难度不大。

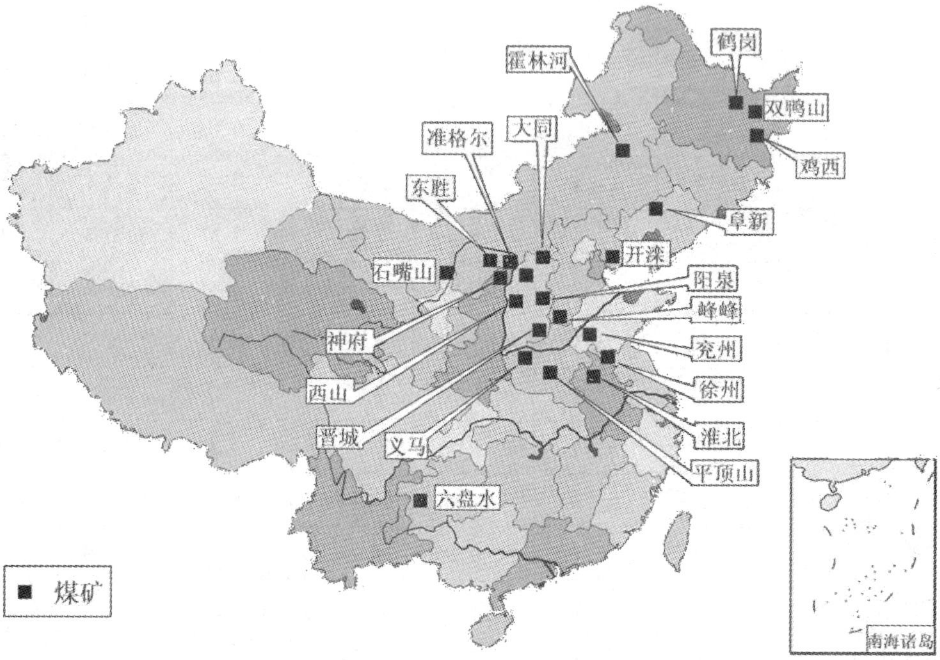

图3-19　我国主要煤矿分布图

（2）煤炭工业地区分布。我国有以下主要煤炭基地：

一是以山西为中心的北方煤炭基地。以山西为中心，包括内蒙古、河北、河南、陕西和宁夏，是全国最大的煤炭基地。本区煤炭储量丰富，其中山西、内蒙古煤炭探明储量分居全国第一、第二位，而且煤种齐全、质量高、埋藏浅、煤层稳定，地理位置又处于全国能源消费扇面中心，具有发展煤炭工业得天独厚的条件。本区煤炭储量在300亿吨以上的有山西大同、沁水，宁夏灵武、内蒙古乌海和陕西神府等四个特大型煤田。

山西素有“北方煤海”之称，已探明的煤炭储量2 035亿吨，占全国总储量的21%，其中炼焦煤与无烟煤占全国储量的一半。著名煤矿有大同、西山、阳泉、潞安和晋城煤矿。大同煤矿是我国最大的煤矿，年产煤炭约3 500万吨，所有原煤大多为煤质优良的动力煤。阳泉煤矿是我国最大的无烟煤矿，煤炭品质优良，宜做民用煤或化工用煤。西山煤矿位于太原市西，以生产焦煤为主，是我国重要的炼焦煤生产基地。

内蒙古著名的煤矿主要有乌海、东升、平庄、准噶尔、元宝山、伊敏河和霍林河煤矿等。以乌海煤矿规模较大。准噶尔露天煤矿储量205亿吨，是中国已发现的适于露天开采的最大煤矿。

河北省煤矿多为优质炼焦煤，著名煤矿主要有开滦和峰峰煤矿，其年产量均在1 000

万吨以上，生产的炼焦煤灰分少、发热量高，是全国较好的冶金、化工和动力用煤。

二是以贵州为中心的西南煤炭基地。本区煤炭已探明储量688亿吨，居全国第二位。煤炭生产主要集中于黔西、川东和滇东。区内以贵州的储量与产量为最大，是中国的“南方煤海”，2012年产原煤1.8亿吨，同比增长16.1%。

三是以黑龙江为中心的东北煤炭基地。该区包括辽宁、吉林、黑龙江和内蒙古东部地区。东北区重工业发达，耗煤量大，煤炭储量虽然仅占全国的6%，但煤的开发历史悠久，很早就形成了抚顺、阜新、鸡西、鹤岗四大煤炭基地。抚顺素称“煤都”，位于辽东，是东北最大的煤炭基地，也是我国大型露天煤矿之一，主产动力煤和炼焦煤，它与鞍山、本溪的铁矿相结合形成大型的钢铁基地。阜新位于辽西，也是大型露天煤矿，主产长焰煤，长焰煤是良好的动力用煤，阜新建有大型火电站。鸡西、鹤岗等煤矿群位于黑龙江东部，主产气煤、焦煤，各矿区均建有大型选矿厂，主要供鞍山钢铁基地炼焦。

以兖徐、两淮为中心的中南、华东煤炭基地。中南、华东区煤炭资源少，煤炭基地主要分布在鲁、豫、皖等省。该区拥有鲁西南、苏北和皖北煤田，其中淮南、淮北、兖州煤矿是国家重点建设项目。淮南和淮北煤田合称两淮煤田，位于安徽境内。两淮煤田面积约1万平方千米，探明储量达220亿吨，且储量集中，品种齐全，煤质较好。河南的平顶山煤矿素有“中原煤都”之称，其煤层厚而平缓，易于开采且交通方便，生产规模仅次于大同和开滦，居全国第三位。

4. *石油工业*

石油是一种可燃的有机液体矿物，是现代社会极其重要的原料。从地下开采出来的石油叫原油，也称天然石油。把褐煤和油页岩干馏，也能得到石油，叫人造石油。广义的石油工业包括勘探、采油、人造石油的生产以及原油、天然气和石油产品的储运。

（1）我国油气资源及其分布。我国是一个油气资源非常丰富的国家，资源评价结果表明，我国石油的总资源量为940亿吨，天然气的资源量为38万亿立方米，其中陆上石油资源为694亿吨，海域为246亿吨，天然气资源量陆上为30万亿立方米，海域为8万亿立方米。但石油资源探明率仅为24%，天然气探明率还不到4%。

表3-4 我国石油资源质量分布 单位：亿吨

常规资源	低渗透资源	重油资源	总资源量
530.6	210.7	198.7	940.4

表3-5 我国石油资源区域分布

区域	资源量（亿吨）	占总资源量百分数
海域	246.0	26.17%
滩海	29.2	3.11%
沼泽	12.1	1.29%
沙漠	105.6	11.3%
山地	13.0	1.33%
黄土源	19.1	2.03%
高原	10.2	1.09%

我国油气资源集中分布在东北、华北和西北地区，其中尤以华北盆地、东北盆地—塔里木盆地油气资源最为丰富。我国近海海底已发现不少储油构造，其中以渤海湾、黄海、东海、南海的珠江口、莺歌海、北部湾和台湾浅滩七个含油气盆地最有前景。陆上初步探明四个大型的天然气区，分别是陕甘宁盆地、四川盆地、新疆的吐鲁番—哈密—准噶尔盆地—塔里木盆地、柴达木盆地。到 2010 年，我国石油产量将达到 2 亿吨。这个产量规模可以持续 30 年左右，同时还有 5 000 万吨的增长空间。我国的天然气产量增长空间也很大，到 2010 年可达 1 000 亿立方米，到 2030 年之前仍会处于增长期。21 世纪，石油、煤炭、天然气仍然占主导地位；到 2030 年，天然气将成为主导能源。能源价格将长期高位运行。

（2）我国石油工业的发展及布局。我国是世界上最早发现和利用石油资源的国家，但新中国成立前我国石油工业发展缓慢。新中国成立后，石油工业成为我国发展最快、成绩最突出的重要工业部门。新中国成立初期，我国原油产量只有几十万吨。以后，随着地质勘探工作的深入开展，20 世纪 50 年代末 60 年代初，随着大庆、胜利、大港油田的开发，到 2010 年，我国石油产量首次突破 2 亿吨。到 2012 年年底为 2. 05 亿吨。石油、天然气产量的增长，对稳定国内市场供给起到了积极作用。

采油工业布局。旧中国石油生产集中于西北和台湾地区。新中国成立后，随着东部油田的大开发，石油生产重心移向东部。我国的石油勘探大体经历了三个阶段，首先是 1960 年以前，处于探索阶段。20 世纪 80 年代以后进入快速发展期。“十五”、“十一五”以来，石油勘探进入了高速增长阶段，年探明储量 8 ～10 亿吨。2012 年，全国石油新增地质储量 15. 2 亿吨，同比增长 13%。天然气勘探长期以来滞后于石油勘探，但“十五”以来，也进入了快速发展阶段。2012 年，天然气新增探明储量 9 612. 2 亿立方米，同比增长 33%。

图 3-20　中国主要油气田分布图

如今我国石油 90% 的产量和 80% 的探明储量都集中在东部，但东部石油开采已进入自然递减阶段。国家在"八五"期间制定了"稳定东部，发展西部"的战略方针。目前在西部已成功地建成塔里木、吐鲁番—哈密、准噶尔三大盆地油气田，开采较大，已成为我国石油工业的战略接替区。新疆塔里木、准噶尔及吐鲁番—哈密三大盆地共蕴藏着 209 亿吨石油资源和 10. 85 万亿立方米天然气资源，分别占全国陆上油气资源总量的 25. 5% 和 27. 9%，被地质学家视为我国油气勘探潜力最大的省区。2012 年，新疆原油产量突破 3 400万吨，同比增长 13 万吨。

图 3-21　原油储存转换站

海上油田。截至 2003 年年底，中国近海油田累计生产原油 17 505 万吨、天然气 325. 32 亿立方米。五年来原油产量增长迅速，从 1999 年的 1 617 万吨增加到 2003 年的 2 224万吨，天然气产量基本稳定。我国近海油气田的开发目前主要集中在渤海与东南海油田，已形成了四个油气开发区，即渤海油气开发区、珠江口油气开发区、南海西部油气开发区和东海油气开发区。2007 年 5 月，河北省唐山市境内（曹妃甸港区）发现一个储存量高达 10 亿吨的大油田——冀东南堡油田。该油田储量规模大、油层厚度大、油层物性好、油品质量好，试采效果非常好，是一个非常罕见的整装、优质、高效的油田。现已探明南堡油田原油储存量高达 10 亿吨，如果按年产 1 000 万吨计算，可开采 100 年。2007 年 5 月，据中国石油天然气股份公司资源开发专家介绍，南堡油田一期开发将以海上为主，预计井网覆盖一次性采油率将高达 40%，成为世界级的高产油井。近海油气产量约占全球产量的 33%，到 2020 年将达到 35%。

炼油工业。我国是世界原油加工大国，目前年炼油加工能力达 1. 6 亿吨，居世界第四位。我国重要的炼油基地在大庆、吉林、抚顺、锦西、大连、北京、大港、沧州、上海、南京、镇海、安庆、九江、洛阳、武汉、岳阳、荆门、惠州、茂名、广州、兰州、玉门、格尔木、乌鲁木齐、独山子等地。预计到 2010 年，我国炼油工业新增原油加工能力9 000 多万吨，同时淘汰低效炼油能力约 2 000 万吨；形成 20 多个具有较强市场竞争力的千万吨级原油加工基地，加工能力占全国总能力的 65%；企业平均规模达到 570 万吨，整体水平有较大提升。届时，炼油工业将基本满足国内成品油市场需求。

5. 电力工业

电力工业是指生产、输送和分配电能的工业部门。通常可分为火力、水力和核能发电等，我国以火电为主，占总发电量的 80% 以上。电力传递迅速，便于远距离输送，使用方便、效率高、污染少，且电能极易转化成光能、热能、机械能和化学能，可满足不同生产和消费部门的需要，也是人民生活不可缺少的生活资料，是应用最广泛的一种能源。新中国成立后，尤其是改革开放以来，我国电力工业发展迅速，平均每年以 10% 的速度增长。2011 年全国总发电量为 4. 6 万亿千瓦时，增长 11. 7%；2012 年全年总发电量为 4. 9 万亿千瓦时，增长 6. 5%。

图 3-22　发电厂

（1）影响电厂布局的因素

① 火力发电厂。火力发电厂是指用煤炭、石油和天然气等为燃料发电的电厂。依照所用一次能源的不同分为燃煤、燃气和燃油火电厂，我国以燃煤电厂居多。火电厂区选择要考虑以下因素：A. 消费因素。要求电厂接近负荷中心，这样布局（接近消费区）可节省投资，减少输送损失，节约变电设备和器材。B. 原料因素。我国火电厂 80% 左右烧煤，耗煤量很大，电厂接近原料产地，可节约煤炭运费，降低投入成本。C. 交通因素。因为消耗燃料多，所以必须靠近铁路或航运干线，还需修建铁路专运线，确保燃料供应和灰渣排除。D. 水源因素。火电厂需大量冷却水、锅炉补给水和除灰、除硫用水，要求电厂有充足的水源保证。火电厂最理想的设置地区是：既接近负荷中心，又靠近煤炭基地，且附近具有良好的交通物流和水源条件的地区。

② 水力发电厂。水电厂建立初期投资大、建设周期长，且建成后发电成本低、污染少，水力资源可持续利用，水库亦可综合利用。影响水力发电厂布局的因素有：A. 水力资源因素。丰富、充沛的水力资源是水力发电的重要保障。B. 水文特征因素。河流水文的变化往往影响水电厂的发电能力，所以要修坝蓄水，以调节流量，排泄泥沙，集中落差，保证发电。C. 综合开发利用因素。建水力发电厂时还应兼顾防洪、灌溉、航运、渔业、环保、旅游等方面的问题。

③ 核能发电厂。核电是一种安全、清洁、经济的能源。1978 年，我国开始建设核电工业，布局于缺煤、缺水的东南沿海地区，已建成两座核电站：秦山核电站（浙江省海盐县），靠近上海和杭州，1991 年建成发电，装机容量 30 万千瓦；大亚湾核电站（广东省深圳市），靠近香港，1993 年建成发电，装机容量 180 万千瓦。2012 年，核电累计完成发电量 974 亿千瓦时，同比增长 12. 8%。

（2）我国电力网及电力工业布局。

电力网是指由两个以上的发电厂与变电站、各级输电线路、配电站及用户组成的发、供、用的一个整体。电力网可经济合理地利用各种能源，降低最高负荷，减少备用容量，便于安装大容量机组，进而促进工业的合理布局。建国后我国电力工业迅速发展，国家

“十五”规划确定我国电力工业发电量年均增长7%左右。近年来，我国电力工业加快了发展步伐，目前我国电网建设已发展到各省区都有电网，并形成了东北、华北、华东、华中、西北、南方等6个装机容量逾千万瓦的大电网，连同一系列大型电站的投产，表明中国电力工业进入了以大机组、大电厂、大电网、超高压、自动化为主干的新时期。各大电网已覆盖全国所有城市和大部分农村，以计算机为主的国际先进调度自动化系统已普遍采用并达到实用化程度。截至2011年12月31日，我国总装机容量突破了10.56亿千瓦。其中风电为4 700万千瓦，占装机总容量的4.45%；核电为1 191万千瓦，占总容量的1.13%（在建规模2 305万千瓦）；水电为2.305 1亿千瓦，占总容量的21.83%；火电为7.654 5亿千瓦，占总容量的72.5%。

① 东北电力网。它是我国最早形成的电力网，地跨黑、吉、辽和内蒙古东部三盟一市。东北电力网以火电为主，有清河、阜新、吉林、抚顺、哈尔滨等火电厂，有白山、红石、丰满、水丰、镜泊湖等水电厂。松花江上的白山水电厂装机容量150万千瓦，是目前我国仅次于长江三峡、葛洲坝的第三大水电厂。

截至2012年年底，东北电网的总装机容量已达2 000多万千瓦，但东北地区重工业发达，能源消耗量大，是我国电力缺口较大的地区。为缓和东北电力紧缺状况，在加快内蒙古东部霍林河、伊敏河、元宝山等坑口电厂建设的同时，国家还将加强松花江水力资源的开发，并由华北地区输入部分电力。

② 华北电力网。它包括京、津、冀、晋四省市和内蒙古西部地区，是我国第二大电力网。华北地区拥有丰富的煤炭资源，以火电为主，水电厂极少。有大同、唐山、北京、天津、大港、太原、包头、集宁、呼和浩特和石家庄等重要火电厂。

③ 华东电力网。华东电力网跨沪、苏、浙、皖、闽四省一市，是我国规模最大的电力网。华东电力网是一个以火电为主、水电也占有一定地位的电力网。望亭电厂是华东电力网最大的火电厂，淮北、淮南、上海、徐州等地也建有大型火电厂，有新安江、富春江、水口和紧水滩等水电厂。正在建设的浙江安吉天荒坪抽水蓄能电厂装机容量180千瓦，是我国自行设计的最大抽水蓄能电厂。该电力网的秦山核电厂是我国第一座自行开发建设的核电厂。

④ 华中电力网。包括豫、鄂、湘、赣四省，是我国第三大电力网。有武汉青山，河南平顶山、焦作等大型火电厂，有葛洲坝、三门峡、丹江口等水电站。水电在该电网中占有重要的地位，葛洲坝、丹江口水电站装机容量分别为271.5万千瓦、90万千瓦。随着长江三峡工程的建成，华中电力网已成为一个以水电为主的电力网。

长江三峡水利枢纽工程是综合治理和开发长江的国家重点工程，位于湖北省宜昌市三斗坪镇，下游距葛洲坝水利枢纽38千米。于1993年开始建设，2003年首批机组发电，2009年竣工。大坝为混凝土重力坝，全长1 983米，坝顶高达185米，水库正常蓄水位175米，总库容393亿立方米，枢纽的最大泄洪能力为每秒10立方米。工程总装机容量达1 768千瓦，截至2012年年底已累计发电每小时981亿千瓦，已成为世界上最大的水力发电厂。

⑤ 西北电力网。它包括陕、甘、宁、青、新五省区，装机容量1 100万千瓦。西北电力网水电的装机容量占整个电力网的50%以上，是我国一个以水电为主的电力网。有龙羊峡、刘家峡、盐锅峡、八盆峡、青铜峡等水电厂，前二者的装机容量分别是128万千瓦和122万千瓦。西北电力网有渭河、铜川、秦岭、户县、石嘴山等火电厂。

⑥ 南方四省区联营电力网。它包括粤、桂、滇、贵四省区，目前装机容量在3 000万千瓦以上，其中广东省装机容量和发电量居全国第一位。有广州、南宁、柳州、韶关、茂名、开远、昆明、贵阳、遵义等火电厂，有鲁布革、大化、天生桥、新丰江等水电厂。

此外，还有川渝电力网、山东电力网、福建电力网、海南电力网、新疆电力网、西藏电力网等。

3.3.2 机械工业

机械工业是指制造各种机器设备的生产部门，主要包括工业设备制造、农业机械设备制造和运输设备制造。机械制造工业生产具有通用化、标准化的特点，专业协作性强，生产需要较高的科学技术条件，消耗金属材料多，产品的种类多，服务面又广。建国至今，我国已形成门类齐全、布局合理、具有相当水平的机械工业体系。机械工业产量逐年上升，不少机械产品已经达到国际化先进水平，并打入国际市场。2012年中国机械工业完成工业总产值18万亿元，同比增长12.64%。

1. 工业设备制造业

工业设备制造业是生产装备工业本身各种机械设备的生产部门，主要包括各种重型机械、通用机械、机床工具仪器仪表、发电设备和轻纺设备制造。

（1）重型机械制造业。主要包括冶金、矿山、起重、运输、工程机械等设备制造业。其产品体积大而笨重，消耗钢铁和金属材料多，生产周期较长。布局一般毗邻钢铁工业基地或矿山。我国有上海、沈阳、富拉尔基、德阳、太原、北京、天津、洛阳、衡阳、大连和广州等重型机械工业基地。富拉尔基的第一重型机器制造厂是我国规模最大的重型机械制造企业，主要生产金属专用设备、重型锻压设备和大型铸锻件设备等；德阳的第二重型机器厂主要生产轧钢设备、水压机、飞机和汽车模锻件等；上海重型机器厂是我国东南地区最大的重型机械制造厂和铸造中心；洛阳矿山机器厂是我国最大的矿上设备制造企业；大连是我国最大的起重机生产基地。

（2）通用机械制造业。主要制造石油化工设备、工业泵、阀门、气体压缩机、空气分离设备、冷冻设备和环境保护设备等。我国现有通用机械制造企业很多，可生产47 000多个品种。上海是我国最大的通用机械制造中心，产值约占全国总产值的25%，上海也是我国最大的电动工具生产中心。大连以生产石化设备、橡胶、塑料机械为主，大连还是我国最大的制冷设备生产中心；沈阳主要生产工业泵、阀门等；杭州是我国最大的空气分离设备生产中心；洛阳是我国最大的轴承生产中心；北京是我国最大的印刷生产中心；兰州是石油钻采机械和炼油化工设备的生产基地。

（3）机床工具制造业。主要制造金属切削机床、锻压设备、铸造机械、木工机械、标准紧固件、量具、刃具和磨具等。机床和工具是机械工业的基本生产工具，被誉为“机械工业之母”。我国机床工具制造地区分布广泛，上海、辽宁为我国最重要的机床工具制造业基地，产量占全国总产值的1/3以上，上海是全国最大的生产中心。普通机床生产主要分布在上海、沈阳、北京、大连、齐齐哈尔、天津、济南、无锡、南京、武汉、重庆、昆明、西宁、杭州等地；精密机床生产主要集中在上海、北京、哈尔滨、成都、昆明等地；重型机床生产主要分布在武汉、上海、西宁、芜湖、济南等地。

（4）仪器仪表制造业。主要制造自动化仪表、光学仪器、电工仪表、材料试验机、电影和照相机等现代化的技术工具。仪器仪表制造业生产技术要求高，工艺复杂，一般布局在科技中心或工业发达的城市。上海是我国最大的仪器仪表制造中心，产值占全国的40%。上海、天津、大连、哈尔滨和西安等地是工业自动化仪表制造中心。牡丹江、桂林、贵阳、哈尔滨和宜昌等地是电工仪器仪表制造中心。照相机生产以上海、广州和常州等地较为集中。南京、北京是中国光学仪器、电影机械制造中心。

（5）发电设备制造业。主要制造电站设备、电机、电材、工业锅炉等。发电设备制造是新中国成立后发展起来的一个新兴机械工业领域，发展极其迅速，其产值已占工业设备制造业总产值的1/3左右。我国发电设备制造有上海、哈尔滨、成都、北京四大生产中心。此外，大连、沈阳、天津、兰州、武汉、南京、洛阳和杭州也有一定规模的发电设备制造业。

（6）轻纺设备制造业。包括纺织、造纸、制糖、食品、卷烟、厨房设备等轻工机械设备制造。其技术要求不太复杂，产品种类也比较单纯，一般布局在消费地。我国纺织机械有上海、榆次、郑州、天津、沈阳和青岛等生产基地。上海是我国最大的纺织机械生产中心，也是我国最大的食品机械生产中心。广州是我国最大的制糖机械工业中心。

图3-23　轻纺设备

2. 运输机械制造业

运输机械制造业包括汽车制造业、航空航天工业、船舶制造业、机车车辆制造业等行业，它们是现代化交通运输发展的关键所在。

（1）汽车制造业。我国目前能生产载重货车、越野汽车、自动汽车、牵引车、客车、轿车等各种类型的汽车。汽车制造业技术复杂，需要的原材料数量大、质量高、品种规格多，一般建在多种工业发达的地区。20世纪90年代以来，我国汽车工业持续快速发展，从2012年1月12日召开的中国汽车工业协会（以下简称中汽协会）月度信息发布会上获悉，2011年，我国实现汽车产销1 841.89万辆和1 850.51万辆，同比分别微增0.84%和2.45%，增幅较上年分别回落31.60%和29.92%，产销增速13年来首次低于3%，但我国汽车产销总量继续居全球第一位。长春是我国生产规模最大的汽车制造中心。发展汽车工业需要高技术和大量资金投入，生产高度集中化、大企业主宰市场是国际汽车工业发展的最大特点。我国为了应对国际化竞争，加快了汽车制造企业重组的步伐。如“一汽”与“沃汽”的强强联合、“上汽”与“东风”部分项目的重组等，这充分显示了中国汽车工业的实力。

第一汽车制造厂，简称“一汽”，位于吉林省长春市，始建于1953年7月，是中国建设最早的汽车制造厂。1995年兼并吉林、长春等四个小轻型车厂和沈阳金杯汽车公司，现已发展成为我国特大型汽车企业。产品以中型卡车、轻型卡车和轿车三大系列为主，在汽车行业率先形成了重、中、轻、轿全面发展的战略格局。其“解放”、“红旗”两个民族品牌，一直是我国汽车工业发展史上的辉煌标志。

图3-24　红旗轿车

第二汽车制造厂，又称东风汽车公司，位于湖北省十堰市。始建于1967年，到2011年，现已形成以十堰为中心，包括襄樊、武汉等地300多家汽车生产及配套企业的我国最大的汽车工业基地，基本形成了重、中、轻、轿等宽系列多品种的产品格局。现在拥有东风小霸王、东风多利卡、东风信天游、东风之星、东风金刚、东风锐霸、东风客车七大系列。

上海汽车工业总公司，简称“上汽”，是以轿车为主的汽车生产基地。

此外，北京、天津、上海、广州等地是我国重要的轿车生产基地；济南是全国载重汽车的生产基地，生产8吨、4吨“黄河”牌载重汽车。中国还是全球最大的摩托车生产国和消费国。近年来，我国摩托车工业发展迅速。2002年中国摩托车产量达到1 300万辆，占据全球产量的半壁江山，超过50%，位居世界第一。2011年中国摩托车产量达2 732.53万辆，同比增长0.74%。重庆是我国最大的摩托车生产基地，主要产品有“嘉陵”、“雅马哈”牌摩托车。

（2）航空航天工业。我国飞机制造业开创于20世纪50年代初期。在20世纪80年代以前，以研制生产军用飞机为主，现在已经能制造的飞机类型包括军用歼击机、轰炸机、强击机、侦察机、运输机、直升机和大型民用客机。我国有西安、上海、沈阳、南昌、成都、哈尔滨等飞机制造中心。我国航空航天工业创建于1956年，自20世纪80年代以来发展迅速，能承担各类人造卫星、运载火箭、战略导弹、技术导弹的研制、生产和发射，并已进入国际航天市场。我国航天工业企业主要分布在科技发达、交通便利、电信通畅的北京、上海、沈阳、哈尔滨、南京、西安、重庆、昆明等地，西昌、酒泉是我国两大卫星发射基地。

（3）船舶制造业。我国是世界造船发展较早的国家之一。新中国成立后，特别是20世纪80年代以后，我国造船工业迅速崛起。现代船舶制造的特点是产品数量少、体积大、耗用材料多、结构复杂、生产周期较长、技术要求高，要求在工业和科技发达的海港或江河港口城市建厂。上海和大连是我国两大船舶制造中心，大连以制造油轮为主，上海以制造货轮为主。其他船舶制造中心有广州、天津、青岛、马尾（福州）和秦皇岛等沿海港口城市。武汉是我国最大的内河船舶制造基地，此外，还有南京、芜湖、九江、宜昌、重庆、哈尔滨等地的造船业。目前我国造船承接量仅次于韩国和日本，其产品性能和建造工艺方面已达到国际先进水平。生产的船舶除满足国内需要外，还出口到20多个国家和地区。

（4）机车车辆制造业。包括铁路机车和车辆（客车和货车）制造。我国机车车辆生产发展迅速，产量已居世界第二位。1988年后，我国已不再生产蒸汽机车，目前主要生产内燃机车和电力机车。大连、大同、唐山、北京、青岛、资阳和株洲等是主要生产基地，其中，大同是我国最大的机车制造基地，也是亚洲最大的电力机车生产基地。我国车辆制造厂分布在长春、哈尔滨、齐齐哈尔、青岛、石家庄、武汉等地，其中，长春是我国最大的客车制造中心，齐齐哈尔是最大的货车生产基地，武汉是冷藏车生产基地。

3. 农业机械制造业

图3-25　多功能联合收割机

农业机械包括各种拖拉机和用于农、林、牧、副、渔生产的各种机械制造。农业机械种类很多，其中拖拉机是基本的农业机械。我国拖拉机生产主要集中在东部地区。大型农用拖拉机生产集中在北方，主要分布在鞍山、沈阳、长春、哈尔滨、洛阳、天津石家庄等地。中小型拖拉机生产集中在南方，有南京、南昌、上海、常州、南宁、柳州和武汉等生产基地。洛阳是全国最大的拖拉机生产基地。联合收割机生产主要在开封、佳木斯和四平等地。我国又以生产小型拖拉机为主，历年产量占拖拉机总产量的95%以上。这种结构符合我国山地多、平原少的自然特点。

3.3.3　化学工业

化学工业属于知识和资金密集型行业，在生产工艺技术、对资源的综合利用和生产过程的严格比例性、连续性等方面，比一般工业部门突出，是多行业、多品种、配套性强的重要原材料工业部门，为工农业、交通运输业和国防等提供生产资料。经过多年发展，我国已形成了门类比较齐全、品种大体配套并基本可以满足国内需要的化学工业体系，主要包括无机化工、有机化工、化肥工业、化学采矿业、医药工业和橡胶工业六大部门，前四大部门为主体。化学工业具有原料来源广、生产技术水平和管理水平要求高、能源消耗多、对环境污染重等特点，布局时应充分考虑这些因素。

图 3-26 化工厂

1. 无机化学工业

无机化学工业是指生产“三酸两碱”（硫酸、硝酸、盐酸和烧碱、纯碱）以及其他一些无机酸碱的化工部门，又称酸碱工业。其产品即是化学工业的基本原料，也是国民经济其他行业不可缺少的原料。

（1）硫酸。硫酸是化学工业中产量最大、用途最广的产品，有“工业血液”之称。近年来，我国硫酸工业发展很快，2003 年年产量达 3 371.2 万吨，超过美国居世界首位。硫酸是液体产品，腐蚀性强，且运输不便，工业布局应趋向消费地，加之我国黄铁矿资源（生产硫酸的主要原料）分布广泛，因此，我国硫酸生产以中小企业为主，分布较分散，全国除西藏外，各省区市均有生产。2012 年全国硫酸产量达 7 636.6 万吨，同比增长 4.8%。

（2）硝酸。硝酸多用于化肥、国防、染料和医药工业。硝酸生产以合成氨为原料，因此硝酸工业多数与氨肥工业结合，以集中布局为主。兰州是我国最大的硝酸生产中心，年产量约占全国的 1/3。

（3）盐酸。盐酸主要用于冶金和电镀工业。它是烧碱工业的副产品，因此我国盐酸生产分布与烧碱的分布基本一致。上海和天津为其主要生产中心。

（4）烧碱。烧碱主要用于化工、化纤、染织、造纸、塑料、橡胶回收和炼铝等工业。我国烧碱主要以原盐为原料，采用电解法生产。由于碱液不易运输，烧碱的生产一般布局在消费地或电力充足地区。全国除西藏外，各省区市均有生产，主要生产基地有山东、上海、天津、北京、江苏、辽宁等地。

（5）纯碱。纯碱主要用于玻璃和玻璃制品以及化学、冶金、纺织、食品、造纸、洗涤剂等工业部门。纯碱生产企业需消耗大量的原盐，易建在原盐产地。我国纯碱工业集中分布于东部沿海地区，内地以四川为多。大连、塘沽、青岛、杭州、潍坊、连云港、唐山、应城和自贡等是重要的纯碱生产中心。

2. 有机化学工业

有机化学工业包括有机原料工业和有机合成工业两大类。

（1）有机原料工业。有机原料工业是以煤炭、石油和天然气等为原料，生产烯烃、芳香烃、炔烃及其化合物醇、醛、酮和有机酸类等基本有机原料，供进一步生产有机合成产品用。以石油和天然气为原料称为石油化工，以煤为原料称为煤化工，我国以前者为主。主要石油化工基地有北京、兰州、上海、天津、辽阳、吉林、武汉、广州、淄博等地。我国煤化工基地主要有山西潞城、太原和吉林等地，最基本的产品是电石。

图 3-27　有机化工园区

（2）有机合成工业。有机合成工业是利用有机原料工业提供的乙烯、电石等生产有机合成产品，包括合成塑料、合成橡胶、合成洗涤剂、合成化纤、燃料和农药等。近年来，我国有机合成工业增长迅速。我国有机合成工业生产分布相对集中在东部沿海和东北地区。以鲁、京、津、沪、苏、辽、吉、黑等省市规模较大。内地主要分布在晋、甘两省区。有机合成工业一般与有机原料工业布局结合在一起，形成综合性的有机合成工业基地。

淄博是我国最大的有机化工产品生产基地。齐鲁石化是我国特大型石化企业，是全国最大的化肥生产基地之一，同时也是全国规模最大的合成橡胶生产企业，又是全国最大的塑料生产企业。上海以高桥石化和金山石化企业为主体，高桥石化位于浦东，是一个跨行业的石油化工企业，金山石化是一个以化纤生产为主的综合性石化企业。北京燕山石化是我国特大型石油化工联合企业，生产塑料、橡胶、聚酯等有机合成材料，其中顺丁橡胶产量居全国第一位。吉林为大型综合性有机化工基地，既有煤化工，又有石油化工，生产各种基本有机及有机合成产品，其中染料和电石在全国占有突出的地位。兰州是我国第一个自行开发建设的石油化工基地，主要有机化工产品有甲醇系列产品、合成橡胶、塑料、合成纤维及各种基本有机原料等。南京以金陵石化、扬子石化和仪征化纤为主体企业，扬子乙烯工程是我国“七五”期间重点建设的四大乙烯装置之一（其他三个是齐鲁、上海和大庆）。南京石油化工基地产品多样化，其中合成纤维、塑料、合成洗涤剂原料（烷基苯）在全国占有重要的地位，为全国最大的化纤原料和合成洗涤剂原料生产基地。大庆是一个集炼油、化工、化肥和化纤生产于一体的石油化工基地。

3. 化学肥料工业

化学肥料工业是指生产氮、磷、钾三大无机矿物肥料及各种复合肥料的工业部门。化肥所含的有效成分比天然肥料（农家肥料、有机肥料）高得多，使用得当，能大大提高作物产量。近年来我国又在化肥的品种结构上改良，增加复合肥的比重，现已开发了五大系列、70 多个品种的复合肥。化肥是促进农业生产发展的必要物质条件，在实现农业现代化中具有极其重要的地位和作用。

（1）氮肥工业。氮肥是农业生产需要量最大的一种化肥。2010 年我国氮肥总产量为 4305.4 万吨，约占农用化肥总量的 73%。目前多采用煤、石油、天然气、水和空气为原料，生产尿素、硫铵、硝铵、碳酸氢铵、氨水等多种氮肥。我国南京、大连、吉林、石家庄等地都建有大型化肥厂。

（2）磷肥工业。以磷矿和硫铁矿为主要原料，生产普钙和钙镁磷肥等。磷肥的生产集中分布在磷矿资源丰富的南方，主要生产基地有南京、铜陵、秦皇岛、株洲、柳州、湛江、昆明、成都等地。

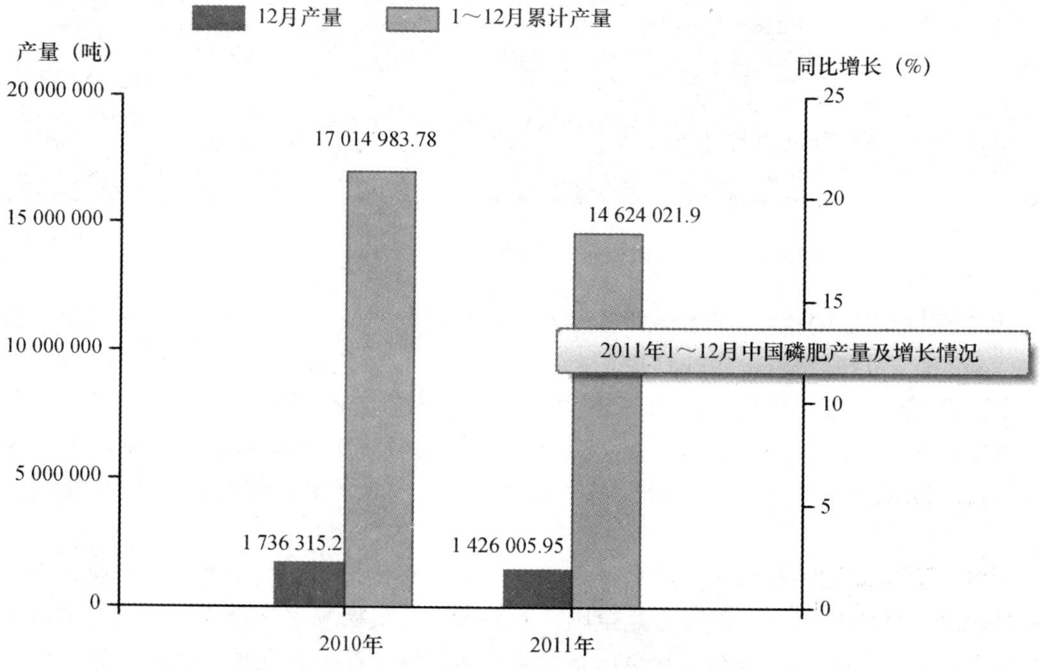

图 3-28　2011 年 1～12 月中国磷肥产量及增长情况

（3）钾肥工业。钾肥以钾盐为主要原料，我国钾盐资源主要分布在青海柴达木盆地、云南思茅、四川自贡等地。钾肥主要生产基地有青海的察尔汗、云南的思茅、天津、北京、浙江的温州和瑞安等地。位于察尔汗的青海钾肥厂，是我国最大的钾肥生产企业。

（4）复合肥工业。复合肥（也称复肥）是指含有两种以上养分的化学肥料。它具有体积小、有效成分高、对土壤副作用小、经济效果好等优点，是世界化肥生产的主流品种。目前我国复合肥的主要品种有磷酸铵、硝酸磷肥等。

图 3-29　化工厂

3.3.4　电子信息工业

电子信息工业是在微电子产业、通信业、计算机网络技术和软件产业的基础上，随着经济领域的应用而形成的，它提供各种电子信息技术和产品。我国电子工业发展速度较快、效益较高，2011 年我国电子信息产品制造业实现销售收入 75 445 亿元，同比增长 21.1%，2012 年销售收入达 11 万亿元，已成为我国工业第一大产业，产业规模位居世界第三。我国程控交换机、移动电话、彩电、彩色显示器等产品产量已居世界第一位。一般按用途可把电子产品分为三类，即以计算机和通信设备为代表的投资类产品，以彩电、录像机、“VCD” 为代表的消费类产品和以集成电路为代表的基础类产品。

图 3-30　各类电子信息技术产品

电子计算机是电子信息技术的标志，反映一国电子工业发展水平的高低和实力大小。从20世纪60年代到70年代，我国基本依靠自己的力量走完了电子管、晶体管、中小规模集成电路三代计算机的发展历程。从20世纪80年代开始向第四代大规模集成电路计算机过渡，并且很快研制出大型电子计算机，成为世界上少数几个能生产大型计算机的国家之一。进入20世纪末，我国计算机技术的发展日新月异，产业规模迅速扩大。目前我国已拥有计算机制造企业1 000余家，具备微、小、中型机的开发与批量生产能力，全行业从业人员超过100万，其中软件开发人员已超过15万人。20世纪末，多媒体、微机互联网的应用已十分广泛。21世纪已进入“e”时代，宽带网已接入千家万户，此外，原子弹、氢弹爆炸，卫星上天，运载火箭发射成功，正负电子对撞机建成，这些代表新中国科技尖端水平的项目，无不聚集了电子技术的精华。我国电子信息产品的出口量和出口额也在逐年增加，2003年，我国移动电话和微型计算机出口比例达到50%，彩电出口比例约40%，彩色显示器出口比例超过60%。2005年，我国电子信息产品出口继续保持快速增长势头，全年出口总额超过2 682亿美元，同比增长约29.2%，超过全国外贸出口总额的1/3。电子信息产品出口已形成包括通信设备、计算机类产品、家电产品、电子元器件、软件等在内的较为完整的产品体系，且范围不断扩大。手机、光通信设备、数字式程控电话交换机、彩色电视机、液晶显示板、路由器、笔记本电脑、光缆等产品出口额增幅都超过30%。软件出口额约40亿美元，同比增长接近40%。

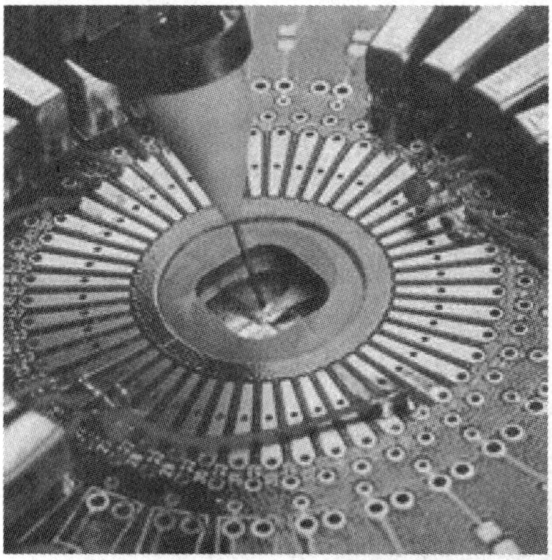

图3-31 电子元件

我国电子信息工业比其他高技术工业分布面广，已形成珠江三角洲、长江三角洲、渤海湾地区、中西部地区等四大电子信息产业基地。以珠江三角洲为中心的高新技术产业带是我国规模最大、发展速度最快、产品出口量最大的IT产品制造的密集带；长江三角洲地区是世界IT制造业的重点投资地区；环渤海湾地区是全国最大的综合性IT产业密集带，以北京为中心的软件产业带，中关村软件最为发达与出名；中西部地区是大型电子信息产业的老工业基地，是中国军工电子的基地。

我国软件企业在国内已形成广泛的分布，但以北京、上海、深圳、沈阳及沿海发达城市数量较多，骨干企业有紫光、四通利方、联想、方正、用友、王码、蓝通、中软、先锋、瑞星等。上海和珠海已被国家确定为我国软件产业的两大基地，将建成我国最重要的两个软件园区。

3.4 物流与工业

物流是企业生产经营活动的重要组成部分，是创造“第三利润”的源泉。物流对工业企业的发展具有重要作用：物流是工业企业生产正常运行的保证，物流为工业企业经营创造良好的外部环境，物流可以降低工业企业的成本，物流是工业企业发展的重要支撑力量。反过来，工业企业是拉动物流业发展的原动力。同时，我们也看到，工业企业的物流发展滞后已影响到物流业的发展。下面我们从轻工业与重工业两方面来分析物流与工业的关系。

3.4.1　物流与轻工业的关系

轻工业是以生产消费资料为主的加工工业部门，包括食品、纺织、造纸、印刷、日用品、家用电器产品等行业。轻工业产品的特点是花色品种多而每一花色品种的相对批量较小，且一般具有质量要求高而精密、易污、易损等，全部轻工业产品的总数量很大，物流费用的承受能力较高，所以其对物流质量的要求相对也高。尽管目前我国轻工业企业的生产系统基本采用现代科学技术，但其发展水平与世界相比仍存在相当大的差距。长期以来，许多企业仅仅注重追求设备制造能力的提高，而忽视企业生产物流基础的落后，从而影响了企业整体生产系统能力的提高，由此可见轻工业发展物流的重要性。

我国加入WTO后，轻工业积极实施“走出去”的战略，在所有种类的轻工业产品中，皮毛制品、塑料制品、金属制品、文教体育用品、家电和家具的出口额较大，其中，家具、轻工机械、文教体育用品和家电产品的出口增幅较大；轻工业产品的出口比例正在加大；在单项轻工业产品出口中，皮革制品名列前茅。物流在轻工业中发挥着越来越重要的作用。

1. 物流业促使国内轻工业的布局发生变化

我国轻工业的布局70%集中在沿海地区，越往内地越稀疏，这是因为沿海地区的传统物流能力远比内地发达。随着经济的发展，尤其是近几年大力提倡发展现代物流，沿海地区的物流得到快速、高效的发展，同时在一定程度上也使内地的物流环境和物流条件得到改善，从而使我国轻工业的布局发生了变化。比如毛纺、制糖、造纸工业，过去那种原料地、产地与消费地严重脱节的现象比比皆是，而现在这些现象得到了充分改善。此外，过去还存在重复建设的问题，由于物流能力的加强，使得现在的政府管理部门在规划行业布局时有了更多的选择余地。

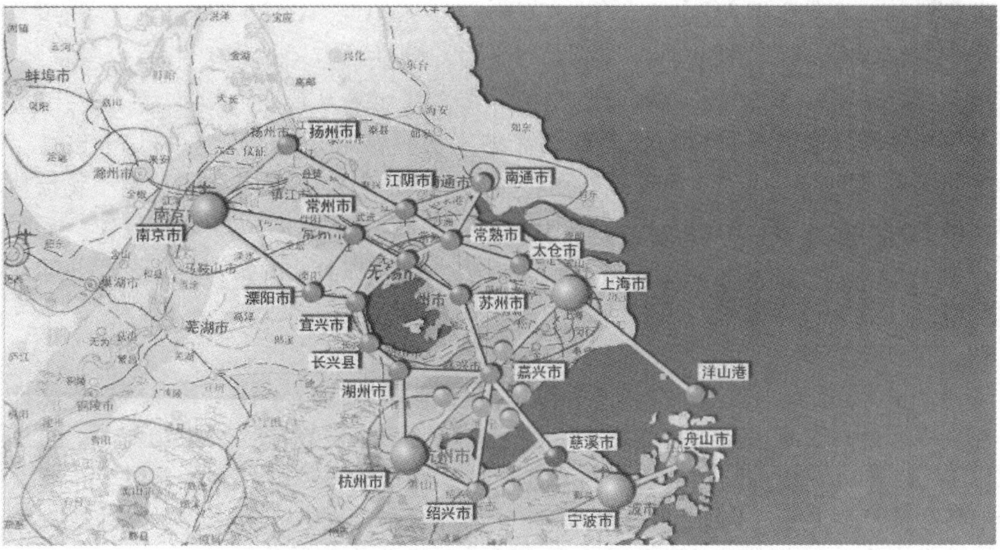

图3-32　沿海轻工业城市

2. 物流发展促使我国轻工业成为外贸主力

改革开放以来，由于开放程度高、外贸物流业进入早，轻工业已经形成具有相当规模和一定水平、门类齐全、功能基本满足国内需求又具有一定国际竞争能力的产业。据海关统计，2011 年我国轻工产品出口额达到 4 431. 1 亿美元。轻工业成为我国外贸出口的主力军。家具、家用电器、日用陶瓷、文教体育用品、自行车、钟表、缝纫机、皮革、电光源与灯具、制笔、乐器、玩具、眼镜、羽绒等行业出口额名列世界出口额前列。其中日用陶瓷出口量占世界出口总量的 65%，自行车行业出口贸易量占世界总贸易量的 70%，家用电器行业产品目前出口到世界 200 多个国家和地区。

3. 轻工业的发展又推动了物流的发展

轻工业是我国加入 WTO 之后相对有竞争力的产业。“九五”以来，我国轻工业产品的供求关系已由“卖方市场”转为“买方市场”。在买方市场中，满足低需求水平的中、低档轻工业产品的生产企业生产能力过剩，其产品积压过重，而适应高需求水平的轻工业产品有效供给不足。为了改变这种情况，企业经营者将目光转移到追求“第三利润源泉”上来，通过建立高效物流系统的方法来减缓产品积压、生产过剩的压力。如兴建大型现代化的物流配送中心，与第三方物流企业实现战略联盟等措施都推动了现代物流的进步和发展。

3. 4. 2 物流与重工业的关系

我国从新中国成立初期就实行优先发展重工业的政策。“一五”期间，重工业生产在工业总产值中的比重，由 1952 年的 35. 5% 提高到 45%，新中国成立前重工业过分落后的面貌有所改变，一大批新中国成立前没有的重工业部门开始建立起来。由于基本建设投资半数以上投放到内地，一大批工矿企业在内地兴办，新中国成立前工业过分偏于沿海的不合理布局初步得到改善。由于历史原因，目前我国的石化行业、汽车制造业、钢铁工业等重工业部门基本沿长江流域和环渤海流域地区建设，国外大型跨国公司对我国重工业物流的投资项目，基本也集中在青岛、上海、天津、南京等地。

从生产布局看，我国的重工业基地，如煤炭、钢铁、石油等都要求接近原材料产地，并且重工业产品需要有发达的物流业的支持。重工业企业从原材料到产品的生产过程中，需要大量的装卸、搬运等物流工作，而物流的工作量常常是产品质量的几十倍甚至几百倍，由此而造成的各行业的物流成本费用都很高。就世界各国国民经济总量中物流成本所占的比重来看，西方发达国家均控制在 10% 左右，日本为 10%，韩国为 11%，而我国则高于 25%。因此，要建立有效的重工业物流系统，促进物流业的发展，进而促进重工业产品的流通，最终推动我国重工业的发展。

重工业与物流的关系体现在如下几个方面。

第一，重工业制造成本的降低需要物流。重工业和轻工业一样，其原材料的采购、生产、销售等环节存在着大量的物流需求，即采购物流、生产物流、销售物流等。重工业的物流成本空间很大。以前，企业总是将目光关注于制造成本的降低和销售利润的提高，关注于如何提高产品质量，却很少考虑如何以最低的成本将产品准时、准确地送到顾客手中，或准时、准确地获得原材料和半成品。用物流的思路管理企业能够促使重工业的制造成本大大降低。

第二，发展物流是重工业企业提高竞争力的需要。重工业产品虽然不像轻工业产品适应市场的需求那样快，但还是可以通过建立有效的物流系统，使重工业企业的物流实现合理化，从而提高竞争能力，近几年外资投资重工业物流所取得的成效就充分说明了这一点。今后发展的重点是按照国家加大产业结构调整的要求，大力发展重工业物流。

第三，重工业物流是物流系统中不可缺少的一环。物流系统处在社会经济大环境中，是由若干相互依赖、相互制约的部分紧密结合而形成的有机整体。根据物流理论，物流系统包括流通业物流和制造业物流两大部分。重工业物流和轻工业物流一起构成制造业物流，当前重工业产品的产值在工业总产值中仍占大半比例，因此，发展重工业物流对于构健全社会的物流系统是非常重要的。

思考与练习

1. 简述我国轻工业的发展概况。
2. 简述我国纺织工业的布局。
3. 简述我国重工业的地位。
4. 重工业和物流的关系是什么？

第 4 章　我国商业物流地理

本章内容摘要

- 我国商业布局概述；
- 我国商业中心的分布；
- 我国大宗商品的基本流向；
- 我国对外贸易；
- 物流与商业的关系。

4.1　我国商业布局概述

4.1.1　影响商业布局的主要因素

商业活动必然要受到外界的影响，商业布局与自然条件、人口数量结构、科技水平和交通发展等因素密不可分。

1. 自然条件

自然条件是商业经济活动的基础。由于我国自然条件的地域差异，形成各地商品生产的特殊性，直接影响了商品流向、流量和流通范围。影响商业布局的自然因素主要有自然地理位置、气候和地形三方面。我国的地理位置：背靠欧亚大陆，面临太平洋，既具备了发展丰富多样的商品生产的条件，又便于引进技术发展商品生产。我国气候类型多样，对不同类商品销售的影响非常明显，例如：寒冷地区与温暖地区，温润地区与干旱地区，它不仅使生物的分布具有明显的地域性，而且使人们生产、生活方式不同，消费习惯不同，导致商品销售出现差异。我国地形的多样性，使我国成为世界上商品品种最丰富的国家之一，为我国商业活动的繁荣兴旺奠定了雄厚的资源基础。

图 4-1　少数民族商品

2. 人口因素

由于我国各地人口数量、人口构成的不同，加之自然、社会经济方面的差异，决定了各地需求上的差异。人口多的地区往往消费量也大，而年龄、性别、民族不同，对商品的需求也不同，比如年轻人喜欢花色鲜艳的商品，中老年人喜欢传统实用的商品，各少数民族对商品又有特殊的需要，等等。

从城乡分布来看，我国农村人口多，消费品的需求量大，需要合理设置商业购销网点，加快城乡物资交流；从地区分布来看，我国东部人口多、密度高，所以东部地区商业活动发达、网点稠密，而西部人口少，对商品需要量少，商品流量及网点分布较少。

3. 科技水平

科学技术水平的提高，逐步扩大自然资源的利用范围，使商品生产的结构和布局发生变化，促进商品流通的发展和消费构成的改变；科技的进步、交通条件的改善、商品加工储运技术的不断提高，促进了商品生产的地域分工和商品生产的发展，为商品的购、销、调、存提供了便利条件；先进的通信技术、包装技术、保鲜设备、销售设备等逐步进入流通领域，促进了商业工作效率和经济利益的提高。

4. 交通因素

交通因素是商品流通网络布局的重要因素。交通线路的分布促进了流通网络的形成，并直接决定了商品流向的选定，决定了商业企业布局。不同级别的交通枢纽、交通干道往往分布着不同类型、不同级别的商业企业和不同类型、不同级别的商品流通中心。

4.1.2 商业布局的原则

1. 批发商业网的布局原则

批发商业网的布局可分为工业品商业网的布局和农产品收购及批发网的布局两类。

（1）工业品商业网的布局原则。工业品批发企业应在经济区域内进行设置，以保证商品资源充足，流向合理；区位位置应按级别类型分别设置在商业经济中心、商通枢纽城市、商品集散地；应按企业规模等级大小和作用半径来选择区位、协调布局、避免重叠。

（2）农产品收购及批发网的布局原则。农产品收购企业应按经济区域设置，便于合理组织商品流通；农产品基层收购企业的设置要紧靠产地，以适应农产品的地域性、分散性、季节性；专业化程度较高、生产较集中的农产品生产基地应设置在较大的采购站和专业收购站；调拨工业企业要设置在交通条件好的区位，并在转换交通工具的物资采散地设立转运站、临时加工点包装厂和仓库；城市批发企业应选择在商品交换发达、人口多的商业中心。

2. 零售商业网的布局原则

零售商业网点布局总的原则是以方便居民购买为前提，在此前提下尽量做到以下三个结合：

（1）布局结构集中与分散相结合。对于经营居民日用品的零售网点，以分散为主；对于某些高档耐用商品的零售网点，以集中为主。

（2）营业点规模大、中、小型相结合。既有经营高档商品的大型商场，又有经营一般商品的中型商场，也有经营日用必需品的小型商场。

（3）零售商业与饮食业、服务业相结合。零售商业通过与饮食业、服务业的结合，既丰富了自身的商品结构，又给顾客提供了更多的便利。

4.1.3 中国商业企业布局

按企业在商品流通中的地位和作用，商业企业可分为批发商业企业和零售商业企业两类。

1. 批发商业企业营业点布局

批发商业企业处于商品流通的起点或中间环节，既联结着商品的生产企业，又与零售商业企业营业点紧密相连，发挥着联系生产和指导消费的职能。中国批发商业又分为工业品批发商业和农产品收购、批发商业两类。中国的工业品批发商业网一般分为三级，即一级采购供应站（简称一级站）、二级采购供应站（简称二级站）和三级批发站（简称三级站）。

2. 零售商业企业营业点布局

从中国零售商业网点的地区分布来看，拥有网点最多的是川、鲁、粤、浙、苏、冀、湘、豫等省，最少的则是藏、宁、青三省区，这反映出人口稠密、经济较发达地区网点相对较多，而边远经济尚欠发达地区网点相对较少的特点。

在中国的大、中型城市里，零售商业网点的分布一般都以群式集中为主、零星分散为辅，多为三级设置。

4.1.4 我国商品市场的分布

1. 商品货源市场

我国商品货源市场有四种。

图 4-2 冬虫夏草

（1）购进总额最大的货源市场。主要是上海、江苏、广州，也是我国主要的采购市场。主要货源对象是工业品、时装、高档消费品等。

（2）全国商品货源重要市场。主要有北京、广州、山东、四川、辽宁、河南、湖北、浙江、河北、黑龙江、天津、安徽等省市，是工农业产品供应的重要市场。

（3）农、副产品及某些工业品货源市场。包括吉林、福建、云南、江西、陕西、广西、山西、新疆、内蒙古、甘肃、贵州等省区。这些地区工业不甚发达，主要货源是特殊工业产品及农副产品，如山西的煤、福建等地的糖。

（4）土特畜产品货源市场。有青海、宁夏、西藏等省区，虽然货源量不大，但有其他地区没有的特点，如青海宁夏的羊、藏红花、冬虫夏草等。

2. 商品销售市场

我国商品销售市场按销售总量及人均社会商品零售额分成四种。

（1）全国重大商品销售市场。有北京、上海、天津及广东、江苏、山东、四川、辽宁、河南等省市。

（2）全国商品销售重要市场。有河北、湖北、浙江、湖南、黑龙江、安徽、吉林等省。

（3）商品销售的一般市场。有福建、山西、广西、江西、云南、陕西、内蒙古、新疆、贵州等省区。

（4）商品销售次要市场。有青海、宁夏、西藏等省区。

4.2　我国商业中心的分布

随着商品生产和商品交换的发展，商品按照经济规律沿着一定的自然流向进行流通，从而形成相对稳定的产销关系和商品流通区域。在这个商品流通区域中，总会有一个或一个以上的城市，承担着组织全区商品交换和流通的职能，于是就形成商业中心。

4.2.1　商业中心的形成条件

1. 商品生产的发展水平

商品生产的发展水平是商业中心形成、发展和分布的决定性因素。一般来说，工农业生产发达的地区，通常也是商业活动繁荣的地区，因为现代化的工业基础和专业化的农业区域，可以为商业提供日趋完善、丰富的商品资源。生产力越发达，生产水平越高，商业中心越会有更坚实的物质基础。

2. 人口因素是商业中心形成的重要条件

人口数量、密度和分布状况是商业中心形成、发展和分布的基本因素。人口密度高、人口数量多的地区所需的消费品数量多、品种杂，需要相应设立各种商业生产企业和商业经营管理部门。由于社会分工即专业化生产以及各地区的差异性，必须加强商品交换以及周围经济区域的经济联系，从而使人口密度高、人口数量多的地区作为商业中心的地位和作用日益突出。因此，所以人口因素是形成商业中心的重要条件。

3. 地理位置和交通运输条件

地理位置和交通运输条件是商业中心形成、发展和分布的重要因素。优越的地理位置能提供丰富充足的货源；发达的交通运输网络可以满足现代社会人流、物流、信息流的要求；便利的运输条件使商品从生产地到消费地可以转移迅速，保障市场供应，有利于组织商品的合理流通。

4. 其他因素

主要是指政治因素、历史因素、军事因素等，它们对商业中心的形成也是十分重要的。例如，国家建立经济特区、开放沿海港口城市、设立沿海开放区、创立经济技术开发区等；由于历史原因形成的商镇、贸易中心，发展至今仍然是商贸中心；由于军事影响，一些城市既是军事名城又是商贸中心（武汉市、重庆市）。

4.2.2　商业中心的分布特征

1. 分布不平衡，东部沿海较多，中西部较少

东部沿海地区的工农业生产比较发达，交通便利，人口密集。在沿海地区，商业中心数量多、规模大，而且成集中群体发展的趋势，如京津塘、沪宁杭、辽中南、珠江三角洲等经济发达地区。西部地区商业中心数量少、规模小，如陕、甘、宁、青、新五个省区，面积占全国的34%，但主要商业中心只占全国的10%。

2. 沿江河、铁路干线分布

长江和黄河流域是我国经济开发较早的地区，又是古代中国商品水运的干线，因此，商业中心在沿江河两岸密集发展起来。如长江沿岸分布着 20 多个商业中心，其中有全国著名的上海、南京、武汉、重庆等大商业中心。

铁路是商品较快运转的通道，商业中心城市沿铁路干线分布的趋势更为明显。在京广、京沪、陇海、京沈、哈大等铁路干线上，便集中了全国 1/3 的城市和 1/2 以上的大城市。其中有 20 多个重要的商业中心。

3. 分布呈点状辐射、面状吸引

我国商业中心的分布一般呈点状辐射、面状吸引，形成商业网点数量逐级扩大的特点。今后随着生产布局不断向新的地区发展，新的商业中心将随之不断出现，整个商业中心的地域分布也必将趋向更加均衡与合理。

4.2.3 商业中心的基本作用

1. 促进各地区间的横向经济联系

商业中心的基本特征决定了商业中心在国民经济中的重要地位和作用，各商业中心不仅负责组织经济区域范围内的商品流通，而且通过组织本地区或跨地区的商品交换、市场活动，直接促进地区间的横向经济联系。

2. 促进生产，引导生产，调整区域经济结构

通过商业中心组织区域内或区域间的商业经济活动，能充分发挥各区域的经济优势，改善区域经济结构，促进经济区域内的经济迅速发展。

3. 促进商品交换，加强商品流通，推动经济联合

商业中心是一个地区的商品集聚地，商业中心的发展直接促进商品的流通，促进各地经济的联合发展。

4.3 我国大宗商品的基本流向

4.3.1 商品流向与货流

1. 商品流向与货流

（1）商品流向与货流的含义

商品流向，是指一定时期内一定品种和数量的商品在地域上的具体运转路线和方向。由于商品的流向是在一定的地域内进行的，其产生的地理基础是生产发展条件的地区差异、劳动地域分工、生产的地区差异，其合理流向受到生产力布局、地理环境、交通条件、消费习惯、供求关系等因素的影响，无疑合理的商品流向表现为最少时间、最小费用、最短路线。商品货流，是指由于商品产销的地域差异，商品交换必须在地区间借助交通运输工具对商品所做的定向的空间位移。所以，商品货流包含商品流量（货运量）、商品运距和商品运送方向三层含义。

2. 商品货流的分类

(1) 按照商品的调运方向划分

按照商品的调运方向，把每条交通线路上的货流分为上行货流和下行货流。一般自北向南的货流视为下行货流，自南向北的货流视为上行货流。

(2) 按照交通运输性质划分

按照交通运输枢纽性质，把商品货流分为始发货流、到达货流、中转货流和通过货流。始发货流，是指从本地发出的货流；到达货流，是指从外地运到的货流；中转货流，是指在本地改变交通工具和转运的货流；通过货流，是指单纯经过当地的货流。

(3) 按照商品的种类不同划分

按照商品的种类不同，可以将货流分作若干类，通常分为12个大类：钢材、煤炭、原油及其制品、金属矿石、矿物性建筑材料、木材、棉花、粮食、盐、植物油、棉纱布和其他类。

(4) 按照商品经由区域不同划分

按照商品经由区域不同，可将货流分为区内货流、区间（区际）货流、过境货流。区内货流，是指收、发货点均在同一区域内的货流；区间（区际）货流，是指收、发货分别在不同区域的货流；过境货流，是指本区内无收、发货点，而只是通过本区的货流。

此外，还可按时间的先后划分为历史货流、现状货流和规划货流；按照商品流转性质划分为自发货流和计划货流等。

4.3.2 商品的市场分布

1. 商品货源市场

(1) 购进总额最大的货源市场。它主要是上海、江苏、广州，也是我国主要的采购市场。主要货源对象是工业品、时装、高档消费品等。

(2) 全国商品货源重要市场。它主要有北京、广州、山东、四川、辽宁、河南、湖北、浙江、河北、黑龙江、天津、安徽等，是工农产品供应的重要市场。

(3) 农、副产品及某些工业品货源市场。它包括吉林、福建、云南、江西、陕西、广西、山西、新疆、内蒙古、甘肃、贵州等。这些地区工业不甚发达，主要货源是特殊工业产品及农副产品，如山西的煤、福建等地的糖。

(4) 土特畜产品货源市场。它主要有青海、宁夏、西藏等，虽然货源量不大，但有其他地区没有的特点，如青海和宁夏的羊、藏红花、冬虫夏草等。

2. 商品销售市场

(1) 全国重大商品销售市场，有北京、上海、天津及广东、江苏、山东、四川、辽宁、河南等省市。

(2) 全国商品销售重要市场，有河北、湖北、浙江、湖南、黑龙江、安徽、吉林等。

(3) 全国商品销售的一般市场，有福建、山西、广西、江西、云南、陕西、内蒙古、新疆、贵州等。

(4) 全国商品销售次要市场，有青海、宁夏、西藏等地。

4.3.3 主要商品流向

1. 粮食

东北地区的小麦、大豆、杂粮南运往华北，西运至西北；长江流域的大米南运往广东，北运至华北，东运至上海及沿海城市。

2. 糖

目前，糖基本上是南糖北运、西运，东北及内蒙古产的甜菜糖少量运至华北及西北。

3. 盐

盐基本上是北方沿海盐场（长芦盐）流至华北、东北、华东、中部，南部沿海盐场流至华中、华南及南部地区，我国西部盐除本地消费外，运至我国中部地区。

4. 石油

我国石油工业主要分布于北方，因而石油的基本流向是北油南运。原油运输以管道为主，其次为水运和铁路运输。成品油运输以铁路为主，运输量占总运量的75%，水运占20%，极少量由管道运输。东北是我国成品油的最大产区，产品一部分经大连海运到华东地区或出口，一部分经铁路运输，供应其他各地的需要。西北区成品油基本自给，只有少数汽油从东北、华北调入。西南地区几乎无自产成品油，全靠区外供应。东北、华北亦须从东北调入成品油。中南地区也须调入大量成品油。

5. 煤炭

我国煤炭运输的主力是铁路，主要运煤线是京广、津沪铁路和北方沿海线。煤炭的总流向是西煤东运、北煤南运。以山西为中心的北方煤炭基地，主要流向是华东、中南和东北及出口；以贵州六盘水为中心的南方煤炭基她，主要流向是中南两广地区；以两淮为中心，包括鲁南、徐州的华东煤炭基地，主要流向上海、江苏、浙江等地或出口。

4.4 我国对外贸易

4.4.1 对外贸易的发展

对外贸易是一国国民经济的重要组成部分，是一国国际收支的组成内容之一。通过发展对外贸易可以增加财政收入和外汇收入，支援国内建设，也可以促进与其他国家建立和发展正常、友好的国际关系，从而发挥一国在国际经贸关系中的重要作用。

新中国成立以来，我国对外贸易的不合理格局日益改善，在国际市场上我国产品质量不断提高，特别是改革开放以来，对外贸易取得巨大成就。

1. 对外贸易迅速发展，参与国际分工的程度明显增加

1978 年，我国进出口总额仅为 206 亿美元；1988 年突破 1 000 亿美元；2001 年，我国外贸进出口额达到 5 097. 7 亿美元；2012 年，我国外贸进出口额达到 38 669. 8 亿美元，进出口贸易额由世界排名第 32 位，跃居第 6 位。中国对外贸易在世界的排名，已由 1989 年的第 15 位、1997 年的第 10 位、2001 年的第 6 位，跃居 2012 年的世界第一位。

对外贸易发展成为国民经济发展的重要支撑点。据测算，外贸出口每增长5%，拉动国民经济增长1个百分点，按此计算，平均每年拉动国民经济增长在2个百分点以上。实现社会主义现代化建设目标，在扩大国内需求的同时，保持对外贸易的持续、快速、健康发展是至关重要的。

2. 进出口商品结构不断优化

出口商品种类迅速增加，以食品、农副产品及原油等为主的初级产品的出口额占出口总额的比重由1978年的53.5%下降到2012年的5.2%，工业制成品比重由1978年的46.5%上升到2012年的94.79%，2012年工业制成品出口达17980.48亿美元。在工业制成品出口中，机电产品出口有了显著增长，加工程度深、附加值大的机械及运输设备出口增长更为明显，已占出口总额的23.9%。在进口商品中，改革开放初期，工业制成品一直占很大比重，进出口商品结构以初级产品为主向工业制成品为主的转变，改变了我国在短缺经济条件下，主要依靠农副产品等初级产品出口换汇的局面。现在，我国进出口商品结构基本接近世界各主要工业化国家和地区的一般水平。

3. 我国对外贸易方式更加灵活多样

1981年，一般贸易占我国贸易总额的94.3%，进、来料加工贸易只占4.4%。随着对外开放的深入发展，对外贸易方式单一化的状况有了改变。到2012年，我国加工贸易进出口额高达9493.21亿美元，占进出口总额的比重达50.2%。目前，我国已形成了一般贸易、来料加工装配贸易、进样加工贸易、边境小额贸易、补偿贸易等多种贸易方式互相补充、争相发展的局面。我国对外贸易正向市场多元化方向发展。

最后，从整个国民经济看，对外贸易作为我国经济与世界经济联通的主要桥梁，我国经济对对外贸易的依赖程度亦不断加强。

对外贸易依存度1978年仅为9.8%，1997年已上升到36.1%，2012年又上升到46%。2012年我国外贸储备突破2.9万亿美元，稳居世界第一，吸收利用外资在连续六年居全球第二位后，首次超过美国位居第一。我国的对外贸易经济以其可喜的业绩跻身于世界贸易十强之列。

4.4.2　外贸商品货流布局

1. 出口商品的输往地

我国出口商品金额最多的输往地是亚洲，其次是北美洲、欧洲。据统计，1997年对亚洲出口金额占我国出口总额的60%。1998年受东南亚金融危机的影响，出现下降势头，但仍占53.4%。对北美洲出口份额达21.8%，对欧洲出口份额达18.2%，对非洲、拉丁美洲及大洋洲出口份额合计达到6.6%。从国家和地区分布看，我国出口商品金额最多的输往地区是香港，其次是日本、美国、韩国、英国、台湾、德国、俄罗斯等国家和地区。

2. 进口商品的来源地

我国进口商品金额最多的来源地是亚洲，其次是欧洲。据统计，2012年，我国从亚洲地区进口商品总额占全国进口总额的62.1%；从欧洲国家和地区进口商品总额占全国进口总额的18.7%。从国家和地区分布看，进口额最多的是日本，其次是台湾，再次是美国。此外，还有韩国、德国、香港、俄罗斯、加拿大、印度尼西亚、法国、意大利、澳大利亚、新加坡等国家和地区。

坚持对外开放的政策，为我国对外贸易的进一步发展提供了良好的政策环境。深化外贸体制改革，将使符合国际贸易规范，符合国际惯例的各项政策、制度、操作规程、法律尽快制定、实施。随着社会主义市场经济的不断发展和完善，我们要不断地优化进出口商品结构，提高出口商品在国际市场上的竞争能力，更多地利用外资，引进先进技术，使我国的对外贸易进入一个新的历史发展时期。

4.5 物流与商业的关系

4.5.1 商业物流概述

1. 商业物流的概念

商业是人类社会生活中一个具有悠久历史的产业。在现代经济发展中，商业发展对市场关系的发育成形乃至市场机制的成熟完善，以及解决劳动力就业问题，起着至关重要的作用。而现代物流的发展，促进了商业流通体系的变革和商业流通组织的现代化发展。

商业物流是指商品被生产出来以后，通过销售进入最终消费的物流活动，即生产企业发货——商贸企业销售——最终消费的物流活动，它产生于商品交易过程。

2. 商业与物流的关系

商品流通由商流活动与物流活动两部分组成，它们之间既有互相制约而构成整个商品流通有机体的同一性，又具有各自处于不同流通环节的相对独立性。因此，从它们的业务性质上加以考察，表现为两种类型，即商品收购和商品销售。商品流通是以货币为媒介，在不同部门或企业之间实现商品所有权转移为特征的“商流”类型，商品运输和商品储存是以实现商品实体在空间位置上移动和为衔接下个“商流”业务而收贮商机，以及进行必要的包装、加工和整理为特征的“物流”类型。商流对物流有决定性的作用；物流也反作用于商流。物流做好了，就能促进商流的发展；反之，就会使商流处于中断或瘫痪状态。所以，物流在整个商品流通中乃至社会再生产中占有十分重要的地位，有着极其重要的作用。

4.5.2 我国商业物流发展现状

虽然我国商业物流目前正处于高速发展阶段，但仍受物流成本较高、物流效率较低等因素的制约，亟须从政策环境、物流载体等方面寻求突破。

（1）在政策环境方面。应充分利用全国现代物流工作部际联席会议机制，将商业物流的发展目标和重点列入现代物流“十二五”规划中，争取政策支持。贯彻落实中央九部委文件，积极争取有关部门支持，解决土地、融资等方面的问题。

（2）在运行载体方面。有关部委应支持中西部地区物流园区的建设，将其作为全国商业物流体系建设的重要载体，营造良好的环境，搭建一个基础设施和工作条件相对完善的物流企业平台，实现同步提高现有公共设施水平，统一配套管理支持，形成区域带动和辐射能力。

（3）在物流主体方面。应尽快把培育一批拥有现代装备能力和管理水平，并自有配送中心的连锁企业和能够提供综合解决方案的第三方物流作为重点。按照认定和培育相结合的原则，对已经具备较强服务功能、较强辐射能力的物流企业进行认定，并创造较为宽松的政策环境；对具备一定物流基础、具有较好发展前景的物流企业积极培育，逐步提高全行业的物流水平和物流能力。

（4）在运行模式方面。应重点推动三大类商品物流模式，即生鲜食品的物流配送模式、快速消费品的物流配送模式和生产资料的物流配送模式的建设与完善。在总结经验的基础上，逐步完善其他类商品的物流模式。

（5）在关键技术方面。应将制约商业物流发展的三个较关键技术，即托盘共用系统、物流信息系统和 RFID（射频识别）技术作为应用和推广重点。通过技术应用，实现物流装备水平和管理水平的提升。

思考与练习

1. 简述我国商业布局的原则、特点，以及影响商业布局的主要因素。
2. 分析商业与物流之间的关系。
3. 我国商业中心是如何形成和发展的?
4. 简述我国对外贸易的发展状况。

第5章　我国旅游经济地理

本章内容摘要

- 旅游业在国民经济中的作用；
- 旅游业的特点；
- 我国旅游业的发展前景；
- 旅游资源的定义和分类；
- 我国旅游资源概况；
- 旅游景区布局的基本要求；
- 影响旅游景区布局的因素；
- 旅游景区的布局；
- 旅游业具有很强的关联带动功能；
- 发展物流能促进旅游业的发展。

5.1　旅游业概述

旅游是非定居者出于和平目的的旅行和逗留而引起的现象和关系的总和，这些人不会导致在旅游地定居和就业。现代旅游获得体系构成涉及三个基本要素：旅游活动的主体——旅游者，旅游活动的客体——旅游资源，旅游活动的媒体——旅游业。

旅游业是以旅游资源为基础，以旅游者为对象，为其旅游活动创造便利条件并提供其所需商品和服务的综合性产业。旅游业主要包括旅行社行业、住宿和饭店行业、旅游交通行业等。

5.1.1　旅游业在国民经济中的作用

1. 可以促进国民经济其他部门的发展

为了吸引和接待旅客，必须开辟游览景点，兴建旅馆、餐厅、商店，建设旅游设施，而这些都可以促进建筑行业和商品流通产业的发展。旅行和游览必须使用交通工具，这能带动制造业和交通运输业的发展。据测算：国外旅游业每收入1美元，可促使国民生产总值增加2.2美元；而在中国，旅游业每收入1美元，可使国民经济增加3.12美元，使利用外资金额增加5.9美元。

2. 增加外汇收入

任何国家要扩大对外经济合作关系，就必须扩大外汇收入。而扩大外汇收入，一是通过对外贸易获得贸易外汇；二是通过非贸易途径获得非贸易外汇。在当今世界贸易竞争激烈、关税壁垒林立的背景下，旅游业作为非贸易外汇收入的来源渠道，作用是非常突出的。因为旅游业是一个开放性的国际性产业，通过旅游经济的发展，不仅能吸引国际闲置资金的投入，参与国际市场竞争，改善对外经济关系，而且旅游业能吸引国外大量旅游者，增加外汇收入。因此，人们通常把旅游业创汇称为“无形出口”收入。特别是由于旅游业创汇能力强，换汇成本低，又不受各国税制限制，因而已成为各国创汇的重要手段。

3. 加快货币回笼

积极发展国内旅游业，不仅能够满足广大国内消费者对旅游的需求，而且能够大量回笼货币，促进市场的稳定和繁荣。特别是随着人们收入增多、生活水平提高，必然促使人们的消费结构改善，从而有更多的可支配收入用于旅游活动。因此，大力发展旅游经济，激发人们对旅游产品的购买动机，促进各种旅游活动的进行，就能扩大旅游消费，加速货币回笼；同时还能减少人们持币待购而造成的市场压力和风险，增进市场的稳定和繁荣。

4. 扩大就业机会

旅游业是一个综合性服务行业，能为社会提供大量的就业机会。因为旅游业本身就是包含多种服务内容的产业，并且许多服务项目不是用现代手段就能取代人力的，因而旅游业所需的就业人数相对于其他产业要高得多。再加上旅游业的带动力较强，除了自身迅速发展外，还能带动相关产业的发展，从而增加相关产业的就业，能为社会提供较多的就业机会。

5. 带动贫困地区脱贫致富

贫困问题是全人类面临的巨大难题，世界许多国家都十分关注并提出许多解决问题的对策及措施。从实际上看，贫困地区多数是经济不发达地区，但同时也是旅游资源富集的地区。因此，通过开发贫困地区的旅游资源，大力发展旅游业，不仅有利于充分发挥贫困地区旅游资源富集的特点，开发特色鲜明、品质较高的旅游产品，而且能够通过旅游开发及旅游业发展，带动贫困地区及其周边地区人民群众脱贫致富，加快贫困地区的开发和社会经济的发展。

5.1.2 旅游业的特点

1. 综合性产业

旅游业通过提供旅游产品来满足旅游者的需要，而旅游者的需要是多种多样的，即旅游期间在吃、住、行、游、购、娱等多方面的多重需要。为了满足旅游者的多重需要，就要由多种不同类型的企业为旅游者提供商品和服务。这些不同类型的企业按照传统的产业划分标准又分别属于若干相互独立的行业，但满足旅游者的需要这一业务关系的纽带把它们联系到了一起，使它们成为一个集体。

2. 劳动密集型的服务性产业

旅游业属于第三产业即服务业，因为旅游业的产品主要是为旅游者提供能满足其需要的服务。就一次完整的旅游活动或旅游经历而言，旅游者对旅游的需求乃是一种为了满足精神上得到享受的要求。正是这一整体性需求，决定了各种旅游企业出售给旅游者的产品在旅游者看来只是对这次旅游的“记忆”。由于旅游业的产品是以提供劳务为主的旅游服务，同制造业相比，不存在销售成本或销售成本较少，从而使工资成本在全部营业成本和费用中占据了较高的比重。正是这一点决定了旅游业为劳动密集型行业。

3. 依赖性

它表现在：一个国家或地区旅游业成功的基本条件，在于它所拥有的旅游资源的数量多少和质量高低，在于这些旅游资源坐落的地理位置及其能否使旅游者进得来、散得开、出得去，在于作为旅游客源的人们对这些旅游资源的了解和感知；旅游业的生存和发展依赖于国民经济；旅游业的生存和发展依赖于相关行业和部门的通力合作和协调发展；旅游业的生存和发展依赖于自然、社会、经济、政治等多种因素。了解旅游业的依赖性特点，要明确它是一个较为敏感而且脆弱的产业，也是一个有一定风险性的产业，如果一个国家或地区把它视为唯一的经济支柱，那么一旦发生巨大波动，其后果是不堪设想的。

4. 外向性

现代旅游业是一种跨地区、跨国界的广泛的人际交往活动，具有明显的外向性或涉外性。

5. 季节性

一个国家或地区的旅游产业的季节性同该国或地区的旅游活动密切相关，而且是由旅游活动的季节性所决定的。但是，游览人文旅游资源一般不受季节的限制。

5.1.3 我国旅游业的发展前景

旅游业从20世纪90年代以来成长为世界第一产业，具有投资少、见效快、利润高、创汇多等特点，素有“无烟工业”之称，是一种较少消耗资源的“风景出口”。大力发展旅游业将直接促进饭店、商业、交通、园林、卫生及文化艺术等方面的发展；同时还会间接地促进为旅游业服务的轻工、食品、建筑、邮电等部门的发展。发展旅游业有利于增进我国和世界各国人民之间的相互了解和友谊，促进国际经济、科技文化的合作和交流；可增加非贸易性的外汇收入；也是改善国内人民休息、疗养和文化生活的一项重要措施；并可扩大货币回笼，增加资金积累。旅游业在当今世界各国发展很快，前景广阔，被称为“朝阳产业”。

我国是世界上旅游资源最丰富的国家之一，发展旅游业的条件得天独厚，自然、人文等旅游资源丰富多彩，历来为国内外广大人士所向往，这为我国旅游业的发展奠定了良好的基础。改革开放20年，中国旅游业实现了从“旅游资源大国”到“亚洲旅游大国”的历史性跨越，21世纪前20年，中国将实现从“亚洲旅游大国”向“世界旅游强国”的新的跨越。

随着全面建设小康社会的推进，旅游消费需求将大幅提升，这是旅游业持续兴旺发展的动力。同时，随着我国经济、文化、政治进一步崛起和国际交往的发展，国际旅游将继续保持高速增长，国际旅游产品及行业管理将逐步达到世界先进水平。

据专家预测，到2015年，我国旅游市场规模将达到国内旅游33亿人次，入境旅游9 000万人次，出境旅游8 300万人次。到2020年，国内旅游将达到50亿人次，入境旅游1亿人次，出境旅游1亿人次。到2015年，我国中西部地区的旅游收入将占全国旅游总收入的50%左右，农村地区的旅游收入将占全国旅游总收入的1/3左右，旅游业可以为新农村建设和区域发展起到积极的推动作用。

5.2　我国旅游资源

5.2.1　旅游资源的定义和分类

1. 旅游资源的定义

旅游资源是旅游业发展的基础和前提条件，是旅游目的地对游客产生吸引力的源泉。一个地区旅游业发展的好坏取决于该地旅游资源的赋存状况，即旅游资源数量的多寡、旅游资源类型的多样性、旅游资源特色的独特性和旅游资源空间分布与组合的合理程度。

关于旅游资源的概念，不同的学者有不同的表述，目前主要存在以下几类定义：

（1）国家旅游局旅游资源开发司：旅游资源是指自然界和人类社会中凡是能够对旅游者产生吸引力，可以为旅游业开发利用，并产生经济效益、社会效益和生态效益的各种事物和因素。

（2）郭来喜：凡是能为人们提供旅游观赏、知识乐趣、度假疗养、娱乐休息、探险猎奇、考察科研以及人们之间友好往来和消磨休闲时间的客体和劳务都可以称为旅游资源。

（3）陈传康：旅游资源是在现实条件下，能够吸引人们产生旅游动机并进行旅游活动的各种因素的综合。

（4）黄辉实：旅游资源就是吸引人们前来游览、娱乐的各种事物的原材料，这些原材料可以是物质的，也可以是非物质的，它们本身不是旅游目的物和吸引物，必须经过开发才能成为有吸引力的事物。

上述对旅游资源概念的表述虽然各有侧重，表达形式各异，但基本上已将旅游资源的概念及其内涵较为完整地展现了出来。据此，我们在这里可以将旅游资源的概念表述为：经过开发可对旅游者产生旅游吸引力，并能为旅游所利用以产生经济效益、社会效益和生态环境效益的有形及无形要素。

综上所述，旅游资源的概念应从其开发性、吸引性、效益性及其形态等四个方面加以把握。所以，旅游资源是指经过开发后对旅游者产生吸引力，并能为旅游业所利用以产生经济效益、社会效益及生态环境效益的有形及无形因素。

2. 旅游资源的分类

旅游资源就其基本属性来说，传统上将其分为两类，即自然旅游资源和人文旅游资源。

（1）自然旅游资源。各种自然环境、自然要素、自然物质、自然现象构成的自然景观，凡是能够引起人们较大兴趣并且具有观赏、游览或休憩、疗养价值的，都属于自然旅游资源的范畴。在自然旅游资源中，由于构成物质或要素的形成机制不同，其性质、成因和形态也就千差万别，各有千秋。自然旅游资源依其物质和成因的不同，类型还可进一步细分为很多种，如地文景观类、水域风光类、生物景观类、其他自然景观类；或者分为地质地貌类、水体类、生物类和气象气候与天象类。

表 5-1　中国旅游资源普查分类表

级别	大类	基本类型
自然旅游资源	地貌类	典型地质构造、标准地层剖面、古生物化石点、自然灾变遗迹、观赏岩洞、名山风光、峡谷风光、峰林景观、石林风景、土林风景、丹霞景观、大山风光、黄土景观、沙漠景观、戈壁景观、风蚀风光、海蚀风光、沙滩、岛屿风光、其他等
	水体类	湖泊风光、瀑布风光、名泉风光、风景河段、漂流河段、冰川风景、浪潮景观、游览海域
	生物类	森林风光、草原风光、古树名木、珍稀植物群落、特殊物候景观、野生动物栖居地、典型的自然生态景观
	气候与天象类	避暑胜地、避寒胜地、云海、雾海、冰雪风景、树挂奇景、天象胜景
人文旅游资源	历史类	古人类遗迹、古城遗址、古工矿遗址、古作坊遗址、历史交通贸易遗址、古代文化科学教育遗址、历代军事遗址、历史纪念地、名人故里、古墓葬、帝王陵寝、古代水利工程、古桥梁、古代宫殿建筑、古园林、古代宗教建筑、古塔或塔林、历史祭祀建筑、石窟造像、摩崖石刻、岩画、古宅院、古衙署、传统街区、古城镇、其他古代建筑
	近现代类	地方标志建筑、地方代表性建筑、现代城市风貌、工矿设施、水电工程、车站、港口、桥梁、其他水工交通设施、农场、林场、养殖场、农林业实验基地、科教设施、社会福利设施、修养疗养设施、城市著名雕塑、纪念陵园、名人故居、名人陵寝墓地、其他纪念性建筑、仿古建筑
	文化游乐体育类	动物园、植物园、其他类型公园、游乐场所、狩猎场、文化设施、著名体育运动场馆
	风情胜地类	特色城镇、商业闹市街区、民俗街区、购物中心、乡土建筑、典型民族村寨、城乡盛会、节庆活动、民间艺术、地方特产、名菜名食、特殊医疗

（2）人文旅游资源。由各种社会环境、社会生活、历史、文化、民族风情和物质生产构成的人文景观，由于各有自己的传统特色而成为旅游者游览、观赏的对象，均可包括在人文旅游资源的范畴内。人文旅游资源形成于人类历史的各个时期，是人类活动的产物，它鲜明地反映着人类各个时期的生产、生活和基本文化特征。人文旅游资源就其性质来说，既有物质的又有精神和意识形态的；就其成因来说，既有历史自然形成的又有当代为发展旅游而专门开发的；就其形态来说，既有宏观的风光也有微观的景物，既有单体构景也有群体构景。人文旅游资源大体上可以分为以下几类：历史遗迹类、古建筑类、古代陵墓类、城镇类、宗教文化类、社会风情类。

目前根据旅游资源的景观属性划分的旅游资源类型还可进一步划分为不同的类型，其中最具有代表性的是中国科学院地理研究所和国家旅游局资源开发司于 1990 年做的“中国旅游资源普查分类表”，该表将旅游资源分为两级、八大类、108 种基本类型。

中国作为著名的文明古国，自 1985 年加入世界遗产公约，至 2012 年 7 月，共有 43 个项目被联合国教科文组织列入《世界遗产名录》。

5.2.2　我国旅游资源概况

1. 中国世界遗产名录

截至 2012 年 7 月 7 日，中国已有 43 处世界遗产，仅次于意大利（45 处）和西班牙

(44 处)，居世界第三位。其中文化遗产 30 项（文化景观 2 项），自然遗产 9 项，文化和自然双重遗产 4 项。

（1）中国的世界文化自然双重遗产（4 处）

① 泰山（山东，1987）

② 黄山（安徽，1990）

③ 峨眉山和乐山大佛（四川，1996）

④ 武夷山（福建，1999.12）

（2）中国的世界自然遗产（9 处）

① 武陵源风景名胜区（湖南，1992）

② 九寨沟风景名胜区（四川，1992）

③ 黄龙风景名胜区（四川，1992）

④ 云南三江并流（云南，1993）

⑤ 三清山风景名胜区（江西，2008）

⑥ 四川卧龙熊猫保护基地（四川，2006）

⑦ 中国南方喀斯特（2007）

⑧ 中国丹霞（2010）

⑨ 中国云南澄江化石遗址（云南，2012）

（3）中国的世界文化遗产名单（30 处）

① 周口店北京猿人遗址（北京，1987）

② 长城（北京，1987）

③ 敦煌莫高窟（甘肃，1987）

④ 明清皇宫［北京故宫（北京），1987；沈阳故宫（辽宁），2004］

⑤ 秦始皇陵及兵马俑坑（陕西，1987）

⑥ 承德避暑山庄及周围寺庙（河北，1994）

⑦ 曲阜孔府、孔庙、孔林（山东，1994）

⑧ 武当山古建筑群（湖北，1994）

⑨ 布达拉宫（大昭寺、罗布林卡）（西藏，1994）

⑩ 福建土楼（福建，2008）

⑪ 丽江古城（云南，1997）

⑫ 平遥古城（山西，1997）

⑬ 苏州古典园林（江苏，1997）

⑭ 颐和园（北京，1998）

⑮ 天坛（北京，1998）

⑯ 大足石刻（重庆，1999）

⑰ 明清皇家陵寝［明显陵（湖北）、清东陵（河北）、清西陵（河北）2000；明孝陵（江苏）、十三陵（北京），2003；盛京三陵（辽宁），2004］

⑱ 皖南古村落（西递、宏村）（安徽，2000）

⑲ 龙门石窟（河南，2000）

⑳ 都江堰—青城山（四川，2000）

㉑ 云冈石窟（山西，2001）

㉒ 高句丽王城、王陵及贵族墓葬（吉林，辽宁，2004）
㉓ 澳门历史城区（澳门，2005）
㉔ 安阳殷墟（河南，2006）
㉕ 开平碉楼与古村落（广东，2007）
㉖ 登封“天地之中”历史建筑群（河南，2010）
㉗ 杭州西湖文化景观（浙江，2011）
㉘ 庐山（江西，1996，世界文化景观）
㉙ 五台山（山西，2009，世界文化景观）
㉚ 元上都遗址（内蒙古，2012）

2. 国家5A级旅游景区

表5-1 国家5A级旅游景区（截至2013年1月16日）

省份	景区数量	景区名称
北京	7	故宫博物院 天坛公园 颐和园 （八达岭—慕田峪）长城旅游区 明十三陵景区 恭王府景区 北京奥林匹克公园
湖北	7	武汉黄鹤楼公园 宜昌三峡大坝旅游区 宜昌三峡人家风景区 十堰丹江口市武当山风景区 恩施巴东神龙溪纤夫文化旅游区 神农架生态旅游区 宜昌长阳县清江画廊景区
天津	2	天津古文化街旅游区（津门故里） 天津盘山风景名胜区
河北	5	承德避暑山庄及周围寺庙景区 秦皇岛山海关景区 保定安新白洋淀景区 保定涞水县野三坡景区 石家庄平山县西柏坡景区
山西	3	大同云冈石窟 忻州五台山风景名胜区 晋城阳城县皇城相府生态文化旅游区
内蒙古	2	鄂尔多斯达拉特旗响沙湾旅游景区 鄂尔多斯伊金霍洛旗成吉思汗陵旅游区
辽宁	3	沈阳植物园 大连（老虎滩海洋公园—老虎滩极地馆） 大连金石滩景区

续表

省份	景区数量	景区名称
吉林	3	长白山景区 长春伪满皇宫博物院 长春净月潭景区
黑龙江	3	哈尔滨太阳岛景区 黑河五大连池景区 牡丹江宁安市镜泊湖景区
上海	3	东方明珠广播电视塔 上海野生动物园 上海科技馆
江苏	15	苏州园林（拙政园—留园—虎丘） 苏州昆山周庄古镇景区 南京（钟山—中山陵）风景名胜区 中央电视台无锡影视基地三国水浒城景区 无锡灵山大佛景区 无锡鼋头渚景区 苏州吴江同里古镇景区 南京（夫子庙—秦淮河）风光带 常州环球恐龙城景区 扬州瘦西湖风景区 南通市濠河风景区 泰州姜堰市溱湖国家湿地公园 苏州市金鸡湖国际商务旅游区 镇江三山风景名胜区（金山—北固山—焦山） 苏州吴中太湖旅游区（旺山—穹窿山—东山）
浙江	10	杭州西湖风景区 温州乐清市雁荡山风景区 舟山普陀山风景区 杭州淳安千岛湖风景区 嘉兴桐乡乌镇古镇 宁波奉化（溪口—滕头）旅游景区 金华东阳横店影视城景区 嘉兴南湖旅游区 杭州西溪湿地旅游区 绍兴市（鲁迅故里—沈园）景区
安徽	6	黄山市黄山风景区 池州青阳县九华山风景区 安庆潜山县天柱山风景区 黄山市黟县皖南古村落—西递宏村 六安市金寨县天堂寨风景区 宣城市绩溪县龙川景区
福建	6	厦门鼓浪屿风景名胜区 南平武夷山风景名胜区 三明泰宁风景旅游区 福建土楼（永定·南靖）旅游景区 宁德屏南（白水洋·鸳鸯溪）旅游景区 泉州市清源山风景名胜区

续表

省份	景区数量	景区名称
江西	5	九江庐山风景名胜区 吉安井冈山风景旅游区 上饶三清山旅游景区 鹰潭市贵溪龙虎山风景名胜区 上饶婺源县江湾景区
山东	7	泰安泰山景区 烟台（蓬莱阁—三仙山—八仙过海）旅游区 济宁曲阜明故城（三孔）旅游区 青岛崂山景区 威海刘公岛景区 烟台龙口南山景区 枣庄台儿庄古城景区
河南	9	郑州登封嵩山少林景区 洛阳龙门石窟景区 焦作（云台山—神农山—青天河）风景区 安阳殷墟景区 洛阳嵩县白云山景区 开封清明上河园景区 平顶山鲁山县（尧山—中原大佛）景区 洛阳栾川县（老君山—鸡冠洞）旅游区 洛阳新安县龙潭大峡谷景区
湖南	5	张家界（武陵源—天门山）旅游区 衡阳南岳衡山旅游区 湘潭韶山旅游区 岳阳（岳阳楼—君山岛）景区 长沙（岳麓山—橘子洲）旅游区
广东	8	广州长隆旅游度假区 深圳华侨城旅游度假区 广州白云山风景区 梅州梅县雁南飞茶田景区 深圳观澜湖休闲旅游区 清远连州地下河旅游景区 韶关仁化丹霞山景区 佛山西樵山景区
广西	3	桂林漓江风景区 桂林兴安县乐满地度假世界 桂林（独秀峰．靖江王城）景区
海南	4	三亚南山文化旅游区 三亚南山大小洞天旅游区 保亭县呀诺达雨林文化旅游区 陵水县分界洲岛旅游区
重庆	5	大足石刻景区 巫山（小三峡—小小三峡） 武隆喀斯特旅游区（天生三桥、仙女山、芙蓉洞） 酉阳桃花源景区 黑山谷景区

续表

省份	景区数量	景区名称
四川	5	成都（青城山—都江堰）旅游景区 乐山峨眉山景区 阿坝藏族羌族自治州九寨沟景区 乐山乐山大佛景区 阿坝藏族羌族自治州松潘县黄龙风景名胜区
贵州	2	安顺黄果树瀑布景区 安顺龙宫景区
云南	6	昆明石林风景区 丽江玉龙雪山景区 丽江古城景区 大理崇圣寺三塔文化旅游区 中科院西双版纳热带植物园 迪庆藏族自治州香格里拉普达措国家公园
西藏	1	拉萨布达拉宫景区
陕西	5	西安秦始皇兵马俑博物馆 西安华清池景区 延安黄陵县黄帝陵景区 西安（大雁塔—大唐芙蓉园）景区 渭南华阴市华山景区
甘肃	3	嘉峪关文物景区 平凉崆峒山风景名胜区 天水麦积山景区
宁夏	3	石嘴山平罗县沙湖旅游景区 中卫沙坡头旅游景区 银川镇北堡西部影视城
青海	2	青海湖景区 西宁市湟中县塔尔寺景区
新疆	5	昌吉回族自治州阜康市天山天池风景名胜区 吐鲁番葡萄沟风景区 阿勒泰地区布尔津县喀纳斯景区 伊犁地区新源县那拉提旅游风景区 阿勒泰地区富蕴县可可托海景区
合计	153	

5.3　我国旅游业布局

5.3.1　旅游景区布局的基本要求

1. *以旅游资源分布为基础*

旅游景区布局必须具有一定观赏价值的风景名胜，或文物古迹，或建筑成就，或特殊的乡土民情，等等。旅游者旅游的目的无外乎度假消闲、访古怀旧、观光采风、探险猎奇、疗养保健、宗教体育等，所以旅游景区要尽可能地做到一点多用、丰富多彩，充分发挥旅游资源的使用价值。

2. 综合协调各利益部门的关系

旅游业是一项综合性的经济事业，只有中央和地方各部门、各单位共同努力，密切合作，统一研究，统一规划，突出重点，综合平衡才能办好。这里既要有长远发展的观点，又要有全面、整体的设想，还要使旅游地和居民点之间，以及旅游地域与相邻地域之间具有方便、有机的联系，点面结合，近期和远期兼顾。

3. 保护与开发并举

布局旅游景点时，必须注意保留和发挥其自然景色的优美、生态系统的完整、地方的个性和民族的特色，并根据各地不同的自然环境和历史古迹的特点，扬长避短，进行周密而细致的考察和审度，设置各种旅游机构和设施，以使这些建筑物与周围环境协调、和谐，而不是破坏或打乱整个环境的景色。

5.3.2 影响旅游景区布局的因素

1. 自然环境

旅游景区所处的自然环境是指旅游区内的地质、地貌、气象、水文、生物等组成的自然环境，旅游资源所处的自然环境往往会对旅游景区的布局产生影响。作为旅游景区开发地，环境以幽静怡人为宜。旅游者希望看到的往往是具有美感的旅游景区、环境幽雅的旅游胜地。气候条件对旅游景区的布局影响也很大。而水体等地理条件本身也可以称为旅游吸引物，地质条件还对旅游景区的建设和开发有重大影响，在地质条件恶劣的地方，易引发地震、滑坡、泥石流，不利于旅游活动的开展和旅游景区布局。

2. 社会环境

旅游景区所处的社会环境指旅游资源所在区域的政治局势、社会治安、医疗保健和当地居民对旅游的认识等条件。旅游是一项对社会环境较为敏感的经济活动，在稳定的社会环境中它能以较快的速度发展，而一旦出现社会环境的波动，它会做出相关的反应。如在欧盟国家中实行相互免签制度，各国关系融洽，欧盟国家之间居民旅游十分方便。而一旦出现政治局势不稳或战争等社会不安定因素时，就会给当地的旅游资源开发及旅游业造成危害，可见旅游对社会环境的依赖程度很大。

3. 经济环境

一个旅游景区的开发，必须有坚实的经济基础做后盾。因为旅游地的建设需要一定的资金、物质、人力和文化素质，这些条件均与该地区经济发展水平密切相关。资金主要用于建设旅游地的游乐、美化、安全、卫生、餐饮、住宿、道路、场地、管理及供水、用电、通讯等基础设施，其中相当部分用于旅游资源的维修、保护、装饰、美化等建设项目。物资供给能力是旅游地开发的重要条件，人力也是开发旅游景区必不可少的条件。一个旅游地必须有足够的经济实力吸引旅游人才，人才的数量及收入水平，是旅游业劳务市场的基本衡量标准。

4. 环境容量和承载力

旅游景区的环境容量是指某项旅游资源自身或所处地区在一定时间条件下对旅游活动的容纳能力，包括容人量和容时量两个方面。容人量指旅游景区单位游览面积所能容纳游客的数量，它反映了风景区的用地、设施和投资规模等指标。容时量指游览景区时所需要的基本时间，它体现了风景区的游客、内容、景象、布局和建设时间等内容。旅游景区的容人量并不是指旅游景区中能容纳游人的最大数量，在评价旅游资源环境容量和承载力时必须考虑旅游资源的性质及由此而决定的旅游活动的方式、观赏要求、旅游点及其周边环境、游人的反映、经济与社会效果，只有当这些方面的要求都得到较好的体现时，游人数量的最高值才是旅游区的最佳容量。

5.3.3　旅游景区的布局

（1）京华古今风貌旅游带（3 个二级区）：包括以北京为中心，以津、冀为腹地的小华北。华夏历史文明遗产（特别是辽、金、明、元、清朝代）与现代风貌融为一体。

（2）白山黑水北国风光旅游带（3 个二级区）：包括东北三省全境，拥白山黑水自然奇景，满、朝、鄂（伦春）、达（斡尔）、鄂（温克）、赫（哲）等兄弟民族风情，有五大连池冷矿泉，多处热矿泉疗养地，大连等海滨等消暑避夏地；夏可避暑疗养，冬可赏雪锻炼。

（3）丝路寻踪民族风情旅游带（4 个二级区）：包括绿洲沙漠丝路和森林草原丝路在中国的主要干段，即北出内蒙古，西通新疆，中经甘宁。

（4）华夏文明访古游带：包括黄河中下游地区，是中华民族发祥地，华夏古文明遗迹遍布。下分陕西、山西、河南、山东 4 个二级旅游区。

（5）西南奇山秀水民族风情游带：全国各大旅游地带中地势起伏最大，类型最多的地区，高山、高原、峡谷、盆地、丘陵、平原、海岛相间，气候宜人，动植物资源极其丰富，以各种美感形态的峰林、奇石、碧水、幽洞而称雄于世。下分四川、重庆、云南、贵州、广西 5 个二级旅游区。

（6）荆楚文化湖山景观旅游带：居于中国中部，有九省通衢之称。四周围山地丘陵环绕，长江及其两大湖泊鄱阳、洞庭处于中央，大江两岸湖群密布，号称千湖之区，武当、衡山、井冈、武陵、龙虎三清、岳麓耸峙其间，不仅景色秀丽，且藏寺庙道观，成为中国道教活动中心之一。留有丰富的近现代革命胜迹。下分湖北、湖南、江西 3 个二级旅游区。

（7）吴越文化江南水乡风光旅游带：包括长江下游、淮河下游和钱塘江流域，兼有山海之胜，又是中国经济开发程度最高，工商业发达的水乡地区，历史上封建王朝的避难偏安之所，因此古文化遗存十分丰富，下分 4 个二级区。

（8）岭南文化南亚热带、热带风光旅游带：大部分处于南亚热带、热带地区，兼山、海岛之胜，自然风光旖旎，气候热、暖气长，是中国理想避寒地，海岸线漫长，多优质沙滩，陆地上多矿泉，矿泉密度居全国之列，适宜发展疗养性旅游；具有融合中原文化和土著文化的浓郁的地方特色文化，华侨之乡及中西合璧文化。下分 3 个二级区。

（9）世界屋脊猎奇探险旅游带：全境海拔平均在 4 000 米以上，是世界上年代最新、海拔最高的高原，拥有世界上相当一部分 8 000 米以上的高峰；由于特殊的地理环境，地广人稀，天寒地高，许多地方人迹罕至，充满无限神秘感；藏族文化古老而独具特色，带有浓郁的宗教色彩，下分2个二级区。

5.4 物流与旅游业

5.4.1 旅游业具有很强的关联带动功能

旅游作为直接层次上的最终消费需求，在拉动经济增长、启动社会资金、促进居民消费、带动民间投资中发挥着重要的作用。同时，旅游涉及吃、住、行、游、购、娱六大要素，关联带动功能强，直接或间接地带动相关产业的发展。旅游业具有很强的乘数作用，其在国民经济中所起的作用，往往要大于原始收入的数倍，并提供新的就业岗位，还刺激其他产业（如道路、交通、供水、供电、通讯等基础设施和饭店、旅馆、娱乐等）的发展。

5.4.2 发展物流能促进旅游业的发展

物流业与旅游业在社会经济中都占据重要地位，整合物流业与旅游业的相关优势，使其相互促进，将有利于经济社会的持续、协调、健康发展。

1. 物流业对旅游业的促进作用

（1）物流基础设施是现代旅游的先决条件。完善的信息网络体系是现代物流业发展的基本条件，物流基础设施是现代旅游业发展的先决条件。物流运输网络体系、信息网络体系的完善有利于旅游业的持续发展。只有物流运输网络体系（铁路、航空、公路、水路等）以及不同运输体系间的联运情况不断完善，才能保证现代旅游业的长足发展。因为只有信息快捷、交通方便，才能使游客“进得来、出得去、散得开”。

（2）现代物流是旅游业发展的重要环节。物流业的有序发展将会使“吃、住、行、游、购、娱”六大旅游环节相互衔接。目前，我国内地旅游产业中，旅游商品的设计和供给一直滞后于其他领域，导致“购”这一环节与新加坡等地相比，还存在较大的差距。究其原因，主要与旅游商品设计生产无特色、小规模、销售渠道不畅、管理环节臃肿、购物环境杂乱等因素有关。

（3）物流也是重要的旅游资源。物流业主要包括物流园区、物流程序设计、物流信息网络、物流运输网络，以及相关的仓储、包装、配送等。其中，物流园区、物流展览和相关的物流专业化操作等均具有较高的开展展会旅游、工业旅游和商业旅游等旅游项目的价值。物流行业自身旅游价值的开发将进一步丰富旅游资源的内涵，促进旅游业进一步发展。

2. 物流业与旅游业的互动发展

（1）整合物流业与旅游业的优势。物流业与旅游业的发展都需要便利的交通条件和发达的信息网络，为二者之间的优势资源整合奠定了基础。优势整合包括交通基础设施的建设、信息网络的使用与共享等。全国各地铁路部门都有利用铁路运输优势举办旅行社、酒店等企业的例子。

（2）积极发展旅游电子商务。一是旅游网站通过即时的在线服务，对每一位旅游者提供专门的服务；二是以整个旅游市场为基础的电子商务。除了在网络上寻求旅游者，企业还通过网络与供应商、结算服务机构等建立业务联系。旅游电子商务是物流与旅游优势整合的集中体现。

（3）建立集团多元化经营模式。整合物流业与旅游业优势时可采取集团多元化经营模式，利用集团优势，通过收购、兼并、控股、合作等多种手段完成。一是物流行业涉足旅游业，参与景区、饭店等开发建设，收购、兼并旅游企业，参股控股旅游上市公司；二是旅游企业也可以跨行业经营。多元化集团可以建立不同的事业部，形成独立的利润中心。可以借助品牌和实力，采用多种资产运作方式拓展经营边界，整合资产，调整产品结构，从而有利于集团的发展。

思考与练习

1. 简述旅游业在国民经济中的作用。
2. 简述旅游业的特点。
3. 简述旅游资源的定义和分类。
4. 简述我国旅游资源概括。
5. 论述旅游业与物流业的联动关系。

第 6 章　我国运输业物流地理

本章内容摘要

- 运输业的特点和作用；
- 影响运输业发展的因素；
- 各种运输方式的特点及分布；
- 铁路运输的网络布局；
- 道路运输、水路运输的特点；
- 航空运输、管道运输的布局；
- 交通物流概况；
- 航空物流的发展趋势。

6.1　运输业概述

6.1.1　运输业的概念与特点

1. 运输业的概念

运输业是指人类利用各种运输工具，使人或货物沿着特定路线实现空间位置移动的社会物质生产部门。交通运输业是一个独立的部门，与工农业生产一样，也有三要素：劳动者（运输工作者）、劳动对象（货物、旅客）和生产资料（交通线路、车站、港口、码头及各种运输工具）。交通运输业是生产在流通中的继续，是国民经济的重要组成部分，是国民经济发展的先行部门和强大支柱，在国民经济和社会发展中居重要地位。

图 6-1　万吨级货轮

图 6-2　现代化民航客机

2. 运输业的特点

（1）运输业的生产过程是运输对象的空间位移。其产品是无形的，不生产新的实物形态产品，是产品在地理位置上的移动，是产品价值的一种增值或延伸，不改变产品的原有特性和使用价值，没有半成品，产品总量也不会因运输而增加。

（2）运输业的生产过程是流通领域的继续。它是商品实体从生产地向消费地的转移，是生产过程在流通领域的完成。

（3）运输业资产构成的特殊性。交通运输业在资产的构成中，固定资产所占比重很大，交通运输工具又在固定资产中占有很大的比例，约占80%左右。

（4）运输业的生产和消费的同一过程性。运输产品把生产和消费两种行为合而为一，把时间和空间有机地结合在一起，使运输产品具有非实体性和非储存性。

（5）运输产品的同一性。运输对象不论是人还是物，以及货物的种类如何繁多，各种运输方式的产品都是一样的，即吨/千米和人/千米。

（6）交通运输生产更强调安全性。运输生产过程直接关系到旅客生命和国家财产的安全，以及国民经济的有序发展。运输不安全，造成的后果是人流和物流的不畅通，从而制约国民经济各部门的协调发展。

6.1.2　运输业的作用

（1）运输业是社会再生产的必要条件。任何一个生产部门，都必须具备交通运输条件，才能连续生产，否则，生产流通渠道堵塞，就会停工待料或停产待销。可见，运输业是发展社会生产的必要条件。

（2）运输业是加速扩大商品流通的重要手段。运输业的发展促进了商品生产，使商品迅速从生产领域进入消费领域。交通运输网越发达，就越能缩短商品待运和在途时间，保证及时供应市场，减少资金占用，为商品的购、销、调、存提供方便条件，节约社会劳动消耗，从而提高商业经济效益。

（3）交通业的发展有利于建设边疆和巩固国防。我国幅员辽阔，各地经济差异很大，建立发达的交通运输业，能更快地开发、利用边远地区的丰富资源，发展落后地区的经济，促进兄弟民族间的团结；还能增强军队的机动能力，加强国防建设。

（4）运输可以平衡物价，扩大市场。通过完善的运输网络，各种商品可以快速、便捷地在全国各地市场上流通，从而减少了货缺价高情况的发生，保障了人民的正常生活。运输业的发展在促进了商品快速流通的同时，对市场的扩大和开发也起到了促进作用。

6.1.3　影响运输业发展的主要因素

1. 经济发展是运输业发展和分布的先决条件

经济发展对运输的需要是交通运输发展和分布的主要依据。就货物运输来看，工农业产品是运输的主要对象（货源），是运量形成的物质基础。工农业发展不断地给运输业提出新的要求和任务；运输业的进一步发展及技术革新、设备更新等都需要工业的直接支持。一个年产量500万吨的钢铁联合企业，每年货运量超过1亿吨；年产10万吨的甜菜糖厂，每年货运量超过百万吨。如果没有运输业的支持，这些工业企业是不能建立和运转的；同样，工业企业的建立又促进了运输业的发展。工农业布局合理与否对货流合理和运输网的形成有重大作用。交通运输业的发展和分布不仅取决于经济发展的需要，而且受制于一个时期内经济发展水平下所能提供的建设资金数额。据估计，我国交通运输业投资每年约占国民经济投资总额的10%左右，固定资产占全国的20%，职工人数占全国职工总数的1/6。国民经济相当大一部分开支同交通运输有关。

2. 技术条件促进运输业的发展和变革

技术条件对交通运输业生产的发展和分布产生深刻的影响。一方面，影响交通运输业的类型、组成和结构。只有技术革新的成果——火车的出现，才会有铁路线的建设；只有汽车的广泛使用，才会有公路的建设；只有将汽车和火车的速度提高，才会有高速公路和高速铁路的建设。另一方面，技术的进步，有助于打破自然局限，改善交通运输线网的地区分布状况。比较明显的是铁路牵引技术的进展，它从蒸汽机车到内燃、电力机车的发展，使铁路获得了向地势高峻的高原、山区伸展的强大物质基础。

3. 人口与运输业分布

人口多的地区不仅货运量大，人流量也大，相应地，货运与客运都需要增加，运输网的分布也就稠密。相反，人口稀少的地区，运输网也就稀疏。

4. 自然条件对运输业生产与分布的影响

自然条件给运输业的发展提供了自然基础和可能性，自然条件影响运输业的利用方式、交通线路的走向、投资规模和分布状况。当然，不同自然要素对各种运输方式的影响不同。

山地、丘陵、盆地、平原等地貌类型对交通运输业分布有较大的影响。一般来说，平原有利于公路和铁路的建设，高山、沙漠、沼泽等不利于运输线路的建设，会增加运输线路的造价。

自然资源与交通线路分布密切相关。资源的丰度制约着它与区外的经济联系强度。一般来说，重要的大型资源分布与交通线路的分布状况存在着较大的相关性。澳大利亚西部本为荒凉之地，由于大铁矿的发现，才设立了不定期和定期的航线，每年运出矿石7 000～8 000万吨。我国大庆市原为普通乡村，由于石油的发现与开采，不仅有铁路与全国沟通，而且铺设大量石油管道，使原油直运大连和秦皇岛油港。

水文状况对水运的影响较大。河流分布、河床宽度、曲率半径、流量、水深及季节变化是确定内河航运布局的重要依据。海运业的发展关键是建立优良港口，不仅需要位置优良，而且需要港阔水深、入口狭小、附近无岩礁和暗礁、海域安全等。

气候对交通运输业的不利影响是多方面的。例如，浓雾、风暴、雷雨、降雪等恶劣天气对航空运输带来很大困难；由于气候寒冷，世界上许多港口冬季不能通航；等等。

自然条件对运输业分布有较大的影响，在参加交通运输业的具体实践中，应该充分认识和评价自然条件的作用。当然，在自然条件面前，人并不是无能为力的，人们不能只去消极地适应自然，而应该充分发挥自己的主观能动性，去积极改造和利用自然，充分利用它的有利因素，选择相应的运输方式和进行运输网的合理布局。

6.2 铁路运输

从1876年第一条营业性铁路——上海吴淞铁路诞生，迄今中国铁道事业已走过了128

年的曲折风雨历程。1949 年前，铁路不仅数量少、质量低、布局偏（大多集中沿海一带，西南、西北地区几乎没有铁路），而且大多为帝国主义列强所修建和控制，真正为中国人自己所掌握的铁路并不多。新中国建立后，铁路回到了人民的怀抱中。50 多年来，人民铁道事业迅猛发展，不仅运营里程、运营网络有了很大的提高和改善，而且科技水平、技术装备也发生了质的飞跃。铁路已成为推动中国经济发展和社会进步的重要动力，被誉为国民经济与社会发展的"先行官"。

6.2.1　铁路运输的发展和现状

1. 铁路运输的发展状况

新中国成立前，包括台湾公营铁路在内，一共修建了 29 600 千米，复线 3 155 千米，每年平均建设395 千米。因改线、改轨以及拆除等原因，到1948 年年底，实有铁路24900 千米，复线约2 000 千米，每年平均建设322 千米。每万平方千米的领土面积仅有铁路25. 9 千米，大大落后于当时世界工业国家的铁路发展状况（占美国的1/14、原苏联的1/4）。当时我国的铁路设备简陋、标准杂乱、运输能力低，布局偏于东北和京广线以东的地区，西北地区几乎没有铁路。

图6-3　货运列车

图6-4　"和谐号"列车

新中国成立以后，国家进入有计划发展国民经济的时期。到 1980 年，铁路经过了五个五年计划的建设，取得了辉煌的成绩。1980 年底铁路营业里程达 49 940 千米，全国铁路网骨架基本形成，客货换算周转量达 7 087 亿吨千米。改革开放以来，我国铁路建设走上了快车道，2010 年年底，我国铁路营业里程达到 9. 1 万千米，居世界第二位；投入运营的高速铁路营业里程达到 8 358 千米，居世界第一位。

我国近年来特别重视高速铁路的建设，我国铁路系统瞄准世界铁路先进水平，运用后发优势，博采众家之长，坚持原始创新、集成创新和引进、消化、吸收、再创新，用短短几年的时间，推动我国高速铁路技术走在世界最前列。2011 年，我国高铁建成通车 4 715 千米，合计 13 000 千米以上，新线合计 7 901 千米，共计 98 901 千米。现在我国已成为世界上高速铁路系统技术最全、集成能力最强、运营里程最长、运行速度最高、在建规模最大的国家，引领着世界高铁发展的新潮流。

未来几年，中国高铁建设将进入全面收获期。届时，我国高速铁路网将初具规模。邻近省会城市将形成 1 至 2 小时交通圈，省会与周边城市形成半小时至 1 小时交通圈。北京到全国绝大部分省会城市将形成 8 小时以内交通圈。到 2015 年，我国铁路营业里程将达到12万千米以上。其中，新建高速铁路将达到1.6万千米以上；加上其他新建铁路和既有提速线路，我国铁路快速客运网将达到5万千米以上，连接所有省会城市和50万人口以上城市，覆盖全国90%以上人口，“人便其行、货畅其流”的目标将成为现实。

2. 铁路运输的优势和特点

铁路运输是由铁路、车站枢纽设施和机车车辆三要素协调配合，共同实现客、货流位移的最重要的现代化运输方式之一。

（1）运输能力较大。铁路在各种运输方式中，运输能力一般仅次于水运，是普通卡车的数百倍甚至上千倍。

（2）运输速度较快。运输速度仅次于飞机，时速平均可达100千米左右，高速列车时速可达300千米以上。

（3）受气候影响小。运输过程中受天气和气候变化影响小，安全准时，可保证一年四季昼夜不停地连续工作。

（4）运输成本较低。铁路运输成本略高于水运，长途运输成本低于公路，适宜中长距离、大宗货物的运输。

可见，铁路运输具有运载量大、速度快、连续性强、时刻准、运价低、受自然条件影响较小等优势。铁路运输在世界范围内得到普遍的发展，尤其在国土辽阔的国家，铁路运输地位异常突出。

3. 铁道部改革

铁路是国民经济大动脉。近些年，铁路实现了跨越式发展，保障了国民经济平稳运行和人民生产生活需要，但也存在一些突出问题，主要是政企不分、与其他交通运输方式衔接不畅等。事实证明，随着铁路行业的快速发展，这种政企不分的管理体制已难以适应形势任务的发展需要。加快推进铁路体制改革，是适应我国经济发展大局的客观需要，是铁路事业自身发展的内在要求，是推进铁路加快发展的重大机遇。

2013年3月10日，第十二届人大一次会议公布国务院机构改革和职能转变方案，大部制改革浮出水面，撤并铁道部、组建新的国家海洋局、国家新闻出版广播电影电视总局。这对铁路及轨道设备、船舶与海工设备、出版传媒等行业产生重要的影响。

64年的铁道部告别历史，退出历史舞台。原铁道部职能将一分为三。铁道部改革正式开启了中国铁路资产价值重估的序幕。

铁路主要分为交通部、交通部下属的铁路局和中国铁路总公司三个系统，其中：① 交通部统筹综合交通运输体系的规划，体现政府的政策制定功能；② 交通部下属的铁路局负责安全和质量的监督，并拟定技术标准，体现政府的监督监管功能和标准制定功能；③ 中国铁路总公司承担全部企业职能，包括运输、建设、筹融资等功能。

政企分开后，铁路总公司和目前的垄断国企没有区别，将自负盈亏，开始关注并努力提升盈利能力。这次铁道部拆分仍是中国铁路改革漫长路程上最初的一步。

市场化运营会提高铁路运营效率以及盈利能力，吸引更多的社会资金投资于铁路建设，后续的债务处理、铁路建设新的融资方式及渠道的建立、铁路总公司进一步市场化的改造等改革措施都将降低铁路设备公司应收账款和财务费用，有利于轨交设备企业产品需求和盈利能力的提高。

6.2.2　铁路运输的网络布局

铁路在我国交通运输业中之所以发挥着巨大作用，是由于四通八达的铁路网奠定了物质基础。

我国铁路网的布局特点是：纵横交错成网络状。具体地说，南北方向有四条干线：京沪线、京广线、京九线、北同蒲—太焦—焦枝—枝柳线；东西方向有三条干线：京包—包兰线、陇海—兰新线、沪杭—浙赣—湘黔—贵昆线。以上述七条干线为骨干，以北京为中心，组成了包括东北铁路网、西南铁路网、关内外三条联系干线、台湾铁路网和其他干线、支线、辅助线、联络线以及地方铁路在内的全国铁路网。这些路网几乎覆盖了全部的国土，把全国主要的工矿、城镇、港口、农作物生产基地联结成有机的整体。

1. 纵贯南北铁路中轴线——京广铁路

京广铁路是贯通中国南北的重要铁路大通道，是国家铁路南北交通的大动脉，是中国线路最长、运输最为繁忙的铁路，是名副其实的全国铁路网中轴，具有极其重要的战略地位。京广铁路起自北京丰台站，止于广州西站，全长2 284千米。这条铁路由原京汉铁路和粤汉铁路组成。1957年10月，武汉长江大桥建成后，京汉、粤汉两铁路连通，11月被命名为京广铁路。它途经保定、石家庄、邢台、邯郸、安阳、鹤壁、新乡、郑州、许昌、漯河、驻马店、信阳、孝感、武汉、咸宁、岳阳、长沙、株洲、衡阳、郴州、韶关、广州等大中城市，纵贯北京、河北、河南、湖北、湖南、广东六省市，并与京山、京包、丰沙、京秦、京承、京原、京通、石太、石德、新焦、陇海、漯宝、宁西、汉丹、武大、石长，沪昆、湘桂、广三、广九等铁路相接，还与海运连通。

新中国成立后，逐步对京广铁路进行技术改造，主要是：更换钢轨，加固桥梁，修建新郑州黄河铁路大桥，改善通信信号设备，加强各区段站，新建北京及广州新的客运终点站，建立石家庄、郑州、武汉、长沙等枢纽站。由于运输量的激增，从1955年12月起开始修建复线，至1988年12月衡广段完工，已告全部完成。全路旅客列车和货物列车大多采用电力机车牵引。自北京至广州间的客车的旅行时间已由过去90多小时缩短到21小时。京广线南运货物以煤炭、钢铁、石油、木材及出口物资为主，北运货物主要是有色金属矿产品以及粮、糖、茶、水果等农产品和进口物资。

京广铁路客运专线（简称“京广高铁”）是以客运为主的高速铁路。它北起首都北京，南到广州，经过河北、河南、湖北、湖南、广东5省，全程2 298千米，是世界上运营里程最长的高速铁路。基础设施设计速度每小时300千米，现在运行速度降低为每小时250～300千米。该客运专线是我国“四纵四横”客运专线网之一，形成一条与京广铁路并行、纵贯我国南北、辐射范围最广的快速客运通道。京广高铁将使京广铁路实现客货分离。京广高铁于2012年12月26日全线开通运营，从北京坐高铁到广州的旅行时间将缩短至最快仅需8小时。

2. 东部沿海交通大动脉——京沪铁路

京沪铁路从北京到上海，全长1 462千米，全部复线。它纵贯华北平原和长江中下游平原，穿行天津、河北、山东、安徽、江苏四省一市，连接京、津、沪三大直辖市，跨越海河、黄河、淮河、长江四大流域。沿线石油、煤、铁、盐资源丰富，粮、棉、油生产集中，人口稠密，城镇密布，经济繁荣，文化发达，是我国主要工、农、商业基地。此线客流量大，行车密度大，成为我国最繁忙的干线之一。南运方向货运量大，主要是煤炭、钢铁、木材、棉花、杂粮、油料、烟草、水果等；北运物资主要是机械、仪表、日用工业品、稻米、面粉、茶叶等。

京沪高速铁路正线全长约1 318 千米，是我国首条具有世界先进水平的高速铁路。京沪高速铁路于2010 年投入运营，从北京到上海只需要5 小时，比目前京沪间特快列车缩短了9 小时左右。京沪高铁全线共设置北京、天津、济南、蚌埠、南京、无锡、苏州、上海等21 个客运车站，设计时速为350 千米。

老京沪线改作货运主线，现有的京沪铁路长度仅为全国铁路营运线的2%，但它连接着京津冀与长江三角洲两大经济圈，承担着全国10.2%的铁路客运量和7.2%的货物周转量，其运输密度是全国铁路平均水平的4 倍，由于其一直处于超负荷运行状态，因此严重制约了沿线经济的发展。

京沪高铁为客运专线，北京至上海高速列车年输送旅客单方向可达8 000 余万人次，是一条快捷的大能力客运通道。同时“松绑”后的现有京沪铁路的货运能力将大增，其单向年货运能力将达1.3 亿吨以上，从而成为大能力货运通道。

3. 第二条南北干线——北同蒲、太焦、焦枝、枝柳铁路

该线北自山西省大同市，经太原、长治，河南焦作、洛阳，湖北襄樊、枝城，南行广西柳州，全程长达2 521 千米。该线是新中国成立后修建的一条重要的南北干线，它加强了华北与中南地区的联系，分担了京广线运量，改善了全国原有路网布局，对晋煤外运和发展沿线经济发挥了重大作用。1995 年侯（马）月（山）铁路已经通车。南运货物主要有煤炭、食盐、石油；北运货物主要有粮食、茶叶、亚热带水果等。

4. 横贯中原、西北边陲的干线——陇海、兰新铁路

该线东起江苏连云港，经徐州，穿越河南、陕西、甘肃等省，经过新疆乌鲁木齐，终达中哈（哈萨克斯坦）边境的阿拉山口，全长达4 112 千米，其中西安至兰州段为电气化铁路。1995 年6 月宝（鸡）中（卫）电气化铁路建成通车，全长约500 千米。陇海线与我国几条主要南北干线相交，又经开封、洛阳、西安等历史名城及旅游胜地，故客货运输十分繁忙。兰新线在阿拉山口与中亚细亚的土西铁路相通，向西一直可达荷兰的鹿特丹，成为第二条欧亚大陆桥（又称新海大陆桥）的主干线。它是沟通欧亚大陆之间、太平洋和大西洋之间最为便捷的通道，有现代“丝绸之路”之称。1999 年5 月6 日南疆铁路全线铺通，它东起吐鲁番，西至喀什市，全长1 451 千米。这条铁路对新疆地区的对外开放、沟通南疆与内地的联系、增强民族团结、扩大物资交流和巩固国防均具有重大意义。目前西运货物主要有粮食、食盐、蔗糖、机械设备、石油制品以及日用工业品；东运货物主要有煤炭、畜产品、棉花、土特产等。

5. 西南的交通大动脉——宝成、成昆、成渝、川黔、黔桂、南昆铁路

宝成线北起陇海线的宝鸡，经过山高谷深的秦岭山脉，到达四川成都，全长669 千米，是西南与西北、华南相连的重要干线。它的建成为人口最多、物产富饶的“天府之国”——四川省开辟了一条陆上钢铁运输线，改变了历史上蜀道之难的问题。该线于1975 年7 月全部实现了电气化，北段还是我国最早的电气化铁路。

成昆线北接宝成线，由成都南下，飞越大渡河，穿过大、小凉山，横跨金沙江，南抵“春城”昆明，全长1085 千米。沿途地下资源丰富，是内地建设的重要地区，也是少数民

族聚居区。从昆明还有通达边防重镇河口的昆河线。

成渝线由成都到重庆，长达504千米，现已全线实现电气化。它把西南地区两个最大的城市连接起来，对加强省内外的联系和发展起了重大作用。

川黔线北起重庆，经古城遵义，达贵州贵阳，全长463千米。

黔桂线从贵阳到柳州，长606千米，是西南通向华南的主要路线，也是沟通西北、西南、华南的主要干线。南运货物主要有石油、食盐；北运货物有化肥、茶叶、亚热带水果等。

南昆线西起昆明，经罗平、安龙、百色至南宁，全长899千米，于1997年建成通车。西南地区的货物经南昆—南防线由防城港出海，比经贵昆—湘黔—京广线由广州港出海或经贵昆—黔桂—湘桂—黎湛线由湛江港出海更近。南昆线建成后，防城港成为我国西南地区最近的出海口。

以上六线主要分布在云、贵、川、桂四省，从根本上改变了这里过去交通闭塞的局面，对我国铁路的合理布局、国防建设和大西南的经济开发发挥着重大的作用。

6. 晋煤东运的主要干线——大秦电气化铁路

大秦线自山西大同经河北省直达秦皇岛港，全线长达653千米。它是我国第一条双线电气化和重载单元列车线路、第一条具有微型计算机调度集中系统的线路、第一条全线采用光纤通信系统的线路，也是目前我国铁路设计标准和现代化水平最高的电气化铁路。该线对保证山西煤炭外运及加速神木、东胜、准格尔煤田的开发，缓和我国能源供应紧张局面，促进国家经济发展具有重要的意义。

7. 稠密的东北铁路网

东北是我国铁路建造历史最悠久的地区之一，线路长度达到15 000千米，占全国铁路总长度的26%，分布密度在全国之首。哈大线和滨州——滨绥线构成“丁”字形铁路骨架，沟通了全区70条干、支线。

哈大线北起哈尔滨，经长春、沈阳到大连，全程946千米，完全为复线和自动封闭装置。该线穿越我国经济发达、特产丰富的地区，故客货流密度大，为全国最繁忙的干线之一。其主要货物构成是钢铁、煤炭、石油、粮食、木材、机械等，南运量大于北运量。

哈大高铁是在中国黑龙江省哈尔滨市与辽宁省大连市之间建设的高速客运专用铁路。哈大高铁于2007年8月23日正式开工建设，2010年12月28日竣工。哈大客运专线（高铁）是我国中长期铁路规划中“四纵四横”高速铁路网的“一纵”，是京哈高铁的重要组成部分，通车后将成为世界上第一条投入运营的穿越高寒地区的高速铁路。

滨州—滨绥线西起满洲里，经哈尔滨，东到绥芬河，全程1 483千米，东西两端与俄罗斯西伯利亚铁路接轨，对于发展中俄边境贸易有重要的意义。

8. 沟通关内外的三条重要通道——京沈、京承、京通线

京沈线自北京经天津、唐山、秦皇岛，沿辽西走廊过锦州到达沈阳，全程844千米。它为重型钢轨铺设的复线，并采用自动闭塞装置和内燃机车牵引动力，通过能力很强，是目前国内客货运输最繁忙的线路，也是关内外联系的主要通道。其主要货物构成以煤炭、纺织品、石油、木材、粮食、钢材和机械为主，进关货物大于出关货物。

京承—锦承线由北京至承德到锦州接东北路网，全长696千米，是一条分担京沈线运量的辅助线。其货运主要与京沈线接近。

京通线自北京昌平出发经过河北隆化、内蒙古赤峰至通辽，长达868千米。它主要担

负着晋煤出关和东北木材进关的任务，也是东北地区北部与华北地区联系的直接通道。该线于 1999 年 6 月 1 日延长到内蒙古呼和浩特。

9. 横贯江南的东西干线——沪杭—浙赣—湘黔—贵昆铁路

此线路由四段组成，穿过沪、浙、赣、湘、黔、滇六省市，长达 2 672 千米。此线位于长江以南，与陇海线平行，是我国横穿东西的第二条大动脉。这条线路沟通经济发达的华东沿海地区与资源丰富的西南内地，加强了华东、中南、西南地区的联系，对于边疆与内地的开发、巩固国防具有重要的意义。

10. “八五”期间新建的南北铁路干线——京九线

京九线路位于京沪、京广两大铁路干线之间，北起北京，南至香港九龙，纵贯京、冀、鲁、豫、皖、鄂、赣、粤八省市，全长 2 538 千米，总投资概算为 210 亿元。它是我国铁路建设史上规模最大、投资最多、线路最长的一条南北大动脉。

京九铁路的建成使全国铁路网布局更加趋于合理、完善，运输能力也明显增强，南北铁路运输的紧张状态得到了缓解。该线沿线物产、矿藏丰富，它的建成大大促进了沿线物产和矿藏资源的开发，并带动沿线地区的经济发展。

11. 京秦—京包—包兰—兰青—青藏线

这是我国北部地区一条重要的东西向铁路干线。东起秦皇岛，经丰润到北京的铁路线为京秦线；从北京向西经张家口、大同、集宁、呼和浩特到达包头的铁路线为京包线；从包头向西经银川到兰州的铁路线为包兰线；自兰州到西宁的铁路线为兰青线；从西宁经格尔木到拉萨的铁路线为青藏线。

青藏铁路由青海省西宁市至西藏自治区拉萨市，全长 1 956 千米，其中，西宁至格尔木段 814 千米，1984 年建成运营。新开工修建的格尔木至拉萨段，自青海省格尔木市起，沿青藏公路南行，经纳赤台、五道梁、沱沱河、雁石坪，翻越唐古拉山，再经西藏自治区安多、那曲、当雄，羊八井，进入拉萨市，全长 1 142 千米（新建 1 110 千米，格尔木至南山口既有线改造 32 千米）。建设工期为 6 年。设计年输送能力为客车 8 对、货流密度 500 万吨。新线于 2001 年 6 月 29 日开工，2002 年开始从南山口向南铺轨，2004 年在安多同时向南北两个方向铺轨，2005 年铺轨通过唐古拉山，并提前实现全线铺通。2006 年 7 月已投入试运营。

青藏铁路是世界上海拔最高、线路最长的高原铁路。翻越唐古拉山的铁路最高点海拔 5 072 米，经过海拔 4 000 米以上地段 960 千米、连续多年冻土区 550 千米以上。沿线地质复杂，滑坡、泥石流、地震、雷击等灾害严重，多年冻土、高寒缺氧、生态脆弱是青藏铁路建设的“三大难题”。青藏铁路被列为“十五”四大标志性工程之一，名列西部大开发 12 项重点工程之首。国外媒体评价青藏铁路“是有史以来最困难的铁路工程项目”，“它将成为世界上最壮观的铁路之一”。随着这条 1 142 千米长的“天路”从格尔木成功铺轨至拉萨，世界铁路建设史、中国作为统一多民族国家的发展史以及青海西藏两省区人民的生活史都掀开了新的一页。

12. 台湾内部铁路

由于地势原因，台湾铁路基本上按环全岛海岸线分布，尚无穿越中央大山脉、连接东西两端的铁路。台湾铁路全长 1 300 千米，分为三段。最长的是纵贯南北的西海岸铁路，北起基隆穿越台北、台南，南到高雄，全长 800 千米。沿线是全省主要的工农业产区，人口密集，物产丰富，工业发达，客货运量大。东海岸线的铁路称为台东线，北起基隆经花莲港到台东为窄轨铁路。最短的线路是北环线，沟通西海岸铁路的支线和东海岸的台东线。

6.2.3　主要铁路枢纽

在铁路网中，由几条线路交叉或衔接，由若干车站、站间联络线以及一系列设施所组成的总体叫做铁路枢纽。铁路枢纽的功能与作用有：一是衔接各条干线，使各条干线有机联结成一个整体；二是办理各线间的客货车辆的解体、编组、中转、发送等技术作业；三是集中铁路运量，这具有组织铁路运输生产的中心作用。因此，铁路枢纽的布局、技术装备、作业能力等直接影响到客货运量的大小及行车速度的快慢。

我国铁路20世纪的布局，往往与全国或地区的政治中心、经济贸易中心、工业基地或水陆联运中心相结合，按依附于地区经济特征，铁路枢纽可划分为如下几种类型：设置于政治、经济贸易中心城市的铁路枢纽，如北京、郑州、西安、石家庄、太原、济南、南京、成都、贵阳等；设置于综合性工业城市的铁路枢纽，一般位于特大城市，故客货运输量庞大，如上海、天津、沈阳等；设置于水陆联运中心的铁路枢纽，往往是大宗货流集散地，如哈尔滨、武汉、重庆、广州、大连等；设置于大型加工工业地区的铁路枢纽，大宗货物汇集，如包头、兰州等；设置于采掘工业地区的交通枢纽，这里是大宗货流发生地，如大同、焦作等。

6.3　道路运输

道路运输或道路汽车运输是发展最快、应用最广、地位日趋重要的一种运输方式。自1885年德国K.本茨制成以内燃机做动力的汽车以来，汽车运输迅速发展，逐渐成为铁路运输的强大竞争对手，在某些国家它已取代铁路运输，在运输中占主导地位。目前世界各种汽车保有量达4亿辆，道路总长2000余万千米，其中3/4集中在西欧、北美和亚洲。

6.3.1　道路运输的特点

（1）道路运输具有直达性、门对门的特点。道路运输的直达性可转换为三个效益，即：距离差效益，主要指道路运输可以抄近路，使运距少于铁路和水运；时间差效益，指道路运输的送达速度比铁路、水运快而带来的经济效益；质量差效益，主要表现为汽车直达运输只要一装一卸，货物损伤少，而铁路运输通常需要多装多卸，货物损伤要大得多。

（2）道路运输机动灵活。道路运输以一人一车为基本特点，体形小，操作方便，又无需铁路那样的专门轨道，对各种自然条件有较强的适应性，机动灵活，农村运输、城市内部运输、城乡联系、铁路和水运港站旅客和货物的集散、日用百货和鲜货的定期运输，主要由汽车承担。

汽车的主要缺点是：运载量小，单车运量在美国也只有20吨左右；劳动生产率低，成本高。因此，不适于运载大宗、笨重物资。

随着科学技术和汽车工业的发展，第二次世界大战以后道路运输大有改善。西欧、北美国家推行汽车吨位大型化和汽车运输系列化，使单车运载量和列车运载量分别达到40吨和100吨，汽车运量小的缺点有所克服。为了提高行车速度和解决车流拥挤、堵塞，具有双重通道、全封闭、车速可达120千米以上的高速道路迅速发展。因此，道路运输能在短途甚至中长途运输中与铁路展开激烈竞争，并在部分国家取得明显优势。

道路是具有一定线型、宽度和强度，供各种无轨机动、非机动车辆和人、畜行驶的人工陆上道路。它的重要特点是线路的公用性，即承担混合的交通流（车流和人流），再加上它易于在地域上广泛修筑、无孔不入的优点，使其成为最灵活的运输方式。

在人类社会发展史上，道路运输一直是最基本的运输方式。随着近、现代工业化大生产的发展和科学技术的进步，逐步形成了由铁路、道路、水路、航空和管道运输共同组成的综合运输体系。在汽车制造技术进步、道路基础设施不断改进和运输需求变化的促进下，道路交通已不仅仅是一种运输方式或其他运输方式的补充，而且已成为区域间的主要运输方式之一，形成了以道路为主体的运输大动脉。我国道路运输自新中国成立以来取得了巨大的成就，特别是改革开放以来，道路运输已迅速成长为对国民经济和社会发展具有重要基础性作用的地面运输方式。

截至2011年年底，我国公路通车里程达410万千米，其中高速公路8.49万千米。到“十二五”末，我国公路通车里程将达到450万千米，其中高速公路10.8万千米，全国20万以上人口的城市中，通高速公路的将占90%；农村公路通车里程将达390万千米，具备条件的行政村都将通公路；全国所有乡镇都将通客运班车。

6.3.2 我国主要道路概况

1. 我国道路运输布局

我国公路运输由国家、省级、县级三级公路组成，运输线遍布全国，初步形成了以北京为中心的公路运输网。目前，全国有70条主要干线道路被划定为国道。

根据国道的地理走向，编号分为三类：

第一类为以北京为中心的放射线国道。其编号为1××，如101国道是指北京到沈阳的干线道路。这类国道共有12条，总长度为2.4万千米。其中，通向（以终点计）东北3条、华北2条、华东1条、中南2条、西北1条。112线是以北京为中心的环线，目前这类国道主要为三级和四级道路。

第二类为南北走向国道（纵线国道）。其编号为2××，如201国道是指鹤岗到大连的干线道路，205国道是指山海关到广州的干线道路，228国道为台湾环线，等。这类国道共有28条，总长度3.9万千米，目前线路以三级和四级为主。最长的纵向国道为锡林浩特到广东雷州半岛南端海安的国道207线，长达3702千米，经过内蒙古、河北、山西、河南、湖北、湖南、广西、广东9省区，沿线分布着364个城镇，是纵向国道也是所有国道中穿越城镇最多的一条。

第三类为东西走向国道（横向国道）。其编号为3××，如301国道指绥芬河到满洲里的道路，330国道指温州到寿昌的道路，等。横线国道共有30条，总长度5.34万千米。路线等级主要为三级和四级。最长的横向国道为上海至聂拉木（西藏）的国道318线，全长4907千米，也是国道中最长的一条。

以北京为中心的放射线国道，其编号为1××，共12条：

101　北京—承德—沈阳　858千米

102　北京—山海关—沈阳—长春—哈尔滨　1231千米

103　北京—天津—塘沽　142 千米
104　北京—南京—杭州—福州　2 284 千米
105　北京—南昌—广州—珠海　2 361 千米
106　北京—兰考—黄冈—广州　2 497 千米
107　北京—郑州—武汉—广州—深圳　2 449 千米
108　北京—太原—西安—成都—昆明　3 356 千米
109　北京—银川—兰州—西宁—拉萨　3 763 千米
110　北京—呼和浩特—银川　1 063 千米
111　北京—通辽—乌兰浩特—加格达奇　2 034 千米
112　北京环线：宣化—唐山—宁河—涞源　942 千米

南北走向国道（纵线国道），其编号为2××，共28条：

201　鹤岗—牡丹江—大连　1 822 千米
202　黑河—哈尔滨—吉林—沈阳—大连—旅顺　1 696 千米
203　明水—扶余—沈阳　656 千米
204　烟台—连云港—上海　918 千米
205　山海关—淄博—南京—屯溪—深圳　2 755 千米
206　烟台—徐州—合肥—景德镇—汕头　2 324 千米
207　锡林浩特—张家口—长治—襄樊—常德—梧州—海安　3 566 千米
208　二连浩特—集宁—太原—长治　737 千米
209　呼和浩特—三门峡—柳州—北海　3 315 千米
210　包头—西安—重庆—贵阳—南宁　3 005 千米
211　银川—西安　604 千米
212　兰州—广元—重庆　1 084 千米
213　兰州—成都—昆明—景洪—磨憨　2 852 千米
214　西宁—昌都—景洪　3 008 千米
215　红柳园—敦煌—格尔木　645 千米
216　阿勒泰—乌鲁木齐—巴仑台　826 千米
217　阿勒泰—独山子—库车　1 082 千米
218　清水河—伊宁—库尔勒—若羌　1 129 千米
219　叶城—狮泉河—拉孜　2 139 千米
220　东营—济南—郑州　526 千米
221　哈尔滨—同江　639 千米
222　哈尔滨—伊春　332 千米
223　海口—榆林东线　322 千米
224　海口—榆林中线　296 千米
225　海口—榆林西线　431 千米
226　楚雄—墨江　288 千米
227　西宁—张掖　345 千米
228　台湾环线（具体里程数资料暂缺）

东西走向国道（横向国道），其编号为3××，共30条：

301　绥芬河—哈尔滨—满洲里　1 448 千米
302　珲春—图们—吉林—长春—乌兰浩特　1 024 千米
303　集安—四平—通辽—锡林浩特　1 265 千米
304　丹东—通辽—霍林河　818 千米
305　庄河—营口—敖汉旗—林东　561 千米
306　绥中—克什克腾旗　689 千米
307　黄骅—石家庄—太原—银川　1 193 千米
308　青岛—济南—石家庄　659 千米
309　荣成—济南—宜川—兰州　1 961 千米
310　连云港—徐州—郑州—西安—天水　1 153 千米
311　徐州—许昌—西峡　694 千米
312　上海—南京—合肥—西安—兰州—乌鲁木齐—霍尔果斯　4 708 千米
313　安西—敦煌—若羌（取消待批）
314　乌鲁木齐—喀什—红其拉甫　2 073 千米
315　西宁—若羌—喀什　2 746 千米
316　福州—南昌—武汉—兰州　1 985 千米
317　成都—昌都—那曲　1 917 千米
318　上海—武汉—成都—拉萨—聂拉木　4 907 千米
319　厦门—长沙—重庆—成都　2 631 千米
320　上海—南昌—昆明—畹町—瑞丽　3 315 千米
321　广州—桂林—贵阳—成都　1 749 千米
322　衡阳—桂林—南宁—凭祥—友谊关 1 045 千米
323　瑞金—韶关—柳州—临沧　2 316 千米
324　福州—广州—南宁—昆明 2 201 千米
325　广州—湛江—南宁　771 千米
326　秀山—毕节—个旧—河口　1 239 千米
327　连云港—济宁—菏泽　395 千米
328　南京—扬州—南通　243 千米
329　杭州—宁波—沈家门　190 千米
330　温州—寿昌　318 千米

2. 我国高速公路布局

高速公路是指经国家公路主管部门验收认定，符合高速公路工程技术标准，并设置完善的交通安全设施、管理设施和服务设施，专供机动车高速行驶的公路。

高速公路的特点是具有机动车专用、分离行驶、全部立交、控制出入，以及高标准、设施完善等功能。与一般公路相比，高速公路具有车速高、通行能力大、运输费用省、行车安全等四大优点，其中车速高是其最显著的优点，也是高速公路同其他公路的根本区别。我国的高速公路发展比西方发达国家晚了近半个世纪，从 20 世纪 80 年代末开始起步，经历了 80 年代末至 1997 年的起步建设阶段和 1998 年至今的快速发展阶段。

（1）起步建设阶段。1988 年上海至嘉定高速公路建成通车，结束了我国大陆没有高速公路的历史；1990 年，被誉为“神州第一路”的沈大高速公路全线建成通车，标志着我国高速公路发展进入了一个新的时代；1993 年京津塘高速公路的建成，使我国拥有了第一条利用世界银行贷款建设的、跨省市的高速公路。为了集中力量，突出重点，加快我国高速公路的发展，1992 年，交通部制定了“五纵七横”国道主干线规划并付诸实施，从而为我国高速公路持续、快速、健康发展奠定了基础。

到 1997 年年底，我国高速公路通车里程达到 4 771 千米，10 年间年均增长 477 千米。相继建成了沈大、京津塘、成渝、济青等一批具有重要意义的高速公路，突破了高速公路建设的多项重大技术“瓶颈”，积累了设计、施工、监理和运营等建设和管理全过程的经验，为 1998 年后的快速发展奠定了基础。

（2）快速发展阶段。1998 年，为应对亚洲金融危机，国家实施了积极财政政策，加快了基础设施建设步伐。交通行业按照国家的统一部署，加大了公路建设力度，从 1998 年至今，高速公路建设进入了快速发展时期，年均通车里程超过 4 000 千米，年均完成投资 1 400 亿元。1999 年，全国高速公路里程突破 1 万千米；2000 年，国道主干线京沈、京沪高速公路建成通车，在我国华北、东北、华东之间形成了快速、安全、畅通的公路运输通道；2001 年，有“西南动脉”之称的西南公路出海通道经过 10 多年的艰苦建设实现了全线贯通，西部地区从此与大海不再遥远。

2002 年年底，我国高速公路通车里程一举突破 2.5 万千米，位居世界第二位，2004 年年底超过 3 万千米。除西藏外，各省、自治区和直辖市都已拥有高速公路，有 15 个省的高速公路里程超过 1 000 千米。辽宁和山东已实现了省会到地市全部由高速公路连接，长江三角洲、珠江三角洲、环渤海等经济发达地区的高速公路网络也正在形成。随着高速公路里程的不断延伸，规模效益逐步发挥，人们切身感受到高速公路带来的时间、空间观念的变化，在山东、辽宁、广东、江苏等地，省会到地市当天可以往返，这在过去是难以想象的。

从起步到高速公路通车 1 万千米，我们用了 12 年时间，从 1 万千米到突破 2 万千米，只用了 4 年时间，从 2 万千米到突破 3 万千米只用了两年时间，可以说，仅仅 17 年，中国高速公路的发展创造了世界瞩目的速度，这是经济和社会发展的现实需要，也是交通实现跨越式发展的重要标志。

经过 17 年持续、快速的发展，我国高速公路基础设施总体水平实现了历史性跨越。随着京沪、京沈、京石太、沪宁合、沪杭甬等一批长距离、跨省区的高速公路相继贯通，我国主要公路运输通道交通紧张状况得到明显缓解，长期存在的运输能力紧张状况得到明显改善。高速公路的快速发展，大大缩短了省与省之间、重要城市之间的时空距离，加快了区域间人员、商品、技术、信息的交流速度，有效降低了生产运输成本，在更大空间上实现了资源的有效配置，拓展了市场，对提高企业竞争力、促进国民经济发展和社会进步都起到了重要的作用。今天，高速公路的速度和便利也已经走进了平常百姓的生活，正在改变着人们的时空观念和生活方式。

（3）高速公路发展阶段。我国已建成的主要高速公路有：沈（阳）大（连）高速公路。沈（阳）大（连）高速公路北起沈阳，南至大连，途经辽阳、鞍山、营口、大连四大工业城市，沟通大连港、营口港、鲅鱼圈港三大港口和鞍钢、辽化、辽河油田等许多特大型企业，是东北地区的一条主要公路干线。全长 375 千米，路面宽 26 米，分四车道上下分向行驶，全封闭、全立交，设计时速为 100～120 千米，年运货能力为 8 000 万吨，客运量 1.3 亿人次。沈大高速公路是中国内地兴建最早的高速公路之一，也是包括台湾在内的中国领土上到 1990 年为止最长的高速公路。

沈大高速公路全部工程按国际标准自行设计，自行施工，并采用国产材料，运用高技术和先进设备，使全部工程达到高质量。1984 年 6 月 27 日开工兴建，1990 年 10 月全线正式通车，耗资 22 亿元，1992 年 7 月 12 日至 14 日通过国家验收。1993 年沈大高速公路建设荣获国家科技进步一等奖。1994 年获第六届国家优秀工程设计金奖。

京津塘高速公路。京津塘高速公路是连接北京、天津和塘沽的高速公路。全长 142. 69 千米。按照行政区域的划分，其中北京段 35 千米，河北段 6. 84 千米（只有一个通往廊坊的出口），天津段 100. 85 千米。全线全部控制出入口，采用立体交叉，与铁路交叉 3 处，与公路互通立交 10 处，分离式立交 23 处，建有大桥 4 座、中桥 28 座、小桥 337 座，出入口一共 13 个，与 2 条国道和 4 条高速公路互相连接。京津塘高速公路是我国国内第一条利用世界银行贷款，按照国际标准兴建的现代化交通工程。系双向四车道、全封闭、全立交的高等级公路。它的全线竣工，打开了首都直达天津港口的快速通道，汽车单程只需一个半小时。它与北京机场、天津机场又构成“海陆空”完整的交通体系。

这条高速公路沿线两侧，有北京市经济技术开发区、河北省廊坊市经济技术开发区、天津经济技术开发区、天津港保税区等 11 个新兴区，初步形成了一条高新技术产业带的新格局。高速公路的人流、物流、信息流、资金流的形成，必将大大加快这一地区的经济发展和对外开放的步伐。

沪（上海）宁（南京）高速公路。沪宁高速公路全线起自上海真如，终至南京马群，是国家“五纵七横”国道主干线沪（上海）蓉（成都）线的重要组成部分，位于我国社会经济较为发达的长江三角洲地区，连接南京、镇江、常州、无锡、苏州及上海六个大中城市，全长约 274 千米，于 1996 年 11 月 28 日正式营运。

沪宁高速公路全长约 258 千米，其中主线约 248 千米，镇江支线约 10 千米，现为双向四车道、全立交、控制出入的高速公路，采用交通部颁布的《公路工程技术标准》规定的高速公路标准建成。沪宁高速公路的主线路基宽 26 米，每个车道宽 3. 75 米，两侧紧急停车带各宽 2. 5 米。镇江以东的沪宁高速公路上两侧各已预留了 4 米宽的土地以供扩展车道之用。沪宁高速公路的设计行车时速为每小时 120 千米，各立交匝道设计时速则为每小时 40～80 千米。

广深珠高速公路。广（州）—深（圳）—珠（海）高速公路横贯珠江三角洲。它东起深圳的皇岗，西至珠海的拱北，途经东莞、广州、佛山、江门、新会、中山等县市，总长 302 千米。广—深—珠高速公路于 1985 年 3 月破土动工，工程估算投资 38 亿人民币。由香港合和实业有限公司与广东省合作兴建。整个工程分三期进行。第一期工程：广州经黄阁至深圳段，全长 122. 8 千米，于 1987 年 4 月动工；第二期工程：建黄阁经新胜至珠海段，全长 136 千米；第三期工程：建新胜至江门段，全长 46 千米。

京石高速公路。京石高速公路是中国第一条全封闭、全立交式高速公路，是北京通往石家庄直至广州、深圳的国家级干道。1991 年 3 月 5 日开工，1993 年 11 月 3 日京石公路西幅全线开通，1994 年 12 月 19 日全线双幅正式通车。

这条高速公路连接了北京、涿州、保定和石家庄，在保定附近与前往天津的保津高速公路互相连接。途径：北京（六里桥—岳各庄—宛平桥—良乡—梨园桥—琉璃河）—涿州—定兴—保定—石家庄。公路北起北京六里桥，南至石家庄市南高营村，全长 269. 6 千米，设计时速为 80 千米至 100 千米。全线为双向四车道，东幅路基宽 13 米至 13. 5 米，路面宽 11. 55 米至 11. 75 米，占地 23 200 亩，总投资 24 亿元。其中河北段全长 224 千米，纵贯河北省中部9个县市、59个乡镇，于1994年建成。

吐—乌—大高速公路。吐鲁番—乌鲁木齐—大黄山高速公路是国家“两纵两横”主干公路的一段。它的建成使乌鲁木齐同北部昌吉回族自治州东五县及阿勒泰地区，东部吐鲁番地区、哈密地区及南疆五地州，直至国内各省区市交通联系更加顺畅。它改善了乌鲁木齐及其周围城镇的投资环境，促进了旅游业的开发，对自治区的社会与经济发展产生了积极影响。

吐—乌—大公路全长283.3千米。分东、北两段：东段吐鲁番至小草湖60.0千米为汽车专用二级公路，小草湖至乌鲁木齐116.2千米为高速公路；北段大黄山至天池路口53.4千米为汽车专用二级公路，天池路口至乌鲁木齐53.7千米为高速公路。高速公路平原区路基宽26米，山区路基宽21.5米，均为全封闭、全立交、双向四车道；汽车专用二级公路路基宽12米，路面宽9米。

施工期为1995年3月至1998年8月，采用国际竞争性招标，按“菲迪克”条款管理，广大建设者经过四年的艰苦奋斗，为我国建设了第一条高标准、高质量、高速度、高效益的样板路。

成渝高速公路。成渝高速公路是国家“八五”重点公路工程，也是利用世界银行货款、实行国际竞争性招标和中外工程师联合监理的大型公路建设项目。1990年9月正式开工，1995年9月建成通车。

公路途经四川盆地腹心地带，连接成都、内江、重庆三大工业城市，途经14个县（市）区，全长340千米，设计为全封闭、全立交，设中央分隔带、单向行驶的四车道公路，路基基宽度21.5米至25米，设计行车时速100千米，设计交通流量每昼夜4万辆。

沪杭高速公路。沪（上海）杭（杭州）高速公路起于上海莘庄，经上海闵行、松江、金山和浙江嘉善、嘉兴、桐乡、海宁、余杭，终于杭州东郊彭埠镇与杭甬高速公路相接，东侧跨越320国道进入浙江省，全长151千米。全线设莘庄、新桥、松江、大港、石湖荡等14座立交桥，采用全封闭、全立交，并设有交通监控、通讯、收费、安全防护、服务区等附属设施，是一条现代化的高速公路，也是世界银行贷款项目。沪杭高速公路是1993年2月国家计委批复同意建设的高速公路，是沪（上海）杭（杭州）甬（宁波）高速公路的重要组成部分。

沪杭高速公路总投资近57亿元，它于1995年9月正式开工，1998年12月29日，沪杭高速公路上海段、浙江段同步建成通车。

6.4　水路运输

水路运输包括内河运输和海洋运输两种形式，由船舶、航道、港口、泊位诸要素构成，凭借水的浮力与机械动力实现客货位移，是历史最悠久的一种现代化运输方式。从1807年罗伯特·富尔顿制造的世界第一艘蒸汽机驱动轮船在哈德逊河下水以来，水路运输借助水的浮力的优势曾占据世界运输的主导地位。随着铁路、公路、航空等现代化运输方式的蓬勃发展以及随之而来的运输竞争，水路运输因受自然环境限制大，一直处于不利地位。当前随着集装箱运输和船舶吨位大型化，水路运输又受到重视。世界仅内河航道就有250多万千米，存在6个内河水运系统：欧洲中部和西部河流系统；法国北部河网；伏尔加—顿河河网；亚马逊河网；巴拉圭河网；中国河网。水运的基本优势：

一是线路投资少。江河、湖、海为水运提供了天然、廉价的航道，只要稍加治理，建立一些轮船泊位和装卸设备，便可供船只通航。据估计，内河航道单位基建成本只有公路的1/10、铁路的1/100。

二是运载量大。因受惠于水的浮力，水运比其他陆上运输有较大的载运量。内河驳船运载量一般相当于普通列车的3～5倍。最大的矿石船可达28万吨，超巨型油轮可达50万吨级。

三是运输成本低。由于线路投资少和运载量大，美国内河航运成本分别为铁路运输和公路汽车运输的1/5和1/35，海运分别为铁路和公路运输的1/8和1/53。

水运最大的弱点是受自然环境限制大，主要是：① 灵活性差，水运网的分布是自然结果，往往与运输的经济要求不一致，而且很少能直线行驶；航道往往因河流枯水、冰冻以及大风和浓雾而要中止交通；② 送达速度慢，船舶的技术速度慢（只有汽车的1/2、火车的1/3），在港停泊的时间长（约几天到十几天），有些货物要几个月甚至半年才能送到用户手中。因此，水运最适于大型、笨重、大宗货物的长距离运输。但在承运的货物上，水运与铁路运输有一定分工，前者更适于煤炭、矿石、谷物散货运输，后者则适于承运需要迅速而准时到达、并已捆包成件的货物。随着集装箱运输的发展和船舶的大型化、高速化，水运条件大大改善，在西欧、北美的一些国家，水运占有相当的重要地位。

中国幅员辽阔，大陆海岸线18 000多千米，岛屿海岸线14 000多千米，流域100平方千米以上的天然河流有5 000多条，大小湖泊有900多个。中国是世界上水路运输发展较早的国家之一。据记载，中国在公元前2500年已经制造舟楫从事水运。早在商代即已出现帆船运输。春秋吴国阖闾九年，开凿了世界上第一条运河——胥溪，全长100多千米。秦始皇三十三年，挖成长30多千米的灵渠，连接长江和珠江两大水系。举世闻名的大运河，肇始于春秋吴国，以后经历代特别是隋、元两代的大规模开凿，沟通了钱塘江、长江、淮河、黄河、海河五大水系，长1 794千米。8～9世纪，唐代对外运输丝绸及其他货物的船舶，直达波斯湾和红海之滨，被誉为“海上丝绸之路”。12世纪初，中国首先将指南针应用于航海导航。15世纪初至30年代，明朝航海家郑和率领巨大船队七次下西洋，经过亚洲、非洲30多个国家和地区。凡此表明，在一个相当长的历史时期内，中国水路运输事业不论在对本国的经济文化发展方面，还是在开展对外贸易和国际交流方面，均起着十分重要的作用。明、清时期，实行海禁和闭关锁国政策，尤其是自1840年鸦片战争开始的帝国主义入侵后，中国水运事业的发展受到了阻碍。

新中国成立后，中国水运事业获得了很大的发展。目前中国的商船已航行于世界160多个国家和地区的400多个港口。内河全国通航里程达11万千米，以长江、珠江、黑龙江、京杭运河和淮河航运最为发达。内河运输大约完成水上客运周转量的70%以上；沿海运输既是我国南北的水上大通道，又是沿海各省市地区交流的重要方式，大约完成水上客货周转量的20%～30%；远洋运输发展最快，前景最为广阔，我国远洋运输船队已航行于100多个国家和地区的400多个港口，并被联合国海事组织确认为A类理事国，成为世界上主要海运国之一，远洋运输完成我国水上运输货运周转量的70%左右。

改革开放以来，中国水运建设与发展实现了历史性突破，中国已成为世界航运大国和港口大国。

2010年，全国完成水路客运量2.24亿人、旅客周转量72.27亿人千米，分别增长0.3%和4.2%；全国完成水路货运量37.89亿吨、货物周转量68 427.53亿吨千米，分别增长

18.8%和18.9%。到2010年年底，全国拥有水上运输船舶17.84万艘，比上年末增长0.8%。

2011年，全国累计完成水路客运量和旅客周转量分别为2.46亿人和74.53亿人千米，累计完成水路货运量和货物周转量分别为42.60亿吨和75423.84亿吨千米。到2011年年底，全国拥有水上运输船舶17.92万艘。近年来，中国水运业已形成了布局合理、层次分明、功能齐全、优势互补的港口体系；同时，全国高等级航道网也基本形成。截至2011年年底，我国港口拥有生产用码头泊位31968个。其中，全国港口拥有万吨级及以上泊位1762个。

水路运输是综合运输体系的重要组成部分。作为传统且仍处于发展中的运输方式，水路运输为中国国民经济和社会发展作出了巨大贡献。水路交通对中国国民经济、对外贸易和区域经济社会的发展起到了重要支撑作用。

未来中国水运业发展前景整体上还是很明朗的。到2020年，中国将实现水运业的现代化，将实现由海洋大国、航运大国向航运强国的转变。

6.4.1　内河运输地理

1. 内河运输概况

内河运输是指在一条河流（包括运河）上或通过几条河流的运输，一般为国内运输。2000年我国内河货运量完成6.87亿吨，货物周转量完成1551.2亿吨千米，内河水运平均运距225.7千米。我国现有的内河航道中起重要作用的是“三江两河”，即长江、珠江、黑龙江（包括松花江）航线以及淮河、京杭大运河航线。

2. 长江流域航运地理

长江是中国第一大河，是世界著名河流之一，发源于青藏高原唐古拉山脉主峰各拉丹东雪山的西南侧（北纬33°28′，东经91°08′），干流流经青、藏、川、滇、渝、鄂、湘、赣、皖、苏、沪11省区市，注入东海。全长约6300千米（若以当曲为源头，长江全长应为6403千米），仅次于亚马逊河和尼罗河居世界第三位。流域介于北纬24°30′～35°45′，东经90°33′～112°25′，面积180余万平方千米（不包括淮河流域），约占全国土地总面积的1/5。年均入海水量达1万亿立方米，占中国河川径流总量的36%左右，居世界第三位，仅次于亚麻逊河和刚果河，相当于黄河水量的20倍。

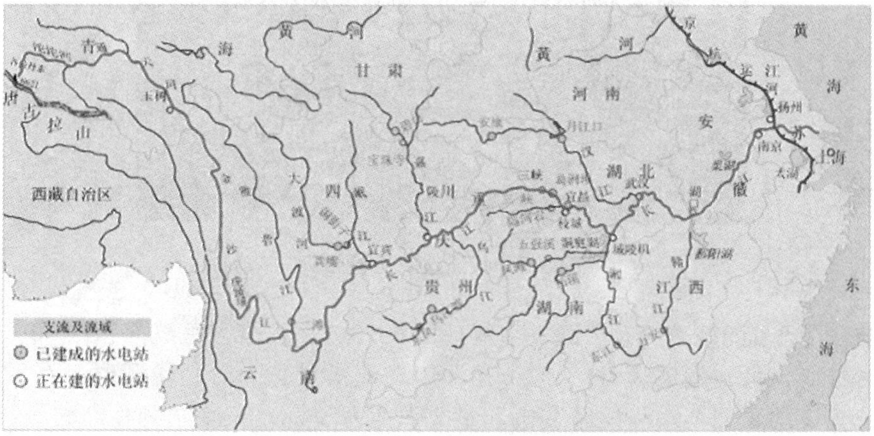

图6-4　长江水系示意图

从江源至湖北宜昌为上游，长约4 500千米，流域面积100万平方千米。河道经过高原山区和盆地，金沙江和三峡河段多高山深峡，水流湍急。气候分属青藏高寒区和亚热带季风区。主要支流有雅砻江、岷江、嘉陵江、乌江等。

宜昌至江西湖口为中游，长938千米，流域面积68万平方千米，其中枝城至城陵矶河段习称荆江，荆江河道蜿蜒曲折，又有“九曲回肠”之称。主要支流有清江、洞庭“四水”（湘资沅澧）、汉江、鄱阳“五水”（赣抚信饶修）等。

湖口以下至长江口为下游，长835千米，流域面积13万平方千米。安徽省大通以下受海潮影响，水势和缓。江苏省江阴至长江口为河口段，江面宽由1 200余米扩展至91千米，呈喇叭状。主要支流有青弋江、水阳江、滁河、秦淮河、黄浦江等。淮河的大部分水量也经京杭运河汇入长江。

长江是中国最重要的内河航运大动脉。长江水系有通航河道3 600余条，通航总里程5.7万余千米，占全国内河通航总里程的52.6%，其中1 000吨级以上航道3 042千米，长江干流河道与京杭运河共同组成中国最大的内河水运网。宜宾新市镇以下2 900多千米可全年通航轮船；重庆—宜昌段可通行1 500吨级船舶；宜昌—汉口段可通行3 000吨级船舶；汉口—南京段可通行5 000吨级船舶；南京—吴淞口可通行万吨级海轮。洪水期万吨海轮可由长江口驶抵汉口，2万吨级海轮可乘潮驶抵南京。三峡电站建成后，万吨巨轮可达重庆。有数据表明，长江水系通航里程与水运量分别占全国的53%和80%，而且其货运量已超过德国莱茵河和美国密西西比河，居世界之首。长江航运资源的开发利用对长江流域的经济发展具有重要的意义。

长江水系发育，支流数以千计，流域面积1万平方千米以上的支流有49条，嘉陵江、汉江、岷江、雅砻江4大支流的流域面积均在10万平方千米以上。长江中下游是中国淡水湖分布最集中的地区，主要有鄱阳湖、洞庭湖、太湖、巢湖等，与京沪、京广、京九、焦枝、川黔、成昆等铁路相交，是我国最重要的内河航道与水路联运干线。

图6-5　长江上的运输船只

长江流域灌溉面积1 467万公顷，占耕地的63.3%，占全国灌溉面积的30%。长江流域水能资源极富，可开发量达1.97亿千瓦，年发电量可达1万亿千瓦时，在世界上仅次于巴西。已建成的葛洲坝水利枢纽装机容量271.5万千瓦，三峡水利枢纽将装机1 820万千瓦，居世界之首。长江流域是中国重要的经济发达地区。

长江沿岸自上而下的重要港口有14个，即重庆、宜昌、沙市、城陵矶、武汉、黄石、九江、安庆、芜湖、马鞍山、南京、镇江、南通和上海，其中重庆、武汉、南京分别为上、中、下游最大的港口。长江货流构成以煤炭、粮食、石油、冶炼物资为主。下水运量大于上水运量。上水商品主要有机械设备、日用工业纺织品、石油及石油制品、食盐等；下水商品主要有粮食、棉花、食油、煤炭、矿产品、土特产品等。

3. 淮河流域航运地理

淮河流域地处我国东部，介于长江和黄河两流域之间，位于东经 111°55′～121°25′，北纬 30°55′～36°36′。淮河全长 1 050 千米，其中通航里程为 696 千米，流域面积为 27 万平方千米。流域西起桐柏山、伏牛山，东临黄海，南以大别山、江淮丘陵、通扬运河及如泰运河南堤与长江分界，北以黄河南堤和泰山为界与黄河流域毗邻。

淮河流域包括湖北、河南、安徽、山东、江苏五省 40 个地（市）、181 个县（市），总人口为 1. 65 亿人，平均人口密度为每平方千米 611 人，是全国平均人口密度（每平方千米 122 人）的 4. 8 倍，居各大江大河流域人口密度之首。

内河航运有年货运量居全国第二的南北向的京杭大运河，有东西向的淮河干流，平原各支流及下游水网区内河航运也很发达。货运构成以煤炭、粮食和日用工业品为主。蚌埠是淮河上最大的港口。流域内公路四通八达，近几年高等级公路建设发展迅速。连云港、石臼等大型海运码头，不仅可直达全国沿海港口，还能通往韩国、日本、新加坡等国家和地区。

4. 珠江流域航运地理

珠江是中国第三大河。珠江是西江、北江和东江的合称。珠江流域跨越滇、黔、粤、桂、赣和湘等省区，位于北纬 21°31′～26°29′，东经 102°15′～115°53′，流域呈扇状辐射，但各水系呈树枝状分布。

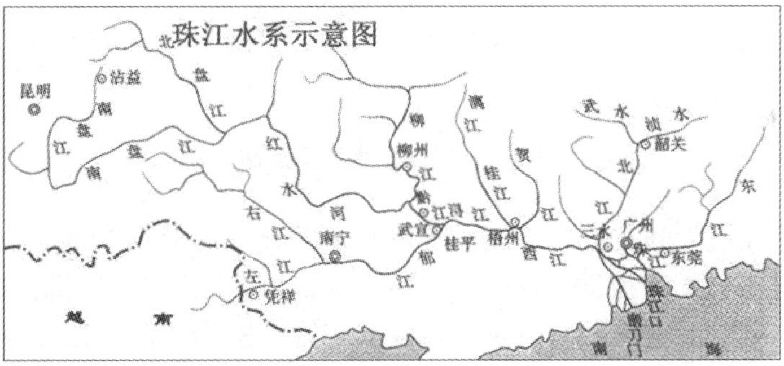

图 6-6　珠江水系示意图

流域内各河流水量充沛，河道稳定，具有良好的航运条件。现有通航河道 1 088 条，通航总里程 14 156 千米，约占全国通航里程的 13%，年货运量仅次于长江居第二位。珠江流域总面积 45. 26 万平方千米（其中包括越南境内的 1 万多平方千米）。这里人口稠密，经济发达，森林、矿藏资源较丰富，水量极为丰富。西江是珠江水系主要的内河航运干线，万吨巨轮可达广州港。

主要货物运输构成有：粮食、煤炭、石油、木材、有色金属、建筑材料、食盐和日用工业品等。主要港口有广州、梧州、桂林、柳州、南宁等。

5. 黑龙江、松花江流域航运地理

黑龙江是世界大河之一，流经中国东北部，位于北纬 47°40′～53°34′，东经 121°28′～141°20′，全长 4 370 千米，居世界第 11 位，流域面积达 184.3 万平方千米，占世界第 10 位。

在中国境内的流域面积约占全流域的 48%，包括黑龙江省和吉林省的大部以及内蒙古自治区的一部分。黑龙江流域地跨中国、俄罗斯和蒙古三个国家，下游在俄罗斯境内。

黑龙江的支流共约 200 余条，其中较大的有松花江、乌苏里江等。但因纬度高，每年有半年封冻期，再加上流域内经济不发达，故航运量不大。主要运输货物有粮食、木材、煤炭。黑河是最大的港口。

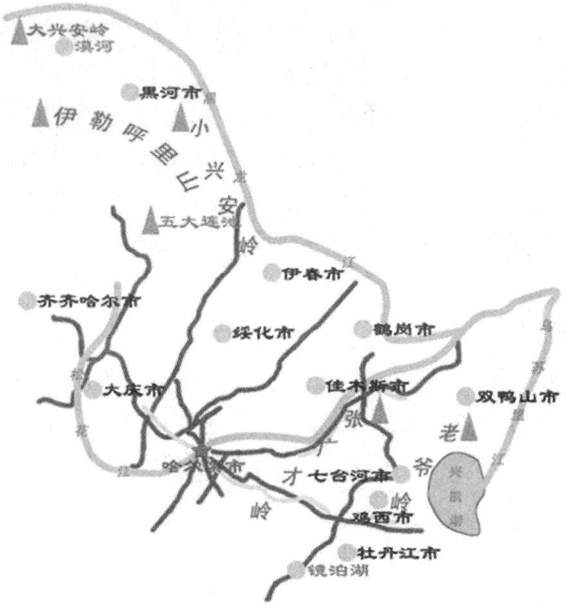

图 6-7　黑龙江水系示意图

松花江为黑龙江最大的支流，流经中国东北地区北部，全长 1 657 千米，流域面积 55 万余平方千米，仅次于长江和黄河，居全国第三位。松花江是中国东北境内航运价值较大的河流，干流哈尔滨以下丰水期可通航千吨以下江轮。松花江正源在吉林市以下江段，洪水期可通航 200 吨以下驳船。开江后和封江前的短暂流冰期不能航行。主要港口有哈尔滨、佳木斯、牡丹江等。

6. 京杭大运河航运地理

京杭大运河是世界上开凿最早、里程最长、工程最大的运河，北起北京通县，南到杭州，全长 1 747 千米。京杭运河对中国南北地区之间的经济、文化发展与交流，特别是对沿线地区工农业经济的发展和城镇的兴起均起了巨大的作用。

京杭运河自北而南流经京、津、冀、鲁、苏、浙等六省市。贯通海河、黄河、淮河、长江、钱塘江和一系列湖泊。

目前，大运河济宁段以北河段，因水源不足，未能发挥航运效益。济宁以南至杭州河段，已建成 16 座通航梯级，其中大型船闸 12 座。运河及其沿岸河流、湖泊已节节设闸控制，洪水期调泄，枯水期补给，江水北调工程已初具规模。徐州以南河段，船闸年通过船舶吨位已达1370万吨，年货运量达5500万吨。

图6-8　京杭大运河

中华人民共和国成立后，于1953年和1957年兴建江阴船闸和杨柳青、宿迁千吨级船闸，开始了对大运河的部分恢复和扩建工作。1959年以后，结合南水北调工程，重点扩建了徐州至长江段400余千米的运河河段，使运河单向年通过能力达到近8000万吨，并扩大了沿岸灌溉面积和排涝面积。但由于黄河改道，造成河道淤积等原因，到2012年只有山东济宁以南到杭州可以通航，济宁以北至京津河道自20世纪70年代始就已经完全断航。

2006年05月25日，京杭大运河作为中国春秋至清时期的伟大工程，被中国国务院批准列入第六批全国重点文物保护单位名单。2011年底，山东省政府出台《关于贯彻国发［2011］2号文件关于加快内河水运发展的意见》，要求积极推进大运河“穿黄工程”和黄河以北段复航工程的研究。这个文件一度被外界解读为“大运河将在2020年南北贯通”。但直到2012年年底，大运河的复航仍然没有明确的时间表。

7. 内河主要港口分布

我国内河港口分布比较广泛，其中重要的内河港口有以下几个。

（1）南京港。南京港位于我国沿长江、东部沿海“T”型经济发展战略带结合部和水运、公路、铁路主要运输通道交汇点，是长江三角洲地区的主枢纽港。经过改革开放以来的发展，今天的南京港已成为我国华东地区及长江流域多功能的江海型港口，年货物吞吐量已达近6000万吨。

南京港始建于1984年，是中国内河第一大港。南京港区江阔水深，海岸线稳定，辖区全长98千米，长江大桥以下常年可航行万吨级远洋轮船。1986年3月，国务院正式批准南京港对外国籍船舶开放。

南京港“十二五”期间立了三大发展目标：一是要保持南京港在长江全线港口企业中的领先地位。建成长江集装箱转运中心、长江沿线最大的煤炭中转储存配送基地、石油化工中转基地和外贸散杂货中转基本港，力争2015年港口集团货物吞吐量达到亿吨，集装箱吞吐量达到300万TEU；2020年港口集团货物吞吐量达到1.8亿吨，集装箱吞吐量达到

400 万 TEU。二是建成南京长江国际航运物流中心核心枢纽。“十一五”期跨“十二五”，全面建成龙潭港区，开发建设七坝港区和西坝港区，并对老港区进行技术改造，使港口规模和能力快速提升，充分发挥作为航运枢纽、物流中枢和承接国际资本与产业转移新平台的作用。三是打造南京都市圈大物流平台。通过重组改制和战略合作，创新资本合作及融资渠道，整合南京市及周边港口资源。

图 6-9　南京港

（2）武汉港。武汉港地处长江中游，是交通部定点的水铁联运主枢纽港，在国家中部崛起战略、黄金水道和武汉航运中心建设中地位极为重要，最大靠泊能力 5 000 吨级，一次系泊能力 70 万吨，设备最大起重能力 50 吨，集装箱吞吐能力 50 万标箱，货物吞吐能力 3 000 万吨。

改革开放以后，武汉港进入了科技兴港的发展时期，建成码头泊位 5 个，仓库面积 2. 3 万平方米，水泥地坪货场 10 万平方米；延伸铁路专用线 855 米；新建锚泊基地 17 座，其中天兴洲锚地长 10 150 米，宽 250 米，水域总面积 753. 8 万平方米，一次可停泊 150 艘以上驳船，是长江干线最长的锚地之一。

（3）重庆港。重庆是中国四大直辖市之一。重庆港位于四川省重庆市长江与嘉陵江交汇处，是长江上游唯一的水陆联运对外贸易港口。顺流下行 2 399 千米到上海，溯江而上 372 千米达宜宾，沿嘉陵江上行 325 千米至南充。

重庆港是国家一类口岸，主要从事港口装卸、客货运输、水陆中转、仓储服务、物流配送、酒店旅游等多种综合性经营服务。港口年货运综合通过能力 900 万吨，年客运旅游通过能力近 1 000 万人次，码头泊位 114 个，堆场面积 35 万平方米，拥有年通过能力为 10 万 TEU 的国际集装箱专用码头、年通过能力为 10 万辆的汽车滚装码头和全国内河港口最大的 400 吨级特大重件装卸作业线等 17 座现代化货运码头和 16 座客运旅游码头，现有资产 18 亿元。重庆港水陆交通便利，是长江中上游物资集散的重要港口，被列为全国内河主要港口。

（4）宜昌港。宜昌港位于长江中上游交汇处，葛洲坝和三峡大坝均在港辖区内。宜昌港港区自然岸线长度30千米，陆域面积75万平方米，水域面积2168万平方米，码头泊位74个，总延长3652米，最大靠泊能力1500吨级；仓库面积1.67万平方米，堆场面积11.3万平方米，候船室面积392平方米；装卸机械194台，其中起重机21台，最大起重能力40吨；职工人数3022人，固定资产原值6861万元。

（5）黄石港。黄石港位于长江南岸，上距武汉143千米，下达上海982千米。港口地理位置优越，气候水文条件良好，港湾坡岸稳固，江水平阔深泓，港池无冰冻史。

黄石港的直接经济腹地为黄石市，间接腹地为黄冈市、鄂州市以及咸宁地区。黄石港货物种类以金属矿石、钢铁、水泥为主。预测2020年黄石港货物吞吐量总水平为2081万吨（包括14万TEU集装箱）。

（6）佳木斯港。佳木斯港是中国一类口岸、黑龙江省内第二大内河港口口岸、松花江第二大港。它位于东北亚中心地带，中、俄、蒙、日、韩五国的结合部，港口陆域面积达50万平方米。航运上可达哈尔滨、吉林、依兰等地，下可与黑龙江和乌苏里江航道相通，是黑龙江、松花江、乌苏里江三江水陆换装的重要枢纽。

到2012年年底，港内有36个千吨级泊位，设计吞吐能力达700万吨。由佳木斯港始发，沿松花江下行入黑龙江，从俄罗斯马嘎、庙街等港口出海，可直达日本和东南亚各国。

6.4.2　海上运输地理

我国东临太平洋，海上运输条件十分优越。海上运输是我国水上运输的重要组成部分，通常分为沿海运输和远洋运输两部分。

沿海运输分北方和南方两大航区。北方航区以上海、大连为中心；南方航区以广州为中心。目前，我国沿海主要港口有20多个，其中上海港是世界十大贸易港口之一，年吞吐量超过亿吨。中国还有一支运力达2200万载重吨的远洋运输船队，航行在世界1100多个港口。

船舶方面，截至2011年，我国拥有海上商船3227艘，载重吨1.06亿吨，占世界总载重吨的7.9%，总载重吨位在世界排名居第4位，仅次于希腊、日本和德国。我国大陆船公司拥有的海上商船数量，占世界海上商航总量的5.4%，排名世界第四。我国两个最大的集装箱航运公司——中远集装箱公司和中海集装箱公司，其集装箱船舶拥有量分别居世界第7位和第15位。

港口吞吐量方面，2012年，我国规模以上港口完成货物吞吐量97.4亿吨。2000—2012年期间，年均净增6.7亿吨，年均增长15.7%。其中，沿海港口完成货物吞吐量66.2亿吨，比2000年净增53.7亿吨，2000—2012年期间，年均净增量4.5亿吨，年均增长14.9%。

与此同时，中国港口外贸货物吞吐量规模也在同节奏提升。2012年，中国规模以上港口完成外贸货物吞吐量30.1亿吨，2000—2012年期间，年均净增2亿吨，年均增长14.9%。其中，沿海港口完成外贸货物吞吐量27.4亿吨，比2000年净增22.2亿吨，2000—2012年期间，年均净增1.8亿吨，年均增长14.8%。2012年，全国规模以上港口的外贸货物吞吐量占货物吞吐总量的30.9%，其中，沿海港口这一比例高达41.4%。

中国港口吞吐量规模遥遥领先于其他国家，世界级大港不断涌现。2012 年，中国货物吞吐量过亿吨的大港有 29 个，其中，沿海有 19 个，宁波—舟山港货物吞吐量连续 5 年居世界第一位。

在 2012 年，世界港口货物吞吐量排名中，前 10 大港口中中国占 8 个，且这 8 个港口近十年年均增速远高于其他 2 个港；集装箱吞吐量排名中，前 10 大港口中中国内地占 6 个，这 6 个港口近十年年均增速总体也远高于其他 4 个港口。

集装箱运输近 10 年来发展最快、成绩最显著。从 1978 年中国远洋运输总公司开辟了我国第一条集装箱班轮运输航线——上海至澳大利亚航线，我国海洋集装箱运输从无到有，从小到大，发展迅速。截至 2011 年，中国拥有集装箱船 332 艘，集装箱位 77 万 TEU，集装箱箱位占世界总箱位的比重为 5.5%，在世界排名中仅次于德国、日本和丹麦，居第 4 位。2011 年，集装箱船拥有量居世界前 20 位的航运公司中，中国内地有 2 家，分别为中远和中海，分别居世界第 4 位和第 8 位。集装箱吞吐量超过 500 万 TEU 的港口达到 10 个，其中，上海港集装箱吞吐量连续 3 年稳居世界第一。

随着海洋运输业的发展，我国港口企业在世界港口业中的地位不断上升。1999 年以前，我国沿海港口中只有上海港吞吐量超过亿吨。

到 2011 年年底，上海港突破 7 亿吨大关，成为货物吞吐量世界第四、集装箱吞吐量世界第八的港口。2010 年上海港货物、集装箱吞吐量均位居世界第一，荣获中国世界纪录协会世界货物吞吐量最大的港口世界纪录。如今广州港、宁波港、天津港、秦皇岛港也跨入亿吨大港行列。

1. 沿海运输

（1）北方航区。北方航区以上海、大连为中心。北方航区开辟的路线有上海—青岛—大连、上海—烟台—天津、上海—秦皇岛、上海—连云港、上海—宁波—温州、大连—石岛—青岛、大连—烟台、大连—龙口、大连—天津等航线。

北方航区运量较大，占有突出的地位。南下的货物以煤炭、石油、钢铁、木材为主；北上的货物主要以磷矿石、粮食、机械设备、日用工业品、纺织品、食糖等为主。

（2）南方航区。南方航区以广州为中心。南方航区开辟的航线有广州—汕头、广州—海口、广州—湛江、广州—厦门等航线。

南方航区北上货物以运输农产品、矿石、橡胶、食糖为主；南下货物以煤炭、食盐、机械设备、日用工业品等为主。

2. 主要远洋航线

（1）东行线。东行航线主要由我国沿海北方航区的各港口出发东行到日本，并经日本东渡太平洋抵达北美和拉美各国，然后再通过巴拿马运河到达加勒比海地区和北美、拉美各国的东海岸。出口以煤、石油、丝织品和农副产品为主；进口以钢材、机械设备、粮食、铁矿石等为主。

（2）西行线。西行航线是一条非常重要的航线，由我国各港口出发，先经南再往西航行，穿过马六甲海峡进入印度洋，经红海、过苏伊士运河，入地中海，出直布罗陀海峡，进入大西洋。还有一条航线，经印度洋，绕过非洲南端的好望角，进入大西洋。西行航线可达南亚、西亚、非洲、欧洲各国港口。这条远洋航线的运输十分繁忙，进口货物主要是机械、电子产品、冶金、化工设备等；出口货物主要是纺织品、机械和农副产品等。

（3）南行线。南行航线由我国沿海港口出发，南行到东南亚、澳大利亚和新西兰等地。进口以橡胶、矿石、土特产为主；出口以纺织品、轻工产品和钢材为主。

（4）北行线。主要由我国北方航区各大港口北行，可到达韩国、朝鲜、俄罗斯等国。

6.4.3　主要港口布局

港口是港地、航道、外堤、码头、库场、起重机械、交通联络线等各种建筑物、构筑物和设备的统一体，是水运的起点和终点。

港口分类方法很多，按用途可分为商港、军港、渔港和避风港四类；按其所在的地理位置又可分为海岸港、岛港、河口港、内河港等。无论哪种港口，其经济价值之大小，往往取决于港口的经济地理位置、腹地大小、经济发达程度、自然条件等因素。

目前世界上进行国际贸易的港口有3 000多个，其中吞吐量超过1亿吨的有鹿特丹、纽约、神户、横滨、上海等港口。其中鹿特丹港年吞吐量超过3亿吨，成为世界第一大港。

沿海岸线，有许多优良海湾和港口城市，自北而南有大连、秦皇岛、天津、烟台、青岛、连云港、南通、上海、宁波、温州、福州、厦门、广州、湛江、北海等。中国的港口建设以扩大港口煤炭、石油、矿石、粮食等大宗货物吞吐能力及后方集疏运通路为重点，加快装运卸系统建设，建设干线与支线衔接、装卸配套技术先进的集装箱运输系统，同时强化老港口技术改造，提高吞吐能力和效率。

目前，我国共有年吞吐量1 000万吨以上的海港15个，其中上海、青岛、深圳、天津和广州港已进入世界50大集装箱各类港口行列之中。我国港口生产经营形势稳定，货物吞吐量、外贸吞吐量、集装箱吞吐量等主要指标继续保持增长态势。2012年1～6月份，全国规模以上港口完成货物吞吐量474 354万吨，同比增长7.2%。其中，沿海港口完成327 586万吨，同比增长8.4%；内河港口完成146 768万吨，同比增长4.6%。2012年1～6月份，全国规模以上港口完成货物吞吐量80 919万吨，同比增长6.5%。其中沿海港口完成54 587万吨，内河港口完成26 332万吨。

1. 北方主要港口

我国北方沿海地区主要港口有丹东、营口、大连、秦皇岛、天津、龙口、烟台、日照、威海、青岛等。

（1）丹东港。丹东港位于辽东半岛东北部、鸭绿江入海口西岸，南临黄海毗邻大连，东与朝鲜半岛隔江相望，水上距朝鲜南浦港119海里，距韩国仁川港232海里，距日本神户港844海里，是我国大陆海岸线最北端的国际贸易商港，也是我国与朝鲜半岛及日本列岛距离最近的港口之一，直接经济腹地为丹东市和本溪市。丹东市工业基础较为雄厚，工业以轻工，电子，机械为主，本溪为东北第二大钢铁基地。

丹东港港口水陆交通畅达，已形成较完备的立体交通网络。港区铁路连接沈丹、京哈、长大等干线，并经鸭绿江大桥与朝鲜半岛铁路相通，可担负国际联运任务。公路以沈丹高速、丹霍、鹤大、大盘为干线，通向省内外各地。民航有定期航班直达上海、三亚、深圳等城市。

丹东港现辖大东（海港）和浪头（河港）两个港区，共有生产性泊位13个，总设计吞吐能力每年711万吨。其中，公用生产性泊位11个，5万吨大型散货船舶泊位2个，设计能力每年496万吨；货主专用码头2个，设计吞吐能力每年215万吨。

（2）大连港。大连港始建于1899年，距今已有百余年的历史。大连港集团有限公司成立于2003年4月，是政企分开后以原大连港务局为主体而组建的国有独资公司，注册资本40亿元，企业资产总额203亿元。2005年11月成立大连港股份有限公司，2006年4月H股成功在香港上市，大连港在建立股权多元化的现代化企业方面实现了新的历史性突破。2006年，大连港集团实现货物吞吐量1.45亿吨，完成集装箱吞吐量321万标准箱。2011年大连港集团两项主要生产指标双双创下新高。全年完成货物吞吐量2.67亿吨，同比增加3152.2万吨，增幅为13.4%，超额完成年度计划815.1万吨；集装箱箱量完成635.1万标箱，同比增加110.9万标箱，增幅为21.2%，超额完成年度计划5.1万标箱。

大连港现有7个专业装卸作业区，48个泊位，最大水深为17.5米；港口水域面积为310多平方千米，陆地面积为4.7平方千米，仓库40座，面积27万平方米，货场86万平方米。

图6-10　大连港

（3）秦皇岛港。秦皇岛港地处渤海之滨，扼东北、华北之咽喉，是我国北方著名的天然不冻港，是国家唯一直接管理的港口，也是世界上最大的煤炭输出港之一。这里海岸曲折，港阔水深，风平浪静，泥沙淤积很少，万吨货轮可自由出入。

早在1898年，秦皇岛就被清政府辟为商埠，以运输外运开滦煤为主。现在，有京哈铁路和铁岭—秦皇岛—北京输油管通过。大同至秦皇岛运煤专用电气化铁路的配套工程——秦皇岛港煤码头三期工程的建成，已使秦皇岛港成为世界最大能源输出港，也是我国以煤炭、石油输出为主的综合性港口。秦皇岛港的年吞吐量仅次于上海港，是全国第二大港口。秦皇岛港是世界第一大能源输出港，是我国“北煤南运”大通道的主枢纽港，担负着我国南方“八省一市”的煤炭供应，占全国沿海港口下水煤炭的50%。

（4）天津港。天津港位于华北平原海河入海口，是中国最大的人工港和我国北方重要的对外贸易口岸。天津港的历史最早可以上溯到汉代，自唐代以来形成海港。1860年正式对外开埠，是我国最早对外通商的港口之一。塘沽新港始建于1939年，新中国成立后经过三年恢复性建设，于1952年10月17日重新开港通航。

截至2012年年末，我国北方最大的综合性港口天津港货物吞吐量全年完成4.76亿吨，集装箱吞吐量完成 1 230 万标准箱，分别同比增长 5.3% 和 6.2%，双创历史最高水平。

2012 年，天津港新增集装箱航线 15 条，9 条航线船型升级、航班加密；4 家船公司新开环渤海内支线，运量增长 30%；新建 2 个区域营销中心和 3 个无水港，初步形成了包括 4 个区域营销中心和 23 个无水港较为完善的内陆物流网络；开展汽车物流、冷链物流、矿石配送等业务，拓展了港口功能。天津港集团全年完成营业收入 251 亿元，资产总额超过千亿元。

天津港现有水域面积近 200 平方千米，陆域面积 47 平方千米，规划到 2010 年港口陆域总面积达 100 平方千米。目前，天津港航道可进出 20 万吨级船舶，水深 17.4 米。天津港主要分为北疆、南疆、东疆、海河四大港区，天津港集团公司所属公用泊位 76 个，岸线长度 15.6 千米。北疆港区以集装箱和件杂货作业为主。南疆港区以干散货和液体散货作业为主。海河港区以 5 000 吨级以下小型船舶作业为主。东疆港区为天津港已建成的新港区，面积为 30 平方千米，位于天津港东北部，北临永定新河口，南临天津港主航道，西临规划反“F”航道，东临渤海湾海域，为浅海滩涂人工造陆形成的三面环海半岛式港区。港区南北长约 10 千米，东西宽 3 千米，总面积约 30 平方千米。它是天津港的重要组成部分，也是东疆保税港区的坐落地，是天津市建设中国北方国际航运中心和国际物流中心、发展港口经济和海洋经济的重要载体，也是推进天津滨海新区开发开放和改革试验的重点区域。

天津港有着独特的区位优势。天津港处于京津城市带和环渤海经济圈的交汇点上，是首都北京的海上门户，北京经海运外贸进出口总值的 90% 以上经天津港下水。天津港也是环渤海中与华北、西北等内陆地区距离最短的港口，综合运输成本最低。天津港经济腹地广阔、发展潜力巨大。目前，天津港能够服务和辐射的范围包括京津冀及中西部地区的 14 个省区市，总面积近 500 万平方千米，占全国面积的 52%。天津港 70% 左右的货物吞吐量和 50% 以上的口岸进出口货值都来自天津以外的各省区，对腹地的辐射力和影响力较强。随着环渤海经济的振兴、中部崛起和西部大开发的推进，天津港腹地经济发展潜力巨大，为天津港提供了良好的条件。

（5）青岛港。青岛港位于山东省半岛胶州湾畔，毗邻黄海，胶州湾水域面积 420 平方千米，终年不冻不淤、浪小涌缓，拥有天然的深水航道，内航道水深 17 米以上，外航道水深 21 米，是中国少有的天然良港。

青岛港拥有码头 14 座，泊位 72 个，岸线总长 13 149 米，其中，营运码头 12 座，营运泊位 52 个（万吨级以上泊位 30 个）；拥有我国内地港口规模最大的集装箱 EDI 系统，最大的集装箱专用泊位，最大的 20 万吨级矿石海上过驳设施和一流设备的煤炭码头；拥有各类装卸机械 690 多台，港内作业船舶 50 多艘，陆上最大起重能力 150 吨，海上最大起重能力 320 吨。港口采用雷达导航、800 兆集群通讯、卫星通讯等现代化通信手段。

青岛港与世界上 150 多个国家和地区的 450 多个港口有贸易往来。交通运输十分便利，铁路运输通过胶济线和胶黄线与全国铁路运输网相连；公路运输通过济青、环胶州湾、青烟高速公路与全国公路运输网相连。港口经济腹地宽广，是中国沿黄流域和环太平洋西岸重要的中转港、国际贸易口岸和海上运输枢纽。青岛港在全国沿海港口中率先建成了世界级的集装箱、铁矿石、原油等大码头，港口资产由 1.8 亿元增值裂变到 217 亿元。集装箱作业效率、铁矿石卸船效率居世界港口第一。已有 9 家世界 500 强企业落户青岛港。2012 年，青岛港吞吐量完成 4.02 亿吨，集装箱吞吐量完成 1450 万标准箱。在全球港口吞吐量明显放缓的“失速”之年，青岛港逆境突围实现了9.5%的增长，稳居全国第五、全球第七大港。

2. 华东沿海港口

我国华东地区主要港口有连云港、张家港、上海、宁波、舟山和温州。

（1）连云港。连云港港位于黄海之滨，与韩国、日本等国家主要港口相距在500海里的近洋扇面内，现为江苏最大海港、苏北和中西部最经济便捷的出海口、新亚欧大陆桥东桥头堡，是以腹地内集装箱运输为主，并承担亚欧大陆间国际集装箱水陆联运的重要中转港口，也是集商贸、仓储、保税、信息等服务于一体的综合性大型沿海商港。

该港拥有生产性泊位30多个，其中万吨级以上泊位25个，包括煤炭、集装箱、木材、粮食、危险品等专业码头，泊位岸线6273米，年设计吞吐能力3100万吨。目前已形成老港区、庙岭港区、墟沟港区三大港区，已经成为一个初具规模、大中小泊位配套、散杂货与集装箱并举、运输功能齐全、内外贸兼顾、以外贸运输为主的综合性国际贸易运输枢纽港。

国家实行西部大开发战略以来，连云港港这座有60多年历史的海港成了我国中西部地区最便捷的进出口通道。中国中西部地区有14个省把连云港港作为进出口的窗口。近年来，连云港港口积极引进国内外船舶公司开通新航线，加大班轮密度，新增地中海航线、美西ANW1航线、日本关东航线、东南亚航线等4条近远洋干线和厦门、福州内贸航线，成功实现外资班轮公司达飞、以星与中海集运在欧洲二线上的舱位互换。随着长荣、东方海外班轮公司入驻连云港港，世界班轮公司20强中已有14家来连云港港经营干支线集装箱物流业务。

（2）上海港。上海港位于长江三角洲前缘，居我国18000千米大陆海岸线的中部，扼长江入海口，地处长江东西运输通道与海上南北运输通道的交汇点，是我国沿海的主要枢纽港，也是我国对外开放、参与国际经济大循环的重要口岸。上海市外贸物资中的99%经由上海港进出，每年完成的外贸吞吐量占全国沿海主要港口的20%左右。上海港也是世界著名港口，2006年货物吞吐量已位居世界第一，集装箱吞吐量已位居世界第三。

上海港依江临海，以上海市为依托、长江流域为后盾，经济腹地广阔，全国31个省市（包括台湾省）都有货物经过上海港装卸或换装转口。上海港的主要经济腹地除了上海市以外，还包括江苏、浙江、安徽、江西、湖北、湖南、四川等省和重庆市。上海港的水陆交通便利，集疏运渠道畅通，通过高速公路和国道、铁路干线及沿海运输网可辐射到长江流域甚至全国，对外接近世界环球航线，处在世界海上航线边缘。另外，上海还有发达的航空运输。

1995年12月，党中央、国务院做出了建设上海国际航运中心的战略决策。2005年12月10日，洋山深水港区一期工程建成投产，洋山保税港区同时启用，标志着上海国际航运中心建设取得重要的阶段性成果。经过半个多世纪的建设和发展，上海港已成为一个综合性、多功能、现代化的大型主枢纽港，并跻身于世界大港之列。

2012年，上海港货物吞吐量7.36亿吨，同比增长1.1%；集装箱吞吐量3252.9万标准箱，同比增长2.5%。全港货物吞吐量和集装箱吞吐量继续领先全球。传统吞吐量稳步攀升的同时，上海国际航运中心建设也步入了“创新驱动、转型发展”的“快车道”。到2015年，上海港货物吞吐量将保持在6.5亿吨左右，集装箱吞吐量将增至3300万标准箱，确立上海港作为东北亚国际集装箱运输枢纽港的地位。

（3）宁波港。宁波港地处中国内地海岸线中部，是国家重点建设的大陆沿海四个国际深水中转港之一。

宁波港由北仑港区、镇海港区、甬江港区、大榭港区、穿山港区、梅山港区、象山港区、石浦港区组成，是一个集内河港、河口港和海港于一体的多功能、综合性的现代化深水大港。目前，宁波港已与世界上100多个国家和地区的600多个港口通航。2011年，宁波港拥有330座生产性泊位，其中万吨级以上大型深水泊位80多座，是中国内地大型和特大型深水泊位最多的港口，为港口生产提供了强大的硬件支撑。

2012年，宁波市港口货物吞吐量4.53亿吨，同比增长4.53%，完成年度计划的102.96%，增速同比放缓0.62个百分点。其中，外贸吞吐量24 533万吨，同比增长6.51%，增速同比放缓6.75个百分点；集装箱吞吐量1 567万TEU，同比增长7.99%，完成年度计划的102.43%，增速同比放缓3.61个百分点；旅客吞吐量197.12万人次，同比下降19.10%。

2012年年底，集装箱航线总数达235条。其中，远洋干线120条，占比51.06%；近洋支线63条；内支线20条；内贸线32条。全年集装箱航班约16 990班，月均1 416班，同比增长13.37%，完成海铁联运箱量4.4万TEU，同比增长3.73%。

（4）温州港。温州港位于浙江东南部、东海温州湾瓯江河口内，其经济腹地为温州市和永嘉、乐清等浙南9县，同时承担丽水、台州和闽北地区部分县的客货中转任务。温州港港口货物主要包括矿石、钢材、水泥、粮食、煤炭等。铁矿石吞吐量增幅最大，全年完成176.69万吨，同比增长18.58%。水泥吞吐量增幅也较高，全年完成241.04万吨，同比增加15.02%。

温州港集装箱年吞吐量去年首次突破50万标准箱，达到51.75万标准箱，与近洋干线、内贸线吞吐量的上升关系密切。因全球市场不景气，温州港2012年外贸集装箱完成13.16万标准箱，同期减少1.88%，但近洋干线市场开拓力度加大，带来了较大的增量，全年完成9 750标准箱，同比增长90.69%。内贸线2012年完成集装箱吞吐量38.59万标准箱，同期增长14.77%。

3. 华南沿海港口

华南地区主要港口有厦门、广州、深圳、湛江和香港、澳门。

（1）厦门港。厦门港地处上海与广州之间、福建东南的金门湾内、九龙江入海口。它面向东海，濒临台湾海峡，与台湾、澎湖列岛隔水相望，为我国东南海疆之要津，入闽之门户。厦门港具有港阔、水深、不冻、少雾、少淤、避风条件好等优点，万吨巨轮不受潮水影响可以随时进出，是中国东南沿海的一个天然良港。厦门港于1843年开港。

厦门港交通发达，形成了陆海空立体交通体系。铁路运输有鹰厦铁路为干线，省内与外福线、漳龙线、漳泉线等铁路支线连接；厦门的公路通过高集海堤，厦门大桥和海沧大桥与全省公路联网，形成了以福厦、厦漳主干道为骨干的运输网；厦门的高崎国际机场已拥有国内外航线75条；水运航线可通我国沿海、长江中下游和世界各港，内河可通九龙江干支流和乡镇码头。

厦门港是厦门经济特区的一部分，海域面积达275平方千米，分为内港和外港两部分，主要担负厦门市和福建省内外贸运输任务，也承担江西省某些物资的中转任务。厦门港现拥有和平、东渡、高崎和海沧4个港区。港口水域面积300平方千米，陆域面积7平方千米；全港共有生产性码头74个，其中万吨级以上码头11个，最长的泊位350米，最大靠泊能力5万吨级；装卸机械设备595台（套）和42.9万平方米的库场。到2020年，厦门港预计吞吐量可达到2.7亿～2.8亿吨。

1996年8月，厦门港被确定为海峡两岸直航试点的两个口岸之一。到2015年，全港共拥有大中小泊位81个，预计年货物吞吐量达2亿吨，跻身于中国沿海十大港口行列。

（2）广州港。广州港位于东经113°36′，北纬23°06′，地处我国外向型经济最活跃的珠江三角洲地区中心，是中国对外贸易的主要口岸和华南最大的国际港口。港区分布在广州、东莞、中山、珠海等城市的珠江沿岸或水域，从珠江口进港，依次为虎门港区、新沙港区、黄埔港区和广州内港港区。

广州港与沿海及长江的港口海运相通，濒临南海，毗邻香港、澳门，位于珠江水系的东、西、北三江交汇点。北距汕头276海里，南距香港70海里，西距湛江273海里。铁路、公路、航空、水路运输发达。铁路有京广、广九、广湛线与全国主干铁路相连，形成铁路运输网；公路与汕头、湛江、深圳等省内重要市县均有干线连通，公路网络沟通闽、赣、湘、桂等省区；广州白云国际机场已开辟国内、国际航线30条左右，来往于全国主要大中城市及香港、曼谷、马尼拉、新加坡、悉尼、墨尔本、吉隆坡等国际城市的航班，可完成客货航空运输；经虎门出海可达沿海各港及世界100多个国家（地区）的600多个港口，至海口、厦门、上海、青岛、大连等港有定期客货班轮，内河可至珠江水系的东江、西江、北江各港，是珠江三角洲水网运输中心和水陆运输枢纽。

（3）深圳港。深圳港位于珠江三角洲南部、珠江入海口东岸，毗邻香港。1980年建特区后，港口迅速崛起，建成蛇口、赤湾、妈湾、东角头、盐田、黄田机场、沙鱼涌、内河8个港区。1991年底，深圳港口已进入全国沿海十大港口行列。

至2010年，再规划建设10个集装箱专用泊位，同时开发建设大铲湾集装箱专用港区。2012年，在全球经济持续低迷、外贸需求下降的严峻考验下，以外贸货物运输为主的深圳港基本保持稳定生产态势，港口货物和集装箱吞吐量均创历史新高。据统计数据显示，2012年全年，深圳港累计完成货物吞吐量2.28亿吨，同比增长2.16%，其中外贸货物吞吐量完成1.77亿吨，同比增长1.16%；集装箱吞吐量完成2 294.13万标箱，同比增长1.64%。集装箱吞吐量连续10年保持全球第四位。

（4）湛江港。湛江港位于雷州半球北部的雷州湾内，有东海岛、硇州岛和南三岛作为天然屏障，港区深入内地，可避南海台风，是我国的深水良港，素有“南海明珠”之称。

湛江港有黎湛铁路相通，以广东、广西、湖南、湖北及西南地区为腹地，是新中国成立之后最早建设的现代化港口，也是我国与东南亚、澳大利亚、印度洋沿岸和欧洲国家之间航程最短的外贸港口。

湛江港建设深水航道、大型化专业码头等港口设施，以实现深水化、大型化、专业化发展战略。目前湛江港服务的临港企业约80家，2012年经湛江港吞吐量达2369万吨；经湛江港进出口货物的外地客户超过100家，去年经湛江港进出口货物4 931万吨，基础设施建设的投入超过20亿元；另一方面是管理上的转型升级，实施精细化管理，全面提升管理水平和经营质量。去年货物吞吐量下降9%，业务收入却上升10%，利润增长8%。

（5）北海港。北海港位于北部湾东北部。自秦汉以来，北海港即作为我国与东南亚、西亚乃至欧洲进行海上贸易的商港，成为“海上丝绸之路”的始发港之一。

北海港是广西沿海主要的外贸港口之一，位于北海市，是港湾航道畅通、港阔水深的天然良港。北海港海岸线长562千米，有多处天然良港，建万吨级泊位200多个，其中

10～20万吨级泊位20多个，有的地方还建30万吨级以上大型深水泊位，是发展大型深水码头、临港工业区和大型石油储备库的理想之地。公路可直达广西各地，铁路通过即将建成的钦（州）北（海）线与南防线相连，民航有至各地班机。

6.5　航空运输和管道运输

6.5.1　航空运输

1. 航空运输的特点

航空运输是高度现代化的交通运输方式，具有快速机动、用途广、收效好的特点。其缺点是运量小、运费高、耗能大，所以，一般适于国内外长途客运和邮件、贵重物品、鲜活物资等急需品的运输。我国地域辽阔，自然条件复杂，区域经济发展差异大，因此，航空运输的发展具有很重要的意义。

2. 航空运输的发展状况

航空运输业是20世纪发展起来的新兴行业。作为重要的基础产业，在适应经济发展需要的同时，受国家政策扶持和保护，一直保持高速发展。目前，从世界范围看，仍呈不断增长趋势。

我国民用航空事业始于1929年以沪宁为中心成立的“中国航空公司”。新中国成立后，1949年11月国家成立民航局，1950年正式开辟民航线。当时中国民航只有10架飞机，12条航线，年客运量1万人次左右，客运周转量为0.1亿人千米，货运总周转量为150吨千米。经过几十年的建设，中国民航有了长足的发展。

1974年，中国民航恢复了在国际民航组织中的合法地位，进入了世界航空运输市场。截至1997年年底，我国民航共开辟航线969条，其中国内航线859条，国际航线110条。我国民航拥有运输飞机485架，客机机型主要有美国的波音、麦道飞机，欧共体的空中客车和俄罗斯的图-154四大系列，这些客机基本上都属于世界先进机型。与此同时，航空基础设施逐步得到改善，在机场建设方面也取得了较大的成绩。我国现有142个运输机场，其中106个机场能起降波音737以上机型的飞机。

1985—1997年我国民用航空航线由265条增加到967条，民用飞机由404架上升到915架，民航运输总周转量由1985年的12.7亿吨千米跃升至1997年的86.7亿吨千米，总投资额由1991年的10.7亿元跳升至1997年的86.6亿元。1980—1996年航空运输三大指标（客运量、货邮量、总周转量）年均增长率均在15%以上，近10年民航运输业则以接近20%的速度增长。与国内其他主要运输方式相比，航空运输业的增长速度名列第一。

3. 中国航空运输网

航空运输网按地域特征可分为国内航空运输网和国际航空运输网。

（1）国内航空运输网。我国国内航空运输在20世纪80年代以前由中国民航独家专营，航空线分布格局是以北京为中心呈放射状辐射全国。30多年来，随着社会经济的发展，我国民航运输业以年均17%的比例在增长，远高于GDP的增长速度，我国民航运输业的运输总周转量也跃居世界第二位。但是，在高速增长的背后，我们也应当清醒地看到，中国民航运输的增长，大多还处于粗放型增长阶段，服务创新在行业增长中的作用还不显著。

2012 年在国内航线上，国家对经济发展速度适度调整，同时高铁网络日趋完善，使国内航线旅客运输量增速持平。在货运市场方面，受外贸、内贸等增速下降的影响，航空货物运输量下滑严重，其中国内、港澳台、国际航线分别下降 1.6%、13.9%、19.0%，总体同比下降 7.4%。

我国主要国内航线有北京—广州、北京—武汉、成都—拉萨、北京—乌鲁木齐、北京—哈尔滨、上海—北京、上海—昆明、上海—沈阳、上海—兰州、广州—哈尔滨、广州—厦门、广州—上海、沈阳—南京、沈阳—广州、西安—桂林、西安—重庆、成都—武汉、成都—西安等。

北京的首都国际机场、广州的白云国际机场、上海的虹桥国际机场、深圳的黄田机场、成都的双流机场、西安的咸阳机场、厦门的高崎国际机场、昆明的巫家坝机场、海口的大黄山机场、重庆的江北机场和杭州的笕桥机场为我国著名的 11 大机场。其中首都、白云和虹桥三大机场旅客吞吐量占全国旅客吞吐总量的 39.5%。

（2）国际航空运输网。我国有 90 余条国际航空线，可通达世界五大洲的几十个国家（地区）的 100 余个城市。主要国际航线有北京—沙迦—苏黎世—伦敦、北京—沙迦—巴黎、北京—莫斯科—柏林、北京—沙迦—亚的斯亚贝巴、北京—卡拉奇—布加勒斯特、北京—东京—旧金山—洛杉矶、北京—广州—悉尼、北京—广州—墨尔本、昆明—仰光、北京—上海—新加坡、北京—乌鲁木齐—沙迦—伊斯坦布尔、北京—广州—曼谷—厦门—马尼拉、北京—上海—东京、北京—上海—大阪、大连—东京、北京—平壤、拉萨—加德满都等。

北京是我国最大的国际航空港，开辟有通往五大洲的几十条国际航线。上海、广州也是我国重要的国际航空口岸。此外，乌鲁木齐、伊宁、西安、拉萨、大连、南京、厦门、汕头、海口、昆明、天津、杭州、福州、成都、重庆、桂林等地也有飞往国外的国际航线或飞往香港的地区性航线。

国际航空运输对于社会和经济有重要作用。航空货运所占的价值占全球货运的 30% 以上，也创造了数百万的就业机会，支持了数万亿美元的生产。2012 年在客运市场方面，中美、中欧和中日等主要国际航线受限于美国、欧洲和日本等国经济萎靡、旅客运输量滑坡等因素，国际航线旅客运输量同比增长 8.5%，较去年同期减少 3.8 个百分点。在过去 30 年，国际航空运输业得到了巨大的发展，2012 年运输的人次是 30 亿，预计到 2030 年将达到 60 亿，起降架次将达到 5 000 万架次。

6.5.2 管道运输

管道运输是一种借助铺设的地下管道及一些辅助设备，来输送液体、气体及一些固体物质的运输方式。管道运输具有运量大、运费低、连接性强、受自然障碍小、造价低、占地少，以及安全、可靠等优点。但由于管道运输品种的单一性和运输量的稳定性，故管道运输布局必须有可靠的经济运量和稳定的流向，才能取得良好的经济效益。

管道运输是石油、天然气最经济、最方便、最主要的运输方式之一，在世界上某些发达国家，油气管道输送约占油气总输送量的 2/3。目前，全世界油气管道的总长度约为 230 万千米。一个国家油气管道的发展与国家油气工业的发展程度和发展结构密切相关。

油气管道按输送的介质不同主要分为原油管道、天然气管道和成品油管道。在世界上，天然气管道的输送比例为100%，占油气管道总量的一半以上；原油管线输送约占原油总运输量的85%，占油气管道总量的比例约为20%；在发达国家，成品油远距离运输主要靠管道，世界上成品油管线占油气管道总量的16%左右。

我国管道运输业起步较晚，1970年才建成第一条2000多千米的输油管道。我国管道运输是继铁路、公路、水运、航空运输之后发展起来的第五大运输业。经过多年的建设，已建成长距离运输管道1万千米，承担油田原油90%的外输任务和100%的天然气外运任务。40多年来，随着我国石油和天然气工业的发展，油气管道建设取得了长足的进步。截至2012年，全国油气管道总长度达9.3万千米。同时我国形成由西气东输一线和二线、陕京线、川气东送为骨架的横跨东西、纵贯南北、连通海外的全国性供气网络。“西气东输、海气登陆、就近外供”的供气格局已经形成，并形成较完善的区域性天然气管网。中哈、中俄、西部、石兰、惠银等原油管道构筑起区域性输油管网。以兰成渝、兰郑长等为代表的成品油管道，作为骨干输油管道，形成了“西油东送、北油南下”的格局。预计到2015年，我国油气管道总长度将达15万千米左右，覆盖全国的油气管道将与进口战略通道一起，为满足我国油气需求搭建畅通的能源通道。

图6-11　管道运输

与世界发达国家相比，我国管道运输还有很大差距。从数量上看，我国虽为世界第五大产油国，但油气管线不到世界管线总长度的1%，约为美国的1/38，为前苏联的1/17。美国管道运输周转量占社会运输周转总量的24%，仅次于铁路，而我国不足2%。我国输送成品油仍然依靠铁路，这与美国成品油运输中管道占55%、铁路占3%的状况形成鲜明的对比。美国原油产量达1亿吨时，各类管道已达5万千米，而我国原油产量已达1.6亿吨，管道长度却只有2万多千米。

在我国，原油管道占的比重最大，约占管道总长度的一半；其次为天然气管道，约占管道总长度47%；成品油管道和其他管道占的比重只有3%左右。原油真正能形成管网的有东北、华东和华北地区；天然气只有四川省形成了管网；成品油尚未形成真正的管网，目前我国仅有的成品油管线是格（格尔木—青海省）拉（拉萨—西藏）线，约 1 076 千米，年输油量仅 17 万吨，而且是内部管线。随着我国能源生产结构和运输结构的调整，天然气和成品油管线所占比重将会逐渐加大。以下是我国输油管和输气管布局。

1. 输油管布局

我国输油管道最早是在甘肃玉门油田内部铺设的，其距离很短，到 1959 年才开始在克拉玛依油田修建到独山子炼油厂长 147 千米、管径 168 毫米的原油管道，1959 年又将该线修了复线。60 年代，特别是 70 年代以来，随着我国石油资源的探明、开采和炼油厂布局的展开，输油管道得到了较快发展。1997 年全国拥有输油管道 195 条，输油里程达 10 804. 95 千米。

目前我国主要输油管道有：大庆油田到大连和秦皇岛两条，长 2 000 多千米；河北任丘油田经北京到秦皇岛和山东临邑两条，长 500 千米；山东胜利油田东营经辛店到青岛的黄岛和经山东临邑至仪征两条；河南中原油田到山东临邑；茂名到湛江；克拉玛依油田到独山子和乌鲁木齐复线管道以及新疆轮台到库尔勒；格尔木至拉萨成品油管道。从管道地区分布来看，东北和沿海地区占总长度的 76% 以上，基本上形成原油管道网。

2. 输气管布局

1997 年我国已拥有输气管道 226 条，年运输能力达 1 734. 45 万吨。输气管道主要分布在产天然气最多的四川，这里的天然气主要供工厂和民用。1963 年首建了一条巴渝输气管道，长 55. 6 千米，到 1979 年陆续建成了主要油气田至重庆、泸州、威远、成都、自贡、赤水、安边、德阳、江油等地的干、支线 2800 多千米。此外，大庆油田、胜利油田、辽河油田及一些大的炼油厂区也修建了一些短距离、用于输送石油伴生气的输气管道。

2012 年，我国油气管道建设持续快速发展态势。“十二五”期间，全国将新增油气管道 7. 4 万千米，其中，天然气管道 4. 5 万千米、原油管道 0. 9 万千米、成品油管道 2 万千米，总投资约 3 500 亿元；预计到 2016 年年底累计里程将突破 17 万千米。

思考与练习

1. 简述铁路运输的优点及路网布局。
2. 简述我国主要高等级公路的主要分布情况。
3. 简述水路运输在我国交通业中的地位。
4. 简述管道运输在我国的发展前景。

第7章　物流分区地理

本章内容摘要

- 经济区划和行政区划的关系；
- 各大区的地理位置、资源情况及工业、农业、对外贸易和交通运输等产业情况；
- 各大区的物流发展情况。

7.1　经济区划

7.1.1　经济区划与行政区划的关系

行政区划是一个国家（或地区）为了便于行政管理，便于行使国家政治职能而划分的多级行政区域。它是行使国家主权和执行国家任务的各级行政单位。经济区是根据各地区的自然条件、资源条件、人口密度、民族特点、经济发展水平、生产发展特点和进一步发展的方向、措施的一致性而划分的地理区域。行政区划是上层建筑的一部分，经济区则以经济原则为基础，二者存在差别和矛盾。行政区划同行政权力的执行范围结合在一起，有法定性和明确的边界线，比较稳定，而且特别强调纵向联系。经济区的内容、范围、层次随着商品经济、经济中心城镇和交通线的发展而发展，比较活跃，具有明显的开放性，一般没有法定性，边界不很明确，而且为实现合理的劳动地域分工并促进经济的发展，特别强调横向经济联系。但经济基础和上层建筑两者又是一致的，领导和组织经济建设是社会主义国家的一项基本职能。因此，行政区被赋予丰富的经济内容，是否有利于生产力发展，成为行政区划是否合理的主要标准之一；经济区在很大程度上要依托于行政区，随着对行政区和经济区的不断调整，经济区又可以与行政区适当结合起来。

7.1.2　经济区划

我国地域广阔，各地区的自然条件、自然资源、人口密度、民族特点和经济发展水平差异很大。为充分利用各地区的优势条件，合理布局生产力，促进地区间的经济迅速、协调发展，需要把全国划分为若干经济区，使各区有计划地逐步建立起不同水平、各具特点、相互协作，以及农、轻、重协调发展的经济体系。经济区域划分应当遵循如下原则：全面发展，发挥区域优势，协调国家和地方的关系是经济区域划分的首要原则；有利于制定针对性的配套的区域政策；兼顾历史、现状与远景发展；依托城市与发展区域经济相结合；促进区域合作、经济协调。区域划分的目的是发挥比较优势，合理分配布局，实现资源的最优配置，缩小地区差异、促进地区协调，保证整个经济持续、稳定、健康地发展。

据此可将全国大陆划分为十大经济区，即东北经济区、华北渤海经济区、长江三角洲经济区、南方沿海经济区、黄河中游经济区、长江中游经济区、黄河上游经济区、长江上游经济区、新疆经济区和西藏特殊经济区。

7.2 东北经济区

7.2.1 概况

1. 地理位置

东北经济区位于我国东北部，包括黑龙江、吉林、辽宁和内蒙古东部地区。

黑龙江省，系由境内最大河流黑龙江而得名，简称“黑”。黑龙江省位于中国的东北部，是中国位置最北、纬度最高的省份。北部和东部隔黑龙江、乌苏里江与俄罗斯相望，西部与内蒙古自治区毗邻，南部与吉林省接壤。全省土地面积45.4万平方千米，占全国总面积的4.7%。黑龙江省现辖13个地市，其中12个省辖市，1个行政公署，66个县（市），其中县级市19个。

吉林省位于中国东北地区中部，北接黑龙江省，南接辽宁省，西邻内蒙古自治区。处于日本、俄罗斯、朝鲜、韩国、蒙古与中国东北部组成的东北亚的腹心地带，东与俄罗斯接壤，东南部以图们江、鸭绿江为界与朝鲜隔江相望，面积为18.74万平方千米，占全国总面积的2%。东南部高，西北部低，中西部是广阔的平原。

辽宁省位于中国东北的南部，与吉林、内蒙古、河北等省区接壤，东南隔鸭绿江与朝鲜为邻。有汉、满、蒙古、回、朝鲜、锡伯等民族。

2. 资源概况

（1）气候及水资源。黑龙江属温带、寒带之间的大陆性季风气候。年平均气温在$-4\sim4$℃，气温由南向北降低，南北差8℃；夏季气温高，降水多，光照时间长，适宜农作物生长，太阳辐射资源丰富；春季风速最大，西南部大风日数最多，风能资源丰富。

黑龙江全省境内江河湖泊众多，有黑龙江、乌苏里江、松花江、嫩江和绥芬河五大水系，现有湖泊、水库6000个。黑龙江省是中国水资源较丰富的省份之一，且雨热同季，生物生长环境良好。

吉林省处于北半球的中纬地带、欧亚大陆的东部，相当于我国温带的最北部，接近亚寒带。东部距黄海、日本海较近，气候湿润多雨；西部远离海洋而接近干燥的蒙古高原，气候干燥，全省形成了显著的温带大陆性季风气候特点，并有明显的四季更替。全省大部分地区年平均气温为3～5℃，降水多，光照时间长，且具有雨热同季的特点，对各种农作物生长十分有利。

吉林省有大小河流2000余条，分属于松花江、辽河、鸭绿江、图们江和绥芬河5个水系，还有众多的湖泊，地上地下水资源丰富。

辽宁省属北温带大陆季风气候，四季分明。年平均降水量为714.9毫米，年平均气温4～10℃，全年无霜期约140～200天。

辽宁省境内现有大小河流390多条，总长16万千米，流域面积14.5万平方千米。辽河为中国七大江河之一，在辽宁境内长500多千米，流域面积6.9万平方千米。全省多年平均河川径流量为 325 亿立方米，全省水资源总量为 363 亿立方米。辽宁的渔业资源丰富，海水养殖面积居全国第二位。

（2）动植物资源。黑龙江省土地条件居全国之首，总耕地面积和可开发的土地后备资源均占全国的 1/10 以上，人均耕地和农民人均经营耕地是全国平均水平的 3 倍左右。全省现有耕地 1 180 万公顷，土壤有机质含量高于全国其他地区，黑土、黑钙土和草甸土等占耕地的 60% 以上，是世界著名的三大黑土带之一。黑龙江省盛产大豆、小麦、玉米、马铃薯、水稻等粮食作物以及甜菜、亚麻、烤烟等经济作物。全省草原面积约 433 万公顷，草质优良、营养价值高，适于发展畜牧业，其中松嫩草场是世界三大羊草地之一。

吉林省是中国六大林区之一。长白山脉连绵千里，素有“长白林海”之称。全省活立木总蓄积量列全国第六位，森林覆盖率为 40% 以上。西部草原，地处松嫩草原中心，是我国著名的草原之一，以盛产羊草而驰名中外，生长以多年生根茎禾草和丛生禾草占优势，属平原草甸草场类，也是我国北方商品牛、细毛羊主要产地之一。吉林省草原可利用面积 438 万公顷，主要集中于西部和东部地区。

吉林西部是欧亚草原的最东端，水源丰富，草质良好，是科尔沁草原的一部分，是吉林省畜牧业发展基地。山地资源丰富，尤以长白山区野生动植物资源最为丰富。吉林省是闻名中外的“东北三宝”人参、貂皮、鹿茸的故乡，灵芝、天麻、不老草、北芪及松茸、猴头蘑、田鸡油等都在国内外很有影响。长白山区有植物资源 2 300 多种，其中经济价值较高的有 900 多种，药用植物多达 870 余种，可食用的植物 200 多种。

辽宁全省森林面积近 420 万公顷，森林覆盖率为 30% 。果树资源丰富，水果总面积和总产量在全国落叶果树栽培区中分别居第三位和第二位。

（3）矿产资源。黑龙江省已发现的矿产达 131 种，已探明储量的矿产有 74 种。主要矿产有石油、石墨、矽线石、铸石玄武岩、石棉用玄武岩、水泥用大理岩、颜料黄土、火山灰、玻璃用大理岩和钾长石等。10 种矿产的储量居全国之首，煤炭储量居东北三省第一位。黑龙江省现已开发利用的矿产达 39 种，各类矿产年产值居全国第二位。

吉林矿产资源丰富，发现的矿藏 136 种。已探明储量矿产 93 种，开发利用 75 种，有 22 种矿产保有储量居全国前五位。

辽宁省已发现矿藏 115 种，探明储量的矿产有 64 种，其中铁、硼、菱镁石、金刚石、滑石、玉石、溶剂灰岩等矿的储量均居全国首位。辽河油田是全国第三大油气田，石油、天然气储量分别占全国的 15% 和 10% 。

（4）能源。黑龙江省是国家重要的能源工业基地。2011 年黑龙江累计生产 9 820 吨原煤，是主要煤炭调出省之一。除此之外，电力和燃气也占有重要地位。哈尔滨燃气化工总公司所属哈依煤气工程，日产煤气 189 万立方米，建设总规模为“亚洲之最”。

吉林省的能源工业较为发达，原煤产量、原油产量、发电量均在全国占有重要地位。

辽宁的能源工业在全国占有重要地位。由于辽宁重工业发展较快，能源消耗增长得更快，所以产销之间差距很大，每年需要从外省调入大量能源。能源短缺成为制约辽宁经济发展的一个重要因素。

7.2.2 产业情况

1. 工业

工业是黑龙江省的产业基础和经济命脉，黑龙江省工业经济在整个国民经济中占半壁江山，在财政税收总额中占据2/3以上。黑龙江工业以石油、煤炭、机械、木材、食品、制糖和纺织等部门为主。大庆为我国最为重要的石油工业基地，哈尔滨和齐齐哈尔的机械制造、佳木斯的轻纺、伊春的木材加工工业均较著名。

吉林省工业生产总体上仍然保持高速增长态势，支柱产业支撑作用强劲，产业结构得到改善。石化两大传统产业进一步壮大。汽车制造业已成为我国的三大汽车基地。电子、医药、食品三大产业迅速发展，成为工业增长的主要因素。

辽宁是东北地区的工业重地。辽宁基础工业发达，工业体系规模大，技术水平高，许多工业产品在东北地区占有较大的比重，生铁、钢、成品钢材都占85%以上，水泥、天然气、农用化肥、发电量也占50%左右。辽宁工业的发展可以带动东北腹地的工业振兴。

2. 农业

黑龙江省农业发达，粮食商品量、专储量均居全国第一，是国家重要的商品粮生产基地之一。黑龙江省的大豆产量和出口量均居全国首位。黑龙江省正实现着从传统农业向以特色经济为主的质量效益型农业的转变，由一般粮食品种向优质、专用品种转变，由单一粮食种植向多种经营转变，由注重数量向提高效益转变。全省初步形成了松花江流域和三江平原的优质水稻生产基地，北部高脂肪、中南部高蛋白大豆生产基地，南部高淀粉、高氨酸玉米专用品种生产基地及优质杂粮、杂豆生产基地，城市郊区的绿色蔬菜基地以及各类名优特新农产品生产基地。此外，在山区半山区发展起来的山特产品和林果业，在城市远近郊区发展起来的高效设施农业、观光农业和农村二三产业，以及在边境地区发展起来的外向型农业也都各具特色。

吉林省地处世界三大黑土带之一的东北平原中部。粮食人均占有量、商品量、玉米出口量和粮食商品率连续十多年居全国之首，是全国有名的农业大省。近年，吉林省为粮食转化和产业结构调整，大力发展畜牧业，人均肉类拥有量占全国第一位。

辽宁省是一个农业大省，农业生产力发展水平在中国居领先地位。辽宁农业坚持调整和优化产业结构，大力发展以果树、水产、畜牧、蔬菜为重点的高产优质高效农业，使农业内部结构发生了根本性变化。

3. 对外贸易

东北地区的对外贸易以辽宁为主，辽宁是东北地区与世界联系的重要门户。辽宁密集的港口群，对内通过沿海及长江各主要港口，沟通东北与全国其他沿海省、市、区及长江沿线的经济联系；对外连接五大洲的港口，通过海运与世界各地交往。东北地区及内蒙古东部地区的进出口货物，主要通过辽宁的海港口岸实现。主要贸易伙伴列前五位的依次为日本、美国、韩国、荷兰、香港等国家和地区。

4. 交通运输

在东北地区交通运输网中，铁路占主要地位。

黑龙江省境内目前有60多条铁路干线、支线和联络线，铁路营运里程超过5300多千米，铁路专用线超过1000多千米，均居全国第一位。绥芬河经哈尔滨至满洲里铁路是连接欧亚两洲的“大陆桥”的重要组成部分。

吉林省的铁路网大体可分为西北—东南和西南—东北两个走向。全国主要铁路干线京哈线贯穿吉林南北。从吉林省内可直达哈尔滨、沈阳、大连、北京、天津、石家庄、济南、南京、上海等全国主要城市。

辽宁铁路总里程5000多千米，密度居中国之首。辽宁省的高速公路也很发达。

7.2.3　东北经济区物流发展

东北地区的物流发展以辽宁省为中心，以沈阳和大连为重点。各省都制定了自己的物流发展相关规划。

（1）黑龙江省的物流建设目标是：依托其区位优势，以哈尔滨为中枢、各中心城市和口岸为依托，全面构筑物流设施、信息、政策三大平台；建设一大型物流园区为轴心，以综合性、专业性、物流配送中心为节点的物流系统框架；培育一批物流骨干企业，形成本省的物流品牌和有竞争力的物流产业群，使重点企业的物流成本占GDP的比重下降至15%，物流产业增加值占第三产业增加值的30%，进而推动第三产业增加值占GDP的比重达到40%，建立起经济、高效、绿色环保的物流体系。

（2）吉林省经贸委制定了《吉林省物流发展规划》。规划中对吉林省物流业发展现状进行了分析，确立了规划的指导思想和目标，并提出了相应的发展措施。规划的指导思想是紧紧围绕降低物流总成本占国民生产总值的比重，推动经济增长向质量效益型转变这个中心，从抓物流企业和企业物流入手，逐步实现物流的现代化。其目标是集中力量建成长春、吉林两个物流中心园区，力图用3年时间培育年物流储运收入5亿元的物流企业10个，超亿元的物流企业30个，再过5到8年打造储运收入10亿元的物流企业40个，年收入超亿元的物流企业50个。

目前吉林省已基本形成以大型商业企业为龙头的商业流通体系，门类比较齐全，功能比较完备，超亿元销售额的大型商贸企业98家，连锁经营已初具规模。截至2005年底，吉林省内有连锁企业100多家，门店数超过2000家，连锁企业销售额达到60亿元，包括上海联华、北京华联、沃尔玛等知名连锁企业。

（3）由于政府的大力扶持和企业的良好示范作用，辽宁省物流配送业呈现较快发展态势，四种类型的物流配送体系已经形成并得到迅速发展：一是传统商业储运公司通过调整改造后开始向社会化的专业性物流配送业发展；二是依托行业优势发展起来的物流配送企业，主要分布在邮政、民航、港口、铁路等行业；三是伴随连锁超市业发展起来的新型物流配送企业，目前全省连锁超市公司已发展到160余家，店铺数量已达3000多个，建立起了120余家规模不等的配送中心；四是社会投资兴办的第三方物流配送企业。目前国内外一些大型专业物流公司已经在辽宁省设点运营。截至2012年，辽宁省物流企业已发展到2369家，全年创造直接经济效益723.6亿元，为全省经济可持续发展起到了巨大的推动作用。

7.3　环渤海经济区

7.3.1　概况

1. 地理位置

环渤海经济区，是指环绕着渤海全部及黄海的部分沿岸地区所组成的广大经济区域。环渤海地区是以京、津、冀为核心、以辽东半岛和山东半岛为两翼的环渤海经济区域，主要包括北京、天津、河北、山东、辽宁，也就是三省两市的“3+2”经济区域。其面积为51.8万平方千米，人口2.3亿。辽宁省的情况在东北经济区部分已经进行了描述，本部分不再做讲解。

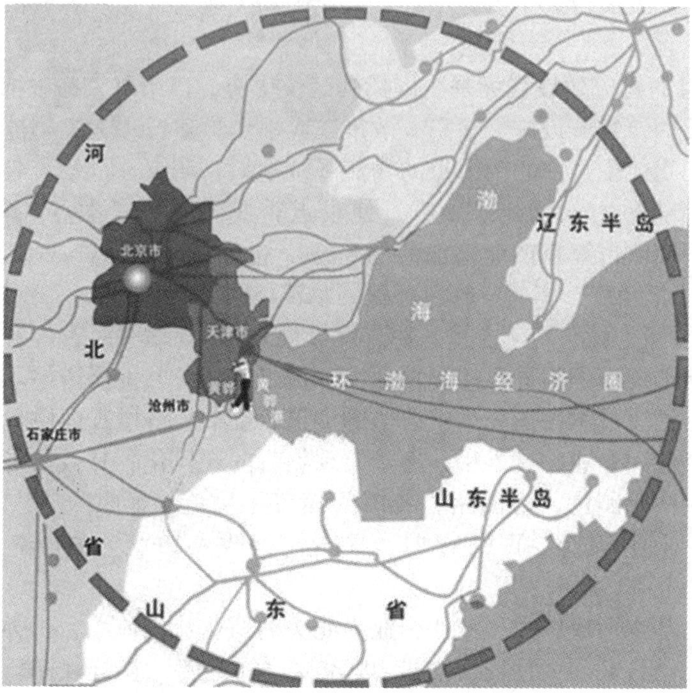

图7-1　环渤海经济区

北京是中华人民共和国的首都,是中国政治、文化的中心，也是国际交流中心之一。北京地处华北大平原的北部，东面与天津市毗连，其余均与河北省相邻。北京市土地面积约1.68万平方千米，其中山地约1.04万平方千米，占总面积的62%；其余为平原，面积约为0.64万平方千米。全市共辖12个区、6个县。

天津地处华北平原东北部，东临渤海，北枕燕山。北与首都北京毗邻，东、西、南分别与河北省的唐山、承德、廊坊、沧州地区接壤。海岸线长约133千米，面积约1.13万平方千米。

河北省地处华北平原的北部，兼跨内蒙古高原。全省中部环首都北京和北方重要商埠天津市，北与辽宁省、内蒙古自治区为邻，西靠山西省，南与河南、山东省接壤，东临渤海。海岸线长487千米，总面积19万平方千米。

山东省位于中国东部沿海、黄河下游，境域包括半岛和内陆两部分，山东半岛突出于渤海与黄海之中，同辽东半岛遥相对峙；内陆部分自北而南与河北、河南、安徽、江苏四省接壤。全境南北最长420多千米，东西最宽700多千米，总面积15.67万平方千米。

2. 资源概况

（1）气候及水资源。北京市属暖温带半湿润气候区，四季分明，春秋短促，冬夏较长。年平均气温13℃，一月最冷，七月最热，年平均降雨量500多毫米。

华北地区水资源匮乏。北京市入境水量主要来自永定河、潮白河和蓟运河3条水系。

据历史统计，北京市年平均降水量为595毫米，北京市降水总量约100亿立方米；北京市泉水丰富，用途广泛。有泉水露出的地方，往往形成村镇、名胜古迹、疗养胜地或直接为工农业生产提供水源。

天津市位于中纬度欧亚大陆东岸，面对太平洋，受季风环流影响显著，冬季受蒙古冷高气压控制，盛行偏北风；夏季受西太平洋副热带高气压左右，多偏南风。天津市气候属暖温带半湿润大陆季风型气候，有明显由陆到海的过渡特点：四季明显，长短不一；降水不多，分配不均；季风显著，日照较足；地处滨海，大陆性强。年平均气温12.3℃。平均降水量为550～680毫米，夏季降水量约占全年降水量的80%。

天津地跨海河两岸，而海河是华北最大的河流，上游长度在10千米以上的支流有300多条，在中游附近汇合于北运河、永定河、大清河、子牙河和南运河，五河又在天津金刚桥附近的三岔口汇合成海河干流，由大沽口入海。干流全长72千米，平均河宽100米，水深3～5米，历史上可通航3000吨海轮。

河北省属温带大陆性季风气候，大部分地区四季分明。年日照时数2500～3100小时；年无霜期120～200天；年均降水量300～800毫米；四季分明。

河北省海岸线总长480多千米，海岸带总面积100万公顷，具有发展海洋石油、海洋化工、海洋运输、海洋旅游等产业的天然条件。秦皇岛是中国北方著名的不冻港。境内有黄河、海河、滦河等河流经过，宜于发展近海养殖。

山东省气候属暖温带季风气候。降水集中、雨热同季，春秋短暂、冬夏较长。年平均气温11～14℃；年平均降水量一般在550～950毫米之间。

山东省的水资源主要来源于大气降水，从全省来看，水资源比较贫乏，每人平均占有仅520立方米，为全国人均占有量的18.8%。

（2）动植物资源。河北省现有植物3000多种，其中棉花产量占全国的1/7，玉米和水果各占1/10，可列为名、优、特、稀的农产品有12大类215种，出口的药用植物品种有20多种。

山东省境内有各种植物3100余种，其中陆栖无脊椎动物特别是昆虫种类繁多，居全国同类物种之首。山东省也是中国重要的农产区，素有"粮棉油之库，水果水产之乡"之称。小麦、棉花、花生、烤烟、麻类等在全国占有重要地位。

（3）矿产资源。北京市矿产资源种类较多，资源丰富。优势矿产是非金属矿，分布比较集中，开发条件较好；中小型矿多，共（伴）生矿多，贫矿多。

天津市已发现具有开采价值的矿藏资源有20多种。主要有锰、锰硼石、金、钨、钼、铜、铝、锌、石灰岩、大理石、麦饭石、重晶石、天然油石等多种金属和非金属；燃料矿主要有石油和天然气，埋藏在平原地下和渤海大陆架等。

河北省目前已发现各类矿产116种，其中探明储量的矿产74种，储量居全国大陆省份前十位的有45种。

山东省矿产资源丰富。全省现已发现的矿藏资源有138种，占全国已经发现矿产品种类的70%以上。探明储量的矿产74种，其中有30多种储量居全国前十位。居全国第一位的有黄金（岩金）、自然硫、石膏等；居第二位的有石油、金刚石（储量占全国的40%）、镁矿、钴、铪、花岗石等。黄金产量约占全国总产量的1/4，经济效益占全国黄金行业的一半以上。

（4）能源。北京地区太阳能资源丰富，全年平均日照数为2594小时，可以积极推动综合太阳能技术的应用。中低温地热资源也比较丰富。北京为举办2008年奥运会，提出了实施“绿色奥运，科技奥运，人文奥运”的行动计划，并因此实施了能源结构调整和绿色能源战略，从而使实现绿色奥运、科技奥运的理念有了重要保障。

山东省是全国重要的能源基地之一。胜利油田是中国第二大石油生产基地，中原油田的重要采区也在山东省，山东省原油产量占全国的1/3。境内含煤地层面积5万平方千米，兖滕矿区是全国十大煤炭基地之一。山东省电力资源充足，山东电网是全国六大电网中唯一的省独立电网。

7.3.2 产业情况

1. 工业

近年来，北京市工业整体实力和竞争力明显增强，北京市积极发展具有比较优势的都市产业，最终形成高新技术产业更强、传统产业更优、都市产业更发达、更具首都特色的工业产业新格局。

天津市工业行业比较齐全，基础比较雄厚。天津市是我国北方最大的沿海开放城市及华北地区综合工业的大城市，是我国重点石油产地和北方重点港口城市。主要行业由石油、化工、冶金、汽车、机械、电子、纺织、印染、造纸、酿酒、医药、橡胶、轻工、盐化等组成，是天津市工业经济的重要支柱。

河北省已经形成化工（医药）、冶金、建材、机械、食品五大支柱产业。培育和发展生物工程医药技术、电子信息技术、光机电一体化技术、新材料技术、新能源和高效节能技术等一些高新技术。新材料技术、新能源和高效节能等一些高新技术产业，正在成为河北省经济新的增长点，其中不少产品的生产能力居全国领先地位，有的已经跻身世界前列。

新中国成立以后，山东省工业发生了翻天覆地的变化，逐步建立起门类比较齐全、布局较合理、基础比较雄厚的工业体系。山东省发展成为工业经济总量居全国前列的经济大省。特别是近几年国有产权制度的改革，使工业经济活力明显增强。

2. 农业

北京市农业作为典型的大城市郊区农业，对全国具有先导示范功能。“九五”以来，北京市积极探索体现首都市场特点和现代农业特征的郊区农业，开创了一条以“六种农业”即精品、设施、籽种、创汇、加工和观光农业为切入点的现代农业发展新路子，全面改善了首都农业的产业结构和产品结构，加快了京郊从传统农业向现代农业转变的进程。

天津市的农副特产有稻米、红小豆、板栗、红果、对虾、大白菜、青萝卜等，在国内外享有很高的声誉。城郊型农村经济在天津经济发展中起着重要的作用。

河北省是北方农业大省，是全国粮、棉、油集中产区之一，发展区域特色经济和绿色经济，以生物技术和信息技术为重点的技术在农业中得到广泛应用，大大促进了全省传统农业向现代化农业迈进。农业在全省经济中占重要地位，粮食作物以小麦为主，产量居全国第一。

山东省商品粮基地以烟台、潍坊地区为主。经济作物主要有棉花、花生、烟草和麻类。其中棉花是山东省主要经济作物，产区集中在鲁西、北平原。山东省主要出口的经济作物是花生，花生总产量约为全国的2/5。烟草栽培历史悠久，现为全国烤烟重点产区之一。山东省还是全国四大柞蚕丝生产省之一，主要产于胶东丘陵地带。

3. 对外贸易

2012 年，北京地区（包含中央在京单位）外贸进出口规模首次突破 4 000 亿美元大关，达到 4 079 亿美元，再创历史新高。其中，出口 596 亿美元，同比增长 1.1%；进口 3 483 亿美元，同比增长 5.3%。贸易逆差 2 887 亿美元，同比增长 6.3%。年度出口、进口及贸易逆差规模同样为历史最高点。

截至 2012 年年底，北京市外商投资企业 26 535 户，同比增长 3.36%。受重大项目落地带动，外资资本大幅增长。2012 年，新设外资企业注册资本总计超过 50 亿美元，同比增长 23.72%。

天津市地处太平洋西岸的渤海湾边，是中国四大直辖市之一，是中国首批公布的享有对外开放优惠政策的 14 个沿海城市之一。2012 上半年，天津外贸进出口总值实现 559.8 亿美元，比上年同期增长 19.9%；出口 235.2 亿美元，增长 15.4%；进口 324.6 亿美元，增长 23.6%。上半年累计进出口、出口、进口增幅分别高于全国的 11.9%、6.2% 和 16.6%，创近年最好水平。

河北省已与世界 170 多个国家和地区建立了经贸关系。2012 年 1～8 月河北省外贸进出口总值 337.9 亿美元，比上年同期下降 2.9%。其中出口 197.7 亿美元，增长 6.8%；进口 140.2 亿美元，下降 14%。

4. 交通运输

本区是大量煤炭外运的主要源头，是我国“北煤南运”、“西煤东运”必经之地，交通运输繁忙。北京是全国铁路枢纽、航空中心；天津新港是华北外贸门户；秦皇岛是超级能源输出港；北京、天津、石家庄为华北公路网中的枢纽要站。

本区是我国铁路密度最大的地区之一，以北京为中心，内有京广、京沪、京九、同蒲四条南北主干线和京沈、京包、石太—石德—胶济、新石四条东西主干线。本区的公路是全国公路网的中枢，是我国公路最密集的地区之一；高速公路通车里程居全国首位。北京是全国航空线的交汇中心，航空运输力居全国第一，扩建后的北京航空港年客流量可达到 3 200 人次；天津机场是全国最大的货运中心。

7.3.3 环渤海经济区物流发展

1. 区域物流中心初步显现

（1）北京：优化城市物流

北京不断明晰物流发展定位，从首都和国际大都市的经济特征、区位特征、消费特征以及对物流综合性服务的需求出发，以优化城市物流为主要目标。

主要存在的问题：

① 物流基础设施规模化与现代化程度低；

② 物流信息化水平不高；

③ 物流服务水平与国际化大都市要求尚有差距，城市交通压力大，国际物流不通畅。

（2）天津：打造物流城市

以海港、空港为基础的物流业是港口型城市竞争、创新和整体发展的基础，航运、航空业的发达会带动国际贸易的发展。处于环渤海区海岸中心的天津，正遵循这一港口型城市国际化发展规律寻求振兴之路。

在国务院发展研究中心的大京津经济圈总体规划中，天津市被列为“制造中心和物流中心”。

（3）大连、青岛：构建区域物流中心

位于环渤海区海岸两端的大连、青岛，以港口资源和条件为依托，围绕港口集疏运系统、港口保税及工业加工区、国际性贸易分拨中心的建设等，带动城市及区域物流的发展，通过港口物流组织的规模化、高效化，形成围绕港口发展的物流组织体系，构建区域物流中心。

2. 区域物流合作有所推进

随着环渤海区经济一体化的趋势不断加快，京津空港已经实现了一体化，海港和信息港也在走向一体化，整个环渤海区经济一体化趋势在加快发展。没有现代化的物流业，就不可能有高效的区域合作，推动港口、交通合作正成为环渤海城市间合作的突破口。

7.4 长江三角洲经济区

7.4.1 概况

1. 地理位置

长江三角洲经济区位于我国东中部偏南，包括上海、江苏、浙江三省市。

上海市地处长江三角洲前缘，东濒东海，南临杭州湾，西接江苏、浙江两省，北界长江入海口，正当我国南北海岸线的中部，交通便利，腹地广阔，位置优越，是一个良好的江海港口。

江苏省位于我国大陆东部沿海中心，跨长江下游两岸，东濒黄海，有约1 000千米的海岸线，西北连安徽、山东省，有低山丘陵错落，东南与浙江省、上海市毗邻。

浙江省位于中国东南沿海、长江三角洲南翼，东北与中国最大的城市上海相邻。陆域面积10.18万平方千米，其中山地和丘陵占70.4%，平原和盆地占23.2%，河流和湖泊占6.4%。全省海岸线总长6 486千米，居中国首位；面积500平方米以上的岛屿有3 061个，是中国岛屿最多的一个省份。

2. 资源概况

（1）气候及水资源。上海市属北亚热带季风气候，四季分明，日照充分，雨量充沛。气候温和湿润，春秋较短，冬夏较长。

上海地区河湖众多，水网密布，水资源丰富，是著名的江南水乡，水面积占全市总面积的11%。上海河网大多属黄浦江水系，黄浦江源自太湖，全长113千米，流经市区，江道宽度300～700米，平均360米。黄浦江江宽水深，终年不冻，是上海的水上要道。年水资源总量27亿立方米，人均占有量200立方米。

江苏省气候具有明显的季风特征，处于亚热带向暖温带过渡地带，大致以淮河—苏北灌溉总渠一线为界，以南属亚热带湿润季风气候，以北属暖温带湿润季风气候。全省气候温和，雨量适中，四季分明。

江苏省境内河川交错，水网密布，长江横穿东西400多千米，京杭大运河纵贯南北690千米，西南部有秦淮河，北部有苏北灌溉总渠、新沭河、通扬运河等。有大小湖泊290多个，全国五大淡水湖，江苏得其二，太湖和洪泽湖像两面大明镜，分别镶嵌在水乡江南和苏北平原。

浙江省属亚热带季风气候，四季分明，光照充足，资源丰富。全省年平均气温15～18℃，年平均降水量1 000～2 000毫米。

浙江省水资源总量达937亿立方米，按单位面积计算水资源量居全国第四位。

（2）动植物资源。上海市濒临东海，有丰富的水产资源，据统计，东海、黄海的水产资源有700多种。江苏省内植物资源非常丰富，约有850多种，此外尚有可开发利用的野生植物600多种。浙江省海域是我国最大的渔场，可供养殖的浅海400余平方千米；全省已知植物3 800多种，森林覆盖率近60%，被称为中国的“东南植物宝库”。

（3）矿产资源。江苏省矿产资源分布广泛，品种较多，已发现的有120种。能源矿产主要有煤炭、石油和天然气；黏土类矿产、建材类矿产、化工原料矿产、冶金辅助原料矿产、特种用途矿产和有色金属矿产是江苏矿产资源的优势。

浙江省已发现100多种矿产，其中以非金属矿产为主。有12种矿产储量位于全国前三位，其中石煤、明矾石、叶蜡石、水泥用凝灰岩、建筑用凝灰岩储量居全国首位，萤石储量居全国第二位，硅藻土居全国第三位。

（4）能源。上海市基本上无一次常规能源，煤、石油的储藏和生产所需的能源都要靠其他省市的支援。浙江省大陆架蕴藏着丰富的石油和天然气资源，开发前景良好。

7.4.2 产业情况

1. 工业

上海市已经成为我国最大的经济中心和航运中心，并将逐渐建成国际经济、贸易和航运中心。2011年，上海市全年实现生产总值19 195.69亿元，比上年增长8.2%。

江苏省的机械工业总量为全国第一，电子信息产业成为江苏省重要的经济增长点。南化集团公司和南京化工厂是中国化学工业最早的基地之一，扬子石化和仪征化纤为中国特大型石油化工企业。目前，江苏是中国南方最大的石油化工基地，江苏的汽车工业生产规模居全国第四，有色金属加工能力为全国第一。机械、电子、石化、汽车是其四大支柱产业。2005年江苏省实现生产总值18 272多亿元，比上年增长14.5%。2011年江苏省实现生产总值48 604.3亿元，按可比价格计算，比上年增长11%。

浙江省是中国东部沿海重要的工业省份，工业是浙江省国民经济发展和现代化建设的主导力量。工业经济总量跃至全国第四位，仅次于广东、江苏、山东省。2011年，浙江省生产总值32 000.1亿元，按可比价格计算，比上年增长9.0%。

2. 农业

江苏省是中国著名的鱼米之乡，素有“苏湖熟，天下足”的美誉。盛产油料、棉花、蚕茧、鱼类等。浙江省在建立省外粮食生产基地和健全地方粮食储备体系的基础上，粮食生产大幅调减；经济作物生产迅速发展，并积极发展订单农业和效益农业。畜牧业和水产养殖业发展状况良好。

3. 对外贸易

2011 年，上海市进出口总额达到 4 374. 4 亿美元，同比增长 18. 6%；江苏省进出口总额 5 397. 6 亿美元，同比增长 33. 4%；浙江省进出口总额 3 094 亿美元，比 2010 年增长 22%。

4. 交通运输

本区在全国的海上运输网中具有中枢地位。

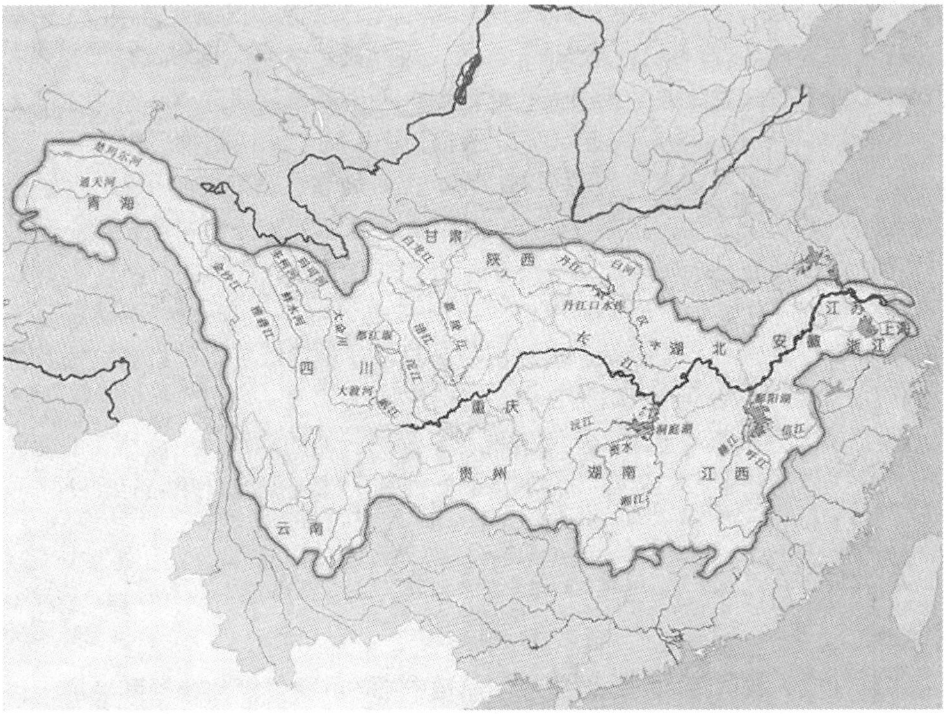

图 7-2　长江经济带

上海市有各种铁路专用线近百条。上海的铁路将建立以直达快运为主线、内接港澳、北连俄欧、东通海外、西达中亚的国际集装箱多式联运网络。公路遍布城乡，与沪宜、沪杭、沪青、沪太、曹安、松枫等干线公路相连，可通邻近各省主要城市及市内各区、县、乡、镇。上海市目前拥有两个国际机场——虹桥国际机场和浦东国际机场。上海港是中国内地最大的港口。上海市已与世界上许多国家和地区建立了航运业务联系。远洋航线：从上海始可以分别抵达香港、台湾（经第三地）、韩国、日本、东南亚、澳大利亚、以色列、地中海、西北欧、南非、南美和美国东西岸等国家和地区；沿海航线：可抵达从北到南沿海主要港口；长江航线：可直达长江中下游各港口；内河航线：通过江南水网可抵达江、浙、皖等省各大小港口、码头。

江苏省的连云港是苏北深水外贸海港，通过陇海、蓝新、北疆等铁路干线的联系，成为中原和西北等省的出海通道，还可与中亚和欧洲国际铁路网连接。2012 年全年，连云港货物吞吐量完成 1. 85 亿吨，同比增长 11. 4%，增幅是全国沿海港口平均水平的一倍。其中，散杂货吞吐量达 1. 16 亿吨，连续第 2 年突破亿吨大关。连云港集装箱运量 502 万标箱，同比增长3%。

宁波港是浙江省第一大港，港内现有22个万吨级以上码头泊位，成为仅次于上海的全国第二大港，还是目前全国最大的进口矿石中转基地和华东最大国际集装箱远洋中转基地。

7.4.3　长江三角洲经济区物流发展

已跻身世界六大城市经济圈的长江三角洲经济圈，正在加速推进现代物流的协调发展。2003年是本区物流协调、快速发展的一年，打造无障碍区域物流圈是本区各级物流主管部门的共同愿望。

物流是上海市新兴产业之一，上海市物流产业竞争力的提升将大大加快上海经济的增长。与国内大多数地区的物流产业类似，由于物流产业的“小散乱”问题，上海市许多企业特别是民营企业无法面对服务行业开放所带来的竞争，企业间实现资源共享才能够在激烈的市场竞争中获得一席之地，使地区物流产业获得发展。上海市发展现代物流产业的空间巨大，上海市物流产业将超常规发展。

“政府引导、企业运作、规范市场、完善环境”，是十五规划中上海市政府发展物流产业的指导思想。上海市将着重发展三类物流是：陆、海、空港的口岸物流；适应商业零售行业的配送物流；依托信息平台发展的电子商务物流。五个园区是：浦西的桃浦和莘庄、浦东的机场、外高桥和港口城。

江苏省2002年出台的物流发展规划纲要，提出建设南京、徐州、苏锡常三大物流区域中心，依靠现代物流技术和物流组织方式，通过整合现有物流资源，构建社会化、专业化、现代化的物流服务体系。

江苏省确定本省物流发展分为三个发展阶段：到2010年，初步建成现代化物流网络和主骨架，基本建成与国际接轨的现代物流公共信息平台，为第三方物流企业创造良好的生存环境。第三阶段，到2020年，形成物流枢纽城市、物流园区、物流中心、配送中心相配套的现代化物流服务网络，培育一批有竞争力的第三方物流企业。

江苏省在区域布局上将全省划分成以南京、无锡、徐州为中心城市的三大物流区域。物流区域布局采取“省级物流枢纽城市—省级物流园区—物流中心—配送中心”的模式。徐州是京沪和陇海铁路交汇点，在西部大开发战略中具有重要地位，徐州区域生产资料市场已成为淮海经济区最大的物资集散地之一。苏锡常城市圈是长江三角洲五个城市圈之一，经济总量仅次于上海经济圈，经济实力在长江三角洲居第二位，外向型经济十分发达。

浙江省是典型的“两头在外”型经济，商品大进大出，经济持续、快速增长，物流市场发育具有较大潜力。物流设施条件逐步改善，省内已形成“四小时公路交通圈”，已建成万吨级以上泊位57个，铁路、内河等运输网络建设进一步加强，信息基础设施规模、技术等水平居国内前列。

根据2011年《浙江省现代物流发展纲要》规划，到2015年，浙江省将形成若干集聚辐射功能较强的港口物流枢纽、航空物流枢纽和综合交通物流枢纽，规划建设一批钢材、有色金属、化工原料、建筑材料、汽车、医药、粮食和农副产品等专业物流基地，培育发展一批规模较大、信息化水平较高、整合资源能力较强的现代物流企业，为把浙江打造成长三角经济圈重要的现代物流和国际货运枢纽奠定基础。

7.5　南方沿海经济区

7.5.1　概况

1. 地理位置

南方沿海经济区位于我国东南沿海，依山傍海，地理位置十分优越，其范围包括福建、广东、广西和海南四省区。

福建省地处我国东南部、东海之滨，东隔台湾海峡与台湾省相望，东北与浙江省毗邻，西北横贯武夷山脉与江西省交界，西南与广东省相连。全省海岸线长达3300多千米，居全国第二。分布大小岛屿1200多个，港湾125个，拥有福州、厦门、湄洲湾和宁德三都澳等天然良港。福建省居于我国东海与南海的交通要冲，是中国距东南亚、西亚、东非和大洋洲最近的省份之一。

广东省位于我国内地最南部，大陆海岸线总长约3368千米，岛屿众多。全省地处低纬度，北回归线横贯陆地中部。2100多千米长的珠江为我国第三大河流。

广西壮族自治区东与广东、海南省为邻，东北与湖南省接壤，北与贵州省，西北与云南省相连，西南与越南交界，南濒北部湾，是全国沿海省区之一。广西幅员广阔，南北宽约610千米，东西长约750千米，总面积约23.7万平方千米，在全国各省区市中居第九位。

海南省位于我国最南端，北以琼州海峡与广东省划界，西临北部湾与越南相对，东濒南海与台湾省相望，东南和南部在南海中与菲律宾、文莱和马来西亚为邻。海南省的行政区域包括海南岛和西沙群岛、中沙群岛、南沙群岛的岛礁及其海域。海南岛形似一个呈东北至西南向的椭圆形大雪梨，总面积（不包括卫星岛）3.39万平方千米，是我国仅次于台湾岛的第二大岛。南沙群岛的曾母暗沙是我国最南端的领土。

2. 资源概况

（1）气候及水资源。福建省地处亚热带，气候温和，雨量充沛，适宜种植林果竹茶和食用菌的栽培，山地综合开发潜力大。福建省地处丰水带，全省人均水资源十分丰富。全省水能理论蕴藏量为1000多万千瓦，开发潜力很大；地下水资源也很丰富，已发现的温泉有100多处，大多为40～60℃的中温热水。

广东省气候资源的优势是热量丰富，雨量充沛，光照充足。年均气温大于等于10℃，日照时数1500～2200小时。广东省季风性气候虽有一定季节变化，但没有气候上的冬季，干季也不明显，且雨热同期，作物可全年生长，最适宜于双季稻加冬种一年三熟。广东全省水能理论蕴藏量1073万千瓦，其中可开发装机容量666万千瓦。

广西壮族自治区地处亚热带湿润季风气候区域，无霜期一般在270～300天，南部沿海一带和右江河谷一些小气候区终年无霜，农作物一年四季均可种植。年平均气温16～23℃，各地年降水量在1100～2800毫米之间，而且雨热同季，与农作物生长期一致，极有利于农业生产。广西为全国水资源丰富的省区。水资源主要来源于河川径流和入境河流，河川径流包含地表水和地下水排泄量，河川径流与地下水补给量之间存在相互转化的关系。广西多年平均水资源总量为1880亿立方米，占全国水资源总量的7%还多，居全国第五位。

海南省是我国最具热带海洋性气候特色的地方，全年暖热，雨量充沛，干湿季节明显，常风较大，热带风暴和台风频繁，气候资源多样。年平均气温在23～25℃之间，全年无冬。大部分地区降雨充沛，中部和东部沿海为湿润区，西南部沿海为半干燥区，其他地区为半湿润区。降雨季节分配不均匀，冬春干旱，夏秋雨量多。海南岛比较大的河流大都发源于中部山区，组成辐射状水系。全岛独流入海的河流共154条，南渡江、昌化江和万泉河为海南岛三大河流，其流域面积占全岛面积近一半。

（2）动植物资源。福建省是全国重点林区之一，全省森林面积1亿多亩，森林资源十分丰富，树木种类繁多，森林覆盖率达57.3%，居全国首位。海洋资源十分丰富，近海分布着五大渔场，有海洋生物3000余种，其中鱼类750多种，占全国海洋鱼类种数的一半。水产品总量居全国第二位，人均占有量居全国第一位。

广东省植物丰富，种类繁多。维管束植物有6000多种，野生植物在2500种以上，占全国植物种类的1/5。全省有兽类动物120种，占全国兽类种数的1/3，鸟类动物120种，占全国鸟类种数的2/3，爬行类动物150种，两栖类动物50种，这770种动物约占全国陆栖脊椎动物种数的1/3。

广西壮族自治区已发现植物8000多种，种植业品种系列700多个，是我国植物种类最多的省区之一。香蕉、菠萝产量居全国第二位，荔枝、龙眼产量居全国第三位。广西被称为“土特产仓库”，野生植物及其他土特产达1600多种。

海南省的植被生长快，植物繁多，是热带雨林、热带季雨林的原生地。到目前为止，海南岛有维管束植物4000多种，约占全国总数的1/7。海南陆生脊椎动物有500多种，其中，两栖类37种（11种仅见于海南，8种列为国家特产动物）。世界上罕见的珍贵动物有：世界四大类人猿之一的黑冠长臂猿和坡鹿，水鹿、猕猴和云豹等亦很珍贵。

（3）矿产资源。福建省矿产资源丰富，目前已发现有多元素矿藏116种，4800处矿床、矿点，其中大中型矿床100多处。在已探明储量的矿产中，建材原料矿是最具特色的矿产，其中标准砂仅平潭一地储量就达1500万吨，玻璃砂预测总储量有1.6亿吨，为全国之冠。叶胆石（寿山石）藏量居全国首位，高岭土藏量居全国第三位。

广东省的陆地矿产资源丰富，矿种较多，分布比较广泛。可供利用的150多种矿产中，在广东省已经找到116种。其总的特点是：有色、稀有金属资源丰富；硫铁矿、压电水晶量大质优；油页岩藏量大、埋藏浅而易采；平炉富铁矿著称全国；铀、地下热水、泥炭土、富铪锆石等居全国重要位置。探明储量在全国占第一位的有碲、压电水晶、富铪锆石、泥炭土、地下热水、饮用矿泉水；占第二位的有硫铁矿、铅、锌、铋、银、独居石、磷钇矿、锗、钽、镉、熔剂白云岩和冰洲岩石。

广西壮族自治区矿产资源种类十分丰富，已探明矿种有115种。随着多年的开采利用和新增矿源的不断发现，矿产资源的保有储量潜在价值发生了变化。

海南省矿产资源丰富，种类较多，约有90种。石碌铁矿储量占全国富铁矿储量的71%，为全国第一。钛、锆、石英、蓝宝石和化肥灰岩储量居全国之首，天然气和油页岩的储量居全国前列。

7.5.2 产业情况

1. 工业

福建省工业起步较晚，但改革开放以来得到快速发展。已形成电力、化工、电子、机械、造纸、森工、建材等门类较为齐全的工业体系，其中电子、机械和石化是福建的三大主导产业，机电产品成为工业品出口的主体。

改革开放以前，由于广东省地处沿海，不是国家投资的重点，工业发展很慢，工业基础薄弱。改革开放以来，广东省凭借中央赋予的“特殊政策、灵活措施”，大胆实践、勇于探索，充分发挥广东省“毗邻港澳、华侨众多”的优势，抓住国际上特别是港澳台地区产业结构调整的机遇，参与国际分工，加快发展步伐。广东省由此步入了历史上发展最快的时期。20 世纪 90 年代以后，电子信息、电器机械和石油化工工业成为经济增长的龙头产业，进入以高加工度工业为主的发展阶段。未来广东省将大力发展信息技术、生物技术、光机电一体化和新材料等高新技术产业，壮大发展电子信息、电器机械、石油化工三大新兴支柱产业，改造提高纺织服装、食品饮料和建筑材料三大传统支柱产业，培育发展汽车、医药、造纸和环保等一批有潜力的产业，形成以高新技术产业为先导，以传统优势产业为基础，以新兴支柱产业为支撑的工业体系。

广西壮族自治区的工业，在新中国成立之初仅有 109 个手工作坊，现在已拥有煤炭、电力、化学、医药、轻工、纺织、冶金、有色金属、机械、汽车、制糖、建材、橡胶、电子、食品等门类较全的工业体系。2012 年广西工业增加值达到 5364.92 亿元，比上年增长 14%。

新中国成立以前，海南工业基础十分薄弱，现代工业几乎是空白。1988 年 4 月，海南建省并成为全国最大的经济特区。轻工纺织、机械电子、石油天然气化工、医药和电力等工业发展迅速，涌现出一批像椰树集团、新大洲摩托车股份公司等技术先进、管理科学并在全国具有一定知名度的优势企业。工业基础设施及投资环境大为改善，基本具备了大规模开发建设的条件，为海南工业跨世纪发展奠定了坚实的基础。

2. 农业

福建省农产品主要为稻、甘薯、花生、甘蔗、茶叶、烤烟、莲子和亚热带水果。沿海渔业发达，东部山区多楠、樟等亚热带植物。

农业是广东省的重要产业。新中国成立以来，随着国民经济工业化的深入，农业在国民经济中的比重逐步下降，然而农业的基础地位依然十分重要。20 世纪 90 年代后，广东省的农业商品化进程逐步走向规模化和专业化，涌现了一大批果、花、饲养等农业大型企业和农民专业户，乡镇工业、乡镇商业、建筑业和交通运输业的迅速壮大，推动了农村工业化。到 1999 年底，农业总产值达到 977 亿元，农民人均纯收入达 3 629 元。20 世纪 90 年代中后期，广东生态环境建设被提到了议事日程上来，造林绿化，重新调整人与自然资源的关系，到 2012 年止，森林覆盖率达到 57.3%。

海南岛建省办经济特区 10 年来，农业经济结构不断优化，热带高效农业得到长足发展，尤其是冬季瓜菜、热带水果、海洋渔业等的崛起成为优势产业，大大加快了农业经济发展的步伐，提高了农民收入的水平。

3. 对外贸易

新中国成立以后，特别是改革开放20年来，福建省充分利用中央赋予的“特殊政策，灵活措施”，发挥“侨、海、山、特”等省情优势，不断深化改革，扩大开放，大力发展外向型经济，对外贸易取得了令人瞩目的成就，对外贸易规模迅速扩大。2012年，福建省省外贸进出口总额达1 559.3亿美元，比上年增长8.6%，高出全国平均水平2.4个百分点。其中，出口978.4亿美元，增长5.4%；进口580.9亿美元，增长14.6%。进出口、出口、进口分别位列全国第7位、第6位、第8位。福建省2012年全年累计实现贸易顺差397.5亿美元。

2012年全年，广东省进出口贸易总值为9 838.2亿美元，比2011年增长7.7%，高于全国增幅1.5个百分点，占同期全国外贸总值的25.4%。其中，出口5 741.4亿美元，增长7.9%，与全国出口增速持平，占全国出口总值的28%；进口4 096.8亿美元，增长7.4%，高于全国进口增速3.1个百分点，占全国进口总值的22.5%。2012年广东外贸顺差1 644.6亿美元。

2012年，广西壮族自治区实现进出口总值294.7亿美元，增长26.2%，增速居全国第6位。其中出口154.7亿美元，增长24.2%；进口140亿美元，增长28.5%，贸易顺差14.7亿美元。进出口和出口规模均列全国第18位，进口规模列全国第16位；在西部12省区市中，进出口和进口规模居四川和重庆之后，继续排名第3，出口规模仍次于重庆、四川和新疆，居第4位。

2012年海南省对外贸易额143.3亿美元，再创历史新高，同比增长12.3%。其中，出口31.4亿美元，增长23.7%，进口111.9亿美元，增长9.5%。进出口增速较全国平均水平高出6.1个百分点，在各省市排名中居第11位。

4. 交通运输

福建省公路里程5万千米，内河航道3 700多千米，全省拥有码头泊位327个，其中万吨以上深水泊位达35个，综合吞吐能力逾4 500万吨。福州和厦门两港已跻身全国十大集装箱港行列。福建省目前拥有4个机场：厦门高崎国际机场、福州长乐国际机场、泉州晋江机场和南平武夷山机场。

广东省有4个铁路公司，有京九、京广、广梅汕和三茂等铁路干线；道路通车8万多千米；有港口100多个，主要港口有黄埔、湛江、蛇口和赤湾；有民航机场1个，白云机场是全国客流量最大的三大国际机场之一。

广西壮族自治区公路四通八达，纵横交错，全区通车里程已达5万多千米。广西是我国唯一集沿海、沿边、沿江三位一体的少数民族自治区。广西南濒海洋，是我国唯一的沿海少数民族自治区，现有港口20多个，较大的有防城、北海、钦州、珍珠和铁山等港口，这些港口都具有水深、避风、浪小、岸线顺直、纳潮量大、回淤少等优良的自然条件，是中国大西南和中国内地最南端的最佳出海处，距港澳地区和东南亚诸国的港口都很近。经马六甲海峡，北航可通南亚，西航经科伦坡可达波斯湾地区及东非，东航至关岛，南航经菲律宾的三宝颜、印度尼西亚的万鸦老后达悉尼。广西有桂林两江国际机场和南宁、北海、柳州、梧州等国内机场。

海南省陆上交通以公路为主，通车里程达1.7万余千米，以“三纵四横”为骨架，有干线直通各港口、市、县，并有支线延伸到全岛318个乡镇和各旅游景点，形成纵横交错、四通八达的环岛交通网络。东线高速公路已建成通车，大大缩短了本岛北南之间的交通里程和时间，对海南省经济的腾飞起到不可估量的作用。海南省是岛省，四周环海，海运是本省交通的重点。全省68个天然港湾，已开辟港口24个，其中以海口、三亚、八所和洋浦四个港口为最大。海口和三亚两港口已开辟对外贸易航线69条，与世界24个国家和地区有航运业务往来，为港澳台同胞和海外旅游者到海南来观光游览提供了方便。

海南省的航空事业发展最快，北部的海口美兰国际机场已建成并通航，南部三亚凤凰国际机场已于1994年正式通航，海口美兰国际机场和三亚凤凰国际机场已接受内地和香港几十家航空公司的班机起降，实现了与北京、上海、天津、广州、沈阳、兰州、香港、新加坡、曼谷和吉隆坡等几十个国内外大中城市通航。省航引进“美多”小型客机投入岛内运输，海口和三亚两翼齐飞，银鹰在蓝天翱翔，在海南与国内外东西南北各大中城市之间架起便捷的空中桥梁。

7.5.3 南方沿海经济区物流发展

1. 福建省物流发展

福建省是中国沿海最有潜质的地区之一。2001年10月，全球实力最强速递公司之一的美国联合包裹在厦门设立了其在福建的第一个代表处；此前资格最老的中外运敦豪快运进入福建已有7年，联邦快递和天地速递进入福建也有一年。福建的物流速度加快，消费价格也会进一步下降。

《福建省“十二五”现代物流业发展专项规划》中指出，到2015年，力争全省物流业增加值占地区生产总值的比重达到8%左右，占服务业比重达到20%以上；社会物流总费用与地区生产总值的比率降到16%。现代物流业成为福建省主导产业之一，形成以港口为依托，以中心城市为重点的现代物流业“大网络、大服务、大产业”发展新格局。到2020年，将建立起与国际通行规则接轨的多层次、社会化、专业化现代物流服务体系，把福建省建设成海峡两岸区域性国际物流中心区。

其主要工作措施如下。

一是加强对现代物流工作的综合组织协调。省政府成立省现代物流业发展促进协调小组，统筹规划福建省现代物流业发展，加快研究制定并逐步完善促进福建省现代物流业发展的政策措施，组织协调发展现代物流业的各项工作。

二是做好福建省物流业发展规划和物流基础设施建设工作。结合各地交通运输、信息化、城市化、产业集群发展和商业市场建设规划，编制福建省物流业发展规划，并相应建立适应经济社会发展要求的现代物流服务体系，统筹协调各地区现代物流发展，形成以港口为依托，以中心城市为重点的现代物流业发展格局。以产业聚集区的物流园区、物流中心、配送中心、公共物流信息平台、重要专业批发市场物流服务设施为重点，加快建成一批现代物流设施项目。鼓励通过改造和整合工业、商业、运输、物资、仓储等企业的闲置厂房、仓库、设备、设施等，发展建设区域物流中心。鼓励符合条件的国家级、省级经济开发区设立保税物流中心、出口监管仓库或保税仓库。对大型公用物流运作基础设施的建设（含改造），积极推荐列入国家和地方重点项目。

三是培育现代物流市场，发展现代物流企业。支持工商企业强化物流管理，优化供应链管理，鼓励有条件的工商企业将物流业务从主业中剥离，外包给第三方物流企业；各地要创造条件在工业企业聚集区域建立向企业提供专业、优质服务的现代物流服务体系。鼓励各类经济成分企业以多种形式广泛参与本省现代物流设施的建设。加快发展本省现代物流，充分利用《内地与香港关于建立更紧密经贸关系的安排》（简称“CEPA”）吸收港资促进本省物流基础设施建设，深化闽港物流合作平台构建，扩大对外合作和交流。推动有条件的运输、仓储和代理等企业向第三方物流企业发展。鼓励通过兼并、联合等形式进行资产重组和业务整合，发展一批大型化、社会化、专业化物流企业。建立重点物流企业、物流项目认定机制，发挥典型示范和项目带动作用。对于领头的物流企业要给予特别的关心、扶持和培育。

四是加快现代物流人才培养。

五是推进公共物流信息平台和物流技术标准化体系建设。

六是推进大通关建设，提高口岸整体工作效率。

七是整顿规范市场秩序，加强收费管理。

此外还制定了一系列的相关政策，如规范行政管理方式；保障物流用地，降低投入成本；改善物流企业税收管理；改善交通运输条件；加快物流公共性项目建设，扶持现代物流业快速发展；等。

2. 广东省物流发展

改革开放以前，广东的物流业均以仓储、运输等个别活动的形式存在。物流设施作为各个部门和企业的辅助设施，为本部门和企业自身服务，形成自我封闭体系。20 世纪 90 年代以后，随着连锁商业的迅速发展，作为物流功能的综合体现、物流现代化最显著标志之一的物流配送中心，取得了较大发展，并在加强信息流方面取得突破性进展。

广东省政府出台了《广东省现代物流业“十五”计划》，该计划规定，省政府将在多方面扶持物流业发展，包括推进物流企业改革；在物流园区的土地使用政策、物流服务及运输价格政策以及工商登记管理政策等方面制定相应鼓励措施，在财税、用地、用电、工商、海关、外经贸等方面，采取扶持性措施，加快海关电子通关建设；鼓励企业进行物流配送服务；建立现代物流企业发展示范制度；等。

广东省物流业加强实施“走出去”战略，拟在境外建立“广货”配送中心，建立国际营销网络。作为广东省第三产业重点发展的物流业，必将成为外商投资的重点领域；广东地区尤其是珠江三角洲经济区，必将成为外商进入中国市场的重要登陆点；而广东省的物流业也必将顺应国际化的潮流，进一步走向世界。

广东省现代物流业发展的总体目标是：推动以广州—深圳为轴线的珠江三角洲成为国内外双向物流和海陆空立体物流相结合的国际性物流中心，成为国际物流供应链的重要枢纽和节点，进而将广东省建设成为开放、高效的物流强省。

3. 广西壮族自治区物流发展

广西壮族自治区物流业发展迅速，预计到 2015 年，全区将培育出一批经营理念先进、功能完善、应用技术先进、服务水平高、竞争力强的物流龙头企业，物流专业化、社会化水平显著提高，物流业总体实力显著增强，物流业发展环境持续改善，现代物流服务体系不断完善，出海出边物流通道基本构成并发挥积极作用。到 2020 年，在全区建立起具有引领带动力的国际区域性物流中心，现代物流产业将成为具有竞争力的支柱产业，进而带动全区经济的可持续发展。

4. 海南省物流发展

海南省有着独特的资源优势，建设一个具有现代化水平的流通体系对海南省的经济发展至关重要。海南省政府 2002 年年初出台了《关于加快信息智能岛建设意见》，提出了“以邮政网为主，建设覆盖全省的物流配送系统”的物流发展思路。

针对海南“热带经济”的特点，海南邮政现代物流定位在发展具有热带特色经济物流市场，开展了反季节瓜菜、槟榔和稻种等具有海南特色的跨省运输业务；启动了为家电类、电信类、制药类、图书类、连锁类和饮料类等企业量身定做的省内物流配送业务；参与了航空货运和火车行包的代运业务。海南省政府对海南邮政发展现代物流给予了肯定和支持。

7.6 黄河中上游经济区

7.6.1 概况

1. 地理位置

图 7-3　黄河流域图

黄河中上游经济区包括山西、陕西、河南、内蒙古中西部、甘肃、青海和宁夏七省区。

山西省因居太行山之西而得名。春秋时期，大部分地区为晋国所有，所以简称“晋”。东有巍巍太行山做天然屏障，与河北省为邻；西、南以滔滔黄河为堑，与陕西、河南省相望；北跨绵绵内长城，与内蒙古自治区毗连。

陕西省简称“陕”或“秦”，位于中国内陆腹地、黄河中游，东邻山西、河南省，西连宁夏回族自治区、甘肃省，南抵四川、重庆、湖北省，北接内蒙古自治区，居于连接我国东、中部地区和西北、西南地区的重要位置。全省地域南北长、东西窄，南北长约 870 千米，东西宽 200～500 千米。

河南省位于我国中东部黄河中游，界于北纬31°23′～36°22′，东经110°21′～116°39′之间，东接安徽、山东省，北界河北、山西省，西接陕西省，南临湖北省，呈望北向南、承东启西之势。因古时为豫州，故简称豫。

内蒙古自治区位于我国的北部边疆，由东北向西南斜伸，呈狭长形。东、南、西依次与黑龙江、吉林、辽宁、河北、山西、陕西、宁夏和甘肃八省区毗邻，跨越三北（东北、华北、西北），靠近京津；北部同蒙古和俄罗斯接壤，国境线长4 221千米。全区总面积118.3万平方千米，居全国第三位。

甘肃省地处我国东、中部地区与西部地区的结合部，东邻陕西省，南与四川、青海省接壤，西部与新疆维吾尔族自治区相邻，北与内蒙古自治区和宁夏回族自治区连接，与蒙古交界，是西部地区唯一具有承东启西、南拓北展区域优势的省份。古丝绸之路和新亚欧大陆桥贯穿全境，是联结亚太地区和亚欧地区乃至大西洋地区的重要通道。

青海省位于青藏高原东北部，西北临新疆维吾尔族自治区，北和东接甘肃省，东南紧靠四川省，南和西南与西藏自治区相连。东西长约1 200千米，南北宽800千米，面积为72万平方千米，居全国第四位。因长江、黄河之源头在青海省，因此而得名“青海”。

宁夏回族自治区位于中国中部偏北，处在黄河中上游地区、沙漠与黄土高原的交接地带，与内蒙古、甘肃、陕西等省区为邻。疆域轮廓南北长、东西短。北起石嘴山市头道坎北2千米的黄河江心，南迄泾源县六盘山的中嘴梁，南北相距约456千米；西起中卫县营盘水车站西南10千米的田涝坝，东到盐池县柳树梁北东2千米处，东西相距约250千米。

2. 资源概况

（1）气候及水资源。山西省属温带大陆性气候，冬季漫长，寒冷干燥，夏季短暂，炎热多雨，春季温差大，风沙多，秋季短暂，气候温和。年平均气温为3℃～14℃。全省年降水量在400～650毫米，但季节分布不均匀，夏季6～8月降水高度集中且多暴雨，降水量约占全年的60%以上。全省降水受地形影响很大，山区较多，盆地较少。

陕西省属大陆季风性气候，由于南北延伸达870千米，从而引起境内南北间气候的明显差异。长城沿线以北为温带干旱半干旱气候，陕北其余地区和关中平原为暖温带半干旱或半湿润气候，陕南盆地为北亚热带湿润气候，山地大部为暖温带湿润气候。陕西省横跨黄河、长江两大流域，全省多年平均降水量676.4毫米，水资源总量445亿立方米。

河南省属暖温带亚热带、湿润半湿润季风气候。冬季寒冷雨雪少，春季干旱风沙多，夏季炎热雨丰沛，秋季晴和日照足。横跨黄河、淮河、海河、长江四大水系，境内1 500多条河流纵横交织，流域面积100平方千米以上的河流有493条。全省水资源总量413亿立方米，居全国第19位。

内蒙古自治区以温带大陆性季风气候为主。春季气温骤升，多大风天气，夏季短促而炎热，降水集中，秋季气温剧降，霜冻往往早来，冬季漫长严寒，多寒潮天气。年平均气温为0～8℃。内蒙古自治区境内共有大小河流1 000余条，大小湖泊近1 000个。全区地表水资源为671亿立方米，除黄河过境水外，境内自产水源为371亿立方米，占全国总水量的1.67%，地下水资源为300亿立方米，占全国地下水资源的2.9%。扣除重复水量，全区水资源总量为518亿立方米。

甘肃省深居西北内陆，海洋温湿气流不易到达，成雨机会少，大部分地区气候干燥，属大陆性很强的温带季风气候。冬季寒冷漫长，春夏界线不分明，夏季短促，气温高，秋季降温快。省内年平均气温在0～16℃之间，日温差大。全省各地年降水量在36.6～

734.9 毫米，大致从东南向西北递减。水资源主要分属黄河、长江、内陆河 3 个流域、9 个水系。全省河流年总径流量 415.8 亿立方米。

青海省属于高原大陆性气候。冬寒夏凉，春秋相连，日温差大，干旱少雨，多大风和沙暴，平均气温低。境内年平均气温在零下 5.7～8.5℃之间，并且由于青海省深居内陆，远离海洋，又受地形影响，大部分地区属非季风区，降水量较同纬度的东部地区稀少，年降水量在 50～450 毫米。

宁夏回族自治区属温带大陆性半湿润半干旱气候。由于地形南高北低的影响，南北气候差异较大，具有南寒北暖、南湿北干、冬寒漫长、夏短酷暑及降水南多北少、气候干燥、日照充足、风大沙多的特点。年平均气温在 5～9℃之间，1 月平均气温为 -10～-8℃，7 月平均气温为 17～23℃。日温差较大，四季分明。年降水量为 200～700 毫米，降水的年变率大，季节分配也不均衡。宁夏河流均属黄河水系，主要河流有黄河、清水河、苦水河、泾河、葫芦河、红柳河、祖厉河等。黄河在宁夏境内流程 397 千米，水流较缓，两岸沟渠纵横，是宁夏主要灌溉水源。

（2）动植物资源。山西省气候和地形复杂多样，造就了丰富的动植物资源。共有高等植物（除苔藓外）约 160 多科、3 000 多种，其中红豆松、山白杨等国家级保护植物 13 种。但森林资源匮乏，数量少，面积小。山西省野生动物资源种类较多，现已发现的陆栖动物已达 380 多种，其中属于国家级保护的有近 80 种。

陕西省植物资源丰富，种类繁多。秦岭巴山素有“生物基因库”之称，有野生种子植物 3 754 余种，约占全国的 10%。珍稀植物和药用植物种类繁多。现有林地 593 万公顷，森林覆盖率 28.8%。野生珍贵动物众多，现有陆生脊椎动物 604 种，鸟类 380 种，两栖类 28 种，爬行类 49 种，哺乳类 147 种，均占全国的 30%；两栖爬行类动物 77 种，占全国的 13%。其中珍稀动物 80 种，大熊猫、金丝猴、羚牛、朱鹮等 16 种被列为国家一级保护动物。

河南省的动植物资源较丰富。现有高等植物 197 科、3 800 多种，动物 400 多种。小麦、玉米、棉花、油料、烟叶等在全国占有重要地位。

内蒙古自治区境内植被由种子植物、蕨类植物、苔藓植物、菌类植物、地衣植物等几种植物种类组成。植物种类较丰富，已搜集到的种子植物和蕨类植物共计 2 351 种。野生动物众多，有 49 种被列为国家和地区重点保护动物。

甘肃省境内野生动植物种类繁多，野生植物 4 000 多种，其中野生药材 951 种，有大黄、当归、甘草、红黄芪、锁阳、肉苁蓉、天麻等；特种食用植物 10 多种，其中比较名贵的野生植物有发菜、蕨菜、木耳、蕨麻、黄花菜、地软、羊肚、蘑菇、鹿角等。野生动物 650 多种，属于国家保护的稀有珍贵动物有 90 多种，其中属一类保护的 32 种，二类保护的 24 种，三类保护的 4 011 种。

青海省的野生植物约有 2 000 多种，其中经济类植物 1 000 余种，药用植物 680 余种，名贵药材 50 多种。雪莲，夏草，贝母，当归，发菜，枸杞等深受国内外市场的欢迎。据不完全统计，省内仅陆栖脊椎动物就达 270 多种，其中经济兽类有 110 种，各种鸟类 294 种。珍贵的稀有动物有雪豹、野牦牛、野骆驼、黑颈鹤等。

宁夏回族自治区物产丰富，土特产品很多，其中以枸杞、甘草、贺兰石、滩羊二毛皮、发菜最为有名，被称为红黄蓝白黑宁夏五宝。有各种脊椎动物 326 种，金钱豹、石貂、天鹅等 18 种被列为国家重点保护动物。

（3）矿产资源。山西省矿产资源极为丰富，已发现矿产105种，储量居全国第一位的矿产有煤、铝土矿、耐火黏土等7种；居全国前10位的矿产有34种。山西省尤以煤炭闻名全国，煤炭资源分布广泛，煤质优良，品种齐全，埋藏浅，易开采，累计探明储量2600多亿吨，占全国探明保有储量的26%，素有“煤海”之称。境内主要有大同、宁武、西山、河东、沁水、霍西等六大煤田。

陕西省矿产资源丰富，是我国矿产资源大省之一，许多矿种在全国占有重要地位。目前全省已发现矿产138种，探明储量的矿产有93种。据统计，陕西保有储量列全国前三、五、十位的矿产分别为27种、39种和57种。在国民经济赖以发展的15种支柱性重要矿产中，盐矿、水泥灰岩居全国首位。在西部12省区中，煤、石油、天然气储量居第二位，磷居第四位，黄金、铅居第五位。全省列入矿产储量表的矿产保有储量潜在总值为42.44万亿元，居全国第一位，约占全国矿产资源潜在总值的1/3。

河南省地层齐全，地质构造复杂，成矿条件优越，蕴藏着丰富的矿产资源，是全国矿产资源大省之一。已发现各类矿产126种，探明储量的矿产73种，已开发利用的85种。在已探明储量的矿产资源中，钼、蓝石棉等8种矿产居全国首位，居前三位的有19种。

内蒙古自治区已发现各类矿种135种，探明储量的有83种，储量居全国第一的有5种，居全国前三位的矿种约有28种，居全国前十位的有67种。稀土储量8000多万吨，占世界的80%，居世界首位。煤炭保有储量2317.1亿吨，居全国第二位。铁矿石保有储量25.1亿吨，磷矿石保有储量2.8亿吨，稀土氧化物保有储量8015.3亿吨。

甘肃省是矿产资源比较丰富的省份之一，截至2006年年底，已发现各类矿产173种（含亚矿种）；已探明储量的矿产94种，其中，镍、钴、硒等10种矿产列全国第一位，列前五位的有25种，列前十位的有49种。

青海省是一个资源型富省。现已发现各类矿产125种，探明储量的矿产有105种。有51种矿产的储量居全国前10位，钾、钠、镁、锂、石棉等11种居全国首位。被誉为聚宝盆的柴达木盆地，富含镁、钾、锂、石油、天然气等资源，天然气资源已探明储量472亿立方米，石油12.44亿吨。

宁夏回族自治区非金属矿产资源丰富，主要有煤炭、石膏、石油、天然气、陶土等。汝箕沟矿区出产的太西煤是中国最好的无烟煤，也是世界上最优质的无烟煤之一，被誉为太西乌金。石膏储量居中国首位。此外，还富含水泥石灰岩、玻璃石英砂岩、黏土、芒硝、重晶石、燧石、硅石、铜、铁、磷、盐等矿产资源。

（4）能源。山西和陕西两省能源以煤炭为主，煤炭储量丰富。河南省的煤炭、石油、天然气储量都比较丰富。内蒙古自治区光能资源丰富，大部分地区年日照时数都大于2700小时，阿拉善高原的西部地区达3400小时以上。甘肃省境内河流水源充足，水流稳定，冬季不封冻，河道坡降大，且多峡谷，蕴藏有丰富的水能资源。青海省风能资源丰富，部分地区年平均风速约2～4米/秒，年可用时间5000小时以上。宁夏回族自治区煤炭、石油、天然气资源相对丰富。

7.6.2 产业情况

1. 工业

山西省是老工业基地，国有企业相对集中。改革开放以来，为适应山西省资源赋存特点和国家整体经济布局的要求，全省加快了能源重化工基地的建设，基本形成了以资源优势为基础，以煤炭、电力、化工、冶金、机械、建材、纺织等为支柱的主导产业、工业门类齐全的工业发展体系。

陕西省的装备制造、能源化工、食品工业、有色冶金等优势行业快速发展，产业集群化发展步伐加快。电子信息、装备制造业、能源化工、生物医药、食品、旅游业已经成为陕西省的支柱产业。

河南省工业门类覆盖了国民经济行业的39个大类，形成了食品及饮料、机械、电力、建材、冶金、化工、煤炭、石油及天然气、烟草等一批重点产业。

“十五”以来，内蒙古自治区大力推进工业化，到中期阶段，初步形成了能源、冶金、化工、农畜产品加工、装备制造和高新技术产业等六大优势特色产业。2005年六大优势特色产业增加值占规模以上工业增加值的80%以上。

甘肃省在新材料、电子信息、生物医药、光机电一体化、节能与环保等领域，初步形成了具有特色的高新技术产业，装备制造业也逐步兴起。兰州石化、金川公司、酒钢、兰铝等企业一批重点技改项目建成投产，重点企业装备水平提升，竞争实力增强。中央在甘企业快速发展壮大。2012年，甘肃省完成工业增加值2 074.24亿元，比上年增长14.5%。规模以上工业企业完成工业增加值1931.37亿元，比上年增长14.6%。规模以上工业企业产品销售率93.4%，比上年回落1.8个百分点。

改革开放以来，青海省工业发展迅速，已经形成石油和天然气开采业、水力发电业、有色金属业和盐化工业四大支柱产业。2006年，四大支柱产业创造增加值142.10亿元，比上年增长17.7%。其中，石油和天然气开采业46.81亿元，水力发电业21.52亿元，有色金属业54.45亿元，盐化工业19.32亿元。

宁夏回族自治区成立以后，开始了大规模的经济建设，经济获得了迅速发展。电力工业和煤炭工业有了长足的发展，已成为自治区的重点工业部门。宁夏已形成拥有煤炭、电力、冶金、石油、机械、化工、建材、纺织、化纤、医药、塑料、日用硅酸盐、制糖、电子、仪表、皮革、造纸、卷烟、食品等多个行业的工业体系，能生产近百种列入国家计划的重点工业产品，而且拥有一批列入国家重点的大中型企业。

2. 农业

山西省农业受自然环境的制约，发展缓慢。粮食产量较低。

陕西省是一个农业比重较大的省份，粮食、油料、蔬菜、烤烟、苹果、板栗等农产品在全国占有重要地位。

河南省是一个农业大省，也是全国农产品主产区之一。全省有耕地资源8 110.3千公顷，占全国的6.24%，仅次于黑龙江、四川和内蒙古等省区，居全国第四位。主要农产品有小麦、玉米、棉花、油料、烟叶等。2012年，河南省粮食总产量达到1127.72亿斤，比上年增产19.2亿斤，增幅为1.7%，成为第9个连续增产的年份。河南小麦产量占全国总产量的四分之一，粮食总产量占全国的十分之一。到2020年，全国新增1 000亿斤粮食生产目标，河南承担200亿斤的任务。

“十五”以来，内蒙古自治区大力推进农牧业产业化，农牧业综合生产能力得到较快提高。农业结构以种植业和畜牧业为主，林业和渔业比重较低。2005年，牛奶、羊肉和羊绒产量均居全国首位，粮食产量跃居全国第12位。

甘肃省农业经济发展较快。2011年，粮食总产1 005.3万吨，连续四年稳定在800万吨以上。农业产业化经营步伐加快，马铃薯、蔬菜、果品、玉米制种、酿酒原料、中药材等作物面积达到2 440 万亩，占农作物总播面积的44%。草食畜牧业快速发展。

由于受低温干旱及自然灾害等气候条件的制约，青海省的农牧业发展缓慢。主要种植的农作物有马铃薯、豆类、油料、蔬菜等。草食牲畜主要分为肉用和毛用。畜牧业在青海省的农业中占较大的比重。

宁夏回族自治区是我国河套地区商品粮基地的一部分。农产品主要有小麦、稻、黍、谷子、高粱、玉米、胡麻、油菜子等。畜牧业也较发达，以羊毛皮著称。

3. 对外贸易

黄河中上游各省区大多处于我国内陆，总体上来说，对外贸易较弱。山西省的煤炭在国际市场上享有很高的声誉，远销日本、朝鲜、泰国、英国、法国、美国等20多个国家和地区，2012年，山西进出口总额150.43亿美元，同比增长2.0%。其中出口70.16亿美元，增长29.4%，比上年同期提高14个百分点；进口80.27亿美元，下降13.9%，比上年同期回落32.2个百分点；实现贸易逆差10.11亿美元。

2012年青海省进出口总额11.6亿美元，同比增长25.6%，其中出口7.3亿美元，同比增长10.3%，进口4.3亿美元，同比增长64.3%。

4. 交通运输

山西省公路建设完成投资550亿元，其中高速公路建设完成433亿元，干线公路建设完成30亿元，农村公路建设完成15亿元，运输站场码头完成2亿元，农村街巷硬化完成70亿元。全省建成高速公路1 000千米，高速公路通车里程达到5 000千米，“三纵十一横十一环”高速公路网基本成型；新改建国省干线300千米、农村公路2 000千米，新增公路通车里程1 000千米；完成农村街巷硬化工程44 754千米，实现具备条件的建制村街巷硬化“全覆盖”。

陕西具有四通八达、安全便捷的综合运输体系。2012年，全年各种运输方式完成客货运输周转量2 323.68亿吨千米。其中，铁路完成1 956.74亿吨千米，公路完成354.46亿吨千米，民航完成12.04亿吨千米。

河南省地处全国铁路网中心，国家铁路干线京广、陇海、京九、宁西、焦枝、焦新、新荷、候月以及孟宝、新密等支线在境内交汇。全省铁路正线营运里程近4 000千米。全省共有郑州新郑国际机场、洛阳机场和南阳机场三个民用机场。郑州新郑国际机场共开辟43条航线，通航城市达到46个；河南省具有独特的公路优势，连霍、京港澳等9条国家规划的高速公路，107、310等9条国道经过河南；位于黄河中游，内河航运优势突出。

内蒙古自治区公路总里程达到8.3万千米，基本形成了贯通全区东西、周边多点辐射的公路交通网络；铁路总里程达到7 934千米；高速公路里程突破1 000千米；民用机场9个。

甘肃省交通以公路为主，全省公路通车里程达到4万多千米。近年来，甘肃省全面实施了“建运并举、水陆并进、和谐发展”战略，加快推进公路建设“东部会战”和道路运输“提速中部”战略，加快交通业的发展。

青海省以公路为主要交通运输方式。2012年，全省公路通车总里程达到65 988千米，公路运输在全省经济社会发展中起着举足轻重的作用。铁路在青海的交通运输上也起着重要的作用，有兰青、青藏铁路干线及4条支线、59条专线贯通全省东西，总铺轨里程1 100余千米。

宁夏回族自治区是内蒙古自治区和甘肃省之间的重要通道，有纵贯宁夏西北的包兰铁路。中（卫）宝（鸡）铁路，穿越宁夏南部与陇海线相连。公路以银川为中心，在区内可达各县，主要干线通车里程达7 000多千米。此外，银川还有直达北京、包头、西安、太原等地的航班。

7.6.3 黄河中上游经济区物流发展

2012年，山西省政府通过《山西省现代物流"十二五"发展规划》，《规划》指出：在区域布局和重点项目建设方面，以大运高速公路、大秦铁路线等公路、铁路和民航网络为基础，以现代电子商务信息网络为支撑，以功能齐备、布局合理的现代流通设施为载体，实现全省10个市分别担负起不同的物流任务。其中，太原、大同、运城、临汾、晋城为物流基地，长治、阳泉、朔州、晋中、忻州、吕梁6个市为区域性物流中心，建立100个物流配送中心，建立10 000个社会主义新农村现代物流配送网点。同时推进物流企业的规范化、标准化体系建设。

陕西省为促进现代物流业持续、快速、协调、健康发展，制定《陕西省现代物流业第十二个五年发展规划》。规划指出：到2020年，要基本建成以西安为枢纽，宝鸡、榆林、汉中、安康、渭南、商洛为节点的现代物流体系，把陕西建成我国承东启西、沟通南北的重要物流集散地；大力发展第三方物流，积极培育和发展具有较强竞争力的大型物流企业，努力提高物流业的社会化、专业化和国际化水平。全省物流业增加值年均递增18%左右，达到900亿元，占全省生产总值的15%左右。物流费用占全省生产总值的比率在目前的23%左右的基础上下降3～4个百分点。

2011年9月，河南省审议通过了《中国郑州现代物流中心发展规划纲要》，《纲要》描绘了未来5年乃至15年，河南省物流业的发展目标。未来5年，使河南省形成以郑州为中心，以中原城市群为重点，以区域物流枢纽、综合物流园区和专业物流中心为支撑的现代物流网络体系。到2020年，河南省物流形成"一个中心三个圈层"、"七大物流工程"、"五个区域物流枢纽"、"八类行业物流发展重点"。到2020年，物流业成为河南省的支柱产业。

由于基础设施薄弱，内蒙古物流业发展缓慢，基本处于初级阶段。今后一个时期，内蒙古物流业发展的目标是，充分利用区域优势（地跨东北、华北、西北，并于俄罗斯、蒙古国接壤），重点规划建设"一三二"的现代物流体系。"一"是建设首府城市呼和浩特市和包头市、鄂尔多斯市物流发展核心区；"三"是建设呼伦贝尔市、兴安盟、通辽市、赤峰市的东部物流发展区域，锡林郭勒盟、乌兰察布市组成的中部物流发展区域，巴彦淖尔市、乌海市、阿拉善盟组成的西部物流发展区域；"二"是满洲里和二连浩特两个口岸。

黄河上游经济区物流业发展滞后，主要在于物流成本高、技术水平层次低。目前，各省区政府已充分认识到物流业对带动地区经济发展的重要作用，纷纷着手制定该省区物流发展政策和发展规划，促进物流业的发展。

甘肃省于2010年制定《兰州市现代物流业发展规划》，旨在提升物流业的发展水平，合理规范引导物流业的发展，进而在全市形成高效畅通的物流配送体系。在今后3～5年时间里，兰州市将着力建设和完善大中型连锁经营企业的物流配送中心，使大型连锁企业统一采购、配送比重分别达到100%和80%。同时，培育和打造西部生产资料物流园区、东部生活资料物流园区、医药物流园区等几大物流园区，整合现有工业和商业仓储、运输等物流资源，大力发展集约化、全程服务的社会化第三方物流，形成一批实力强、辐射范围广、现代化水平高、服务功能完备的第三方物流集团企业。

根据青海省发展个改革委员会关于《青海省现代物流发展规划》，未来15年内，青海省物流的发展目标是：充分考虑与全省生产力布局和产业结构特点相适应，与全省综合交通网络规划、城镇体系规划、城市总体规划等规划相衔接，突出与专业市场、产业园区建设相配套，重点划分三大物流区域，规划三个物流枢纽，建设4个物流园区，扶持15个物流中心，按照“物流区域—物流枢纽城市—物流园区—物流中心—城乡配送系统”的模式，逐步形成多层次、点线面有机结合、科学合理的物流区域布局和体系较为完善、功能比较健全的物流服务网络。

宁夏回族自治区政府很重视物流业的发展，在银川市城市总体规划修编中专门增加了对银川市物流规划的研究。正在建设的银川公路枢纽——银古物流中心，填补了宁夏没有大型物流中心的空白，对推动宁夏物流业的发展有积极作用。

7.7　长江中上游经济区

7.7.1　概况

1. 地理位置

长江中上游经济区包括湖南、湖北、安徽、江西、重庆、四川、贵州、云南八省市。

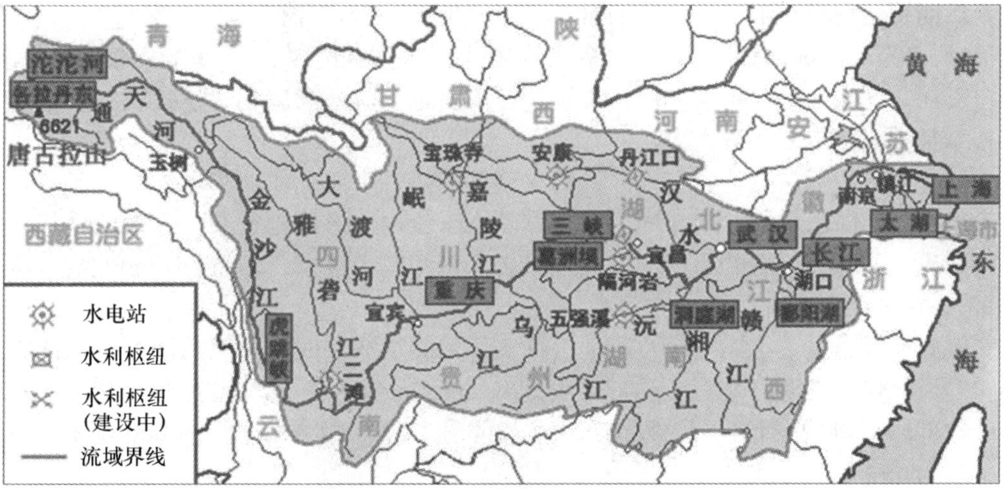

图7-4　长江流域示意图

湖北省地处长江中游，因在洞庭湖以北而得名。东连安徽省，南接湖南省、江西省，西部与重庆市接壤，北接河南省，西北和陕西省毗邻，东西长约740.6千米，南北宽约470.2千米。

湖南省位于长江中游，周边与江西、重庆、贵州、广东、广西、湖北六省区交界。全省东西直线距离667千米，南北直线距离774千米，总面积21.18万平方千米。因全省大部分地区在洞庭湖之南，故名“湖南”；又因省内最大河流为湘江，而简称“湘”。

安徽省简称“皖”，地处长江三角洲腹地，位于东经114°54′～119°37′、北纬29°41′～34°38′之间，紧靠以上海市为中心的长江三角洲经济区，是临江近海的内陆省份。全省南北长约570千米，东西宽约450千米，总面积13.96万平方千米。

江西省简称赣，地处长江中下游南岸，东邻浙江、福建省，南连广东省，西靠湖南省，北毗湖北省、安徽省而共接长江。江西省为长江三角洲、珠江三角洲和闽南三角地区的腹地。

重庆市位于青藏高原与长江中下游平原的过渡地带。东临湖北省、湖南省，南接贵州省，西靠四川省，北连陕西省。辖区东西长470千米，南北宽450千米。

四川省位于长江上游，东连重庆市，南邻云南、贵州，西接西藏自治区，北界青海、甘肃、陕西省。东西长1 075余千米，南北宽900多千米，面积48.5万平方千米，次于新疆自治区、西藏、内蒙古和青海四省区，居全国第五位。

贵州省简称“黔”或“贵”，位于中国西南的东南部，东毗湖南省、南邻广西壮族自治区、西连云南省、北接四川省和重庆市，是一个山川秀丽、气候宜人、民族众多、资源富集、发展潜力巨大的省份。全省东西长约595千米，南北相距约509千米，总面积为17.6万平方千米。

云南简称“云”或“滇”，地处中国西南边陲，北回归线横贯南部。总面积39.4万平方千米，北部与四川、贵州、广西、西藏四省区相邻，南部与缅甸、老挝和越南接壤，境内山河壮丽，自然风光优美。

2. 资源概况

（1）气候及水资源。湖南省气候属大陆性亚热带季风湿润气候，四季分明，日照充足，无霜期长，雨量充沛。全省年日照时数为1 300～1 800小时，年平均气温16～18℃，年降水量1 200～1 700毫米。境内水系比较发达，湘北有洞庭湖，为全国第二大淡水湖。湘江、资江、沅水和澧水4条大河，分别从西南向东北流入洞庭湖，连接长江。全省天然水资源总量为我国南方9省之冠。

湖北省处于我国东部季风气候区，属典型的亚热带季风气候，具有光能充足、热量丰富、无霜期长、降水丰沛、雨热同季等特点。由于境内地形结构复杂，导致地区气候差异较大，形成一些各具特点的小气候区域。全省水资源较为富裕，2005年，湖北省水资源总量约933.96亿立方米。

安徽省地处暖温带与亚热带过渡地区，气候温暖湿润，四季分明。淮河以北属暖温带半湿润季风气候，淮河以南为亚热带湿润季风气候。全省年平均气温在14～17℃之间，平均日照1800～2500小时，平均无霜期200～250天，平均降水量800～1 800毫米。全省水资源总量约680亿立方米。

江西省地处北回归线附近，为亚热带湿润气候，气候温暖，雨量充沛，年均降水量1 341～1 940毫米；无霜期长，十分有利于农作物生长。丰富的地表水资源，为江西省的一大潜在优势。全省平均年降水深1 600毫米，径流总量居全国第七位。

重庆市属亚热带季风性湿润气候，年平均气候在18℃左右，冬暖夏热，无霜期长，雨量充沛，温润多阴，雨热同季，常年降雨量1 000～1 400毫米。域内江河纵横，水网密布，水资源总量年均超过5 000亿立方米。

四川省地处亚热带，由于受地理纬度和地貌的影响，气候的地带性和垂直方向变化十分明显，东部和西部的差异很大。大致可分为三大气候区：四川盆地中亚热带湿润气候区、川西南山地亚热带半湿润气候区及川西北高山高原高寒气候区。总的特点是：季风气候明显，雨热同季；区域表现差异显著，东部冬暖春早，夏热秋雨，多云雾，少日照，生长季长，西部冬长寒冷，基本无夏，日照充足，降水集中，干雨季分明；气候垂直变化大，气候类型多。年平均气温约16℃，平均降水量1029.3毫米。境内河流1400多条，河流年径流量约3000亿立方米，居全国之冠。

贵州省气候温暖湿润，属亚热带湿润季风气候区，气温变化小，冬暖夏凉，气候宜人，降水较多，雨季明显，阴天多，日照少，受季风影响降水多集中于夏季，全省大部分地区年平均气温为15℃左右。

云南省气候主要受南孟加拉高压气流影响，形成高原季风气候。全省大部分地区冬暖夏凉，四季如春。境内河流湖泊众多，年径流量2000亿立方米，相当于黄河的三倍。

（2）动植物资源。湖南省的动植物资源丰富，覆盖面广。植物3000多种，多分布在湖南省的山区。幸存有世界罕见的五大植物“活化石”——银杉、水杉、水松、银杏和珙桐。野生动物资源中，属于国家重点保护的珍稀动物有44种，其中一级保护动物有白鳍豚、华南虎等18种，二级保护动物有猕猴、短尾猴等19种。

湖北省生物品种丰富。全省种子植物3700多种，神农架为我国中部最大的原始森林，被誉为“华中林海”、“天然动植物园”。世界观赏名木金钱松、中国特有的“鸽子树”（珙桐）、名贵绿化树白皮松、活化石水杉等珍稀树种就生长在这里。全省动物资源达700多种，约占全国动物种类的1/4。其中属国家规定的珍稀保护动物有白鳍豚、金丝猴、江豚（江猪）、大鲵、小灵猫、大灵猫等50多种。

安徽全省林业用地4.18万平方千米，占全省耕地面积的12%，全省植物种类丰富，共有木本植物300余种，草本植物约2100余种，动物约500余种，其中国家重点保护动物54种，以扬子鳄、白鳍豚最为珍贵。

江西省种子植物约有4000余种，蕨类植物约有470种，苔藓类植物约有100种以上。低等植物中的大型真菌可达500余种。由于得天独厚的水热条件，许多特有植物在江西省分布。全国198个特有属中64属为木本植物，江西省有19属，其中11属为单种属。全省现有脊椎动物600余种。其中鱼类170余种，约占全国的21.4%（淡水鱼）；两栖类40余种，约占全国的20.4%强；爬行类70余种，约占全国的23.5%；鸟类270余种，约占全国的23.2%强；兽类50多种，约占全国的13.3%。

重庆市植物资源丰富，在6000多种各类植物中，有被称为植物“活化石”的桫椤、水杉、秃杉、银杉、珙桐等珍稀树种，森林覆盖率20.49%。各类动物资源600余种，有金丝猴、华南虎、蜂猴、黑鹳等近100种国家重点珍稀保护动物；40余种畜禽类动物中，荣昌猪为全国三大猪种之首，有“华夏国宝”之称；石柱土家族自治县为全国最大的长毛兔生产基地。

四川省有高等植物近万种，约占全国的1/3，仅次于云南，居全国第二位。其中苔藓植物500余种，维管束植物232科、1621属，蕨类植物708种，裸子植物100余种（含变种），被子植物8500余种，松、杉、柏类植物87种，居全国之首。在全国389种珍稀濒危保护植物中，四川分布有74种。全省有各类野生经济植物5500余种。其中，药用植物4600多种，所产中药材占全国药材总产量的1/3，是全国最大的中药材基地；芳香及芳香类植物300余种，是全国最大的芳香油产地。野生果类植物达100多种，其中以猕猴桃资源最为丰富，居全国之首。菌类资源在全国最为丰富，野生菌类资源达1291种，占全国的

95%。森林面积1234.24万公顷，森林蓄积居全国第二，活立木蓄积15.82亿立方米，仅次于黑龙江省，森林覆盖率达27.94%。野生动物资源极其丰富，有1246种脊椎动物，占全国总数的45%以上，兽类和鸟类约占全国的53%。属于国家重点保护的野生动物146种，其中一级保护动物30种，占全国的30.9%，“国宝”大熊猫的数量占全国的85%以上。

贵州省植物资源有森林、草地、农作物、药用植物、野生经济植物和珍稀植物等六类，植物区系以热带及亚热带性质的地理成分占明显优势，种类繁多。全省有野生动物资源1000余种，其中黔金丝猴、黑叶猴、华南虎、云豹、豹、白鹳、黑鹳、黑颈鹤、中华秋沙鸭、金雕、白肩雕、白尾海雕、白头鹤、蟒等14种列为国家一级保护动物，占全国同类动物总数的13%。

云南省拥有丰富的生物资源，素有“植物王国”、“动物王国”、“有色金属王国”、“药材之乡”的美誉。云南是全国植物种类最多的省份，全国拥有高等植物3万种，云南就有1.8万种，不仅有热带、亚热带、温带、寒温带植物种类，而且还有许多古老的、衍生的以及从国外引种的植物。

（3）矿产资源。湖南省是著名的“有色金属之乡”和“非金属矿之乡”，全世界已发现的160多个矿种中，湖南有141种，其中锑、钨、锰等41种的保有储量居全国前5位。

截至2004年年底，湖北省已发现矿产138种，已查明资源储量的矿种89种，新发现矿种2种，占全国已探明储量156种的50.64%。全省已探明储量矿产地有1361处。磷矿、盐矿、石膏、水泥用灰岩、冶金用白云岩、膨润土、大理石、花岗岩、重晶石、累托石黏土等矿产是优势矿产，已探明的资源储量处于全国的前列。

安徽省是矿产资源大省，矿产种类较全，储量丰富。全省已发现有用矿种130余种，已探明储量的有67种。其中煤、铁、铜、硫、明矾石为五大优势矿产。

江西省矿产资源丰富，已发现各类固体矿产资源140多种，其中探明工业储量的89种，矿产地700余处。在探明的89种矿产储量中，居全国前五位的有33种。其中，居第一位的有铜、钨、钽、铯、铊、钪、金、银、铀、钍、伴生硫、溶剂白云岩等，居第二位的有稀土、硒、碲、铷、锂等，居第三位的有磷钇矿、铋、铍、岩盐、蛇纹岩等，居第四位的有铂、铌、萤石等，居第五位的有锡、锆、玻璃用白云岩等。特别是铜、钨、铀、钽、稀土和金、银被誉为江西省的“七朵金花”。

重庆市是全国大中城市中矿产资源最富集的地区之一。已发现矿产75种，初步探明的矿产40多种，探明矿藏产地353处，储量矿产潜在价值3882亿元。优势矿产有煤、天然气、锰、汞、铝、锶等。锶矿是重庆市最具特色的优势矿种，储量和质量均居全国之首。锰矿探明储量3700万吨，居全国第二。钒、钼、钡储量居全国第三。分布在秀山、酉阳的汞矿是全国罕见的特大型矿床，已探明储量1.9万吨。此外还有岩盐、重晶石、萤石、石灰石、硅等非金属矿产。

四川省矿产资源丰富且种类比较齐全，能源、黑色、有色、稀有、贵金属、化工、建材等矿产均有分布。已发现各种金属、非金属矿产132种，占全国总数的70%。有32种矿产保有储量居全国前五位，其中钛矿、钒矿、硫铁矿等7种矿产居全国第一位。钒、钛具有世界意义，钛储量占世界总储量的82%，钒储量占世界总储量的1/3。

贵州省矿产资源丰富。境内矿产资源种类繁多，门类齐全，储量丰富，分布广泛，且成矿地质条件好，是著名的矿产资源大省。截至2005年底，全省已发现矿产123种，其中有76种探明了储量，有多种保有储量排在全国前列。排在第一位的有汞、重晶石、化肥用砂岩、冶金用砂岩、饰面用辉绿岩、砖瓦用砂岩等，排在第二位的有磷矿石、铝土矿、稀土等，排在第三位的有镁、锰、镓等。此外，煤、锑、金、硫铁矿等也具有一定优势，在国内占有重要地位。贵州省铝土矿资源储量大，占全国的17%，是我国铝土矿三大产区之一。磷矿储量26.8矿石亿吨，占全国总量的40%以上。重晶石甲冠中华，储量为全国的1/3。金矿资源储量23.33万金千克，居全国第十位，是中国新崛起的又一黄金资源基地。

云南省拥有矿产150余种，占全国已发现矿产种类的93%。其中燃料矿产占40%，金属矿产占7.3%，非金属矿产52.7%。在保有储量的矿产中，有13%的矿种居全国前列，尤其是锌、铅、锡、镉、铟、铊、蓝石棉等居全国首位。

（4）能源。湖南省的能源资源主要为煤炭。该省是我国南方产煤较多的省份，现已探明煤炭储量达34亿吨。安徽省的两淮煤田（淮南、淮北）是中国南方最大的煤炭生产基地，年产原煤4677.77万吨。江西全省水能理论蕴藏量682万千瓦以上，在华东地区六个省区中处于第二位。

重庆市境内江河纵横，水网密布，水能蕴藏量巨大，理论蕴藏量为1438.28万千瓦，可开发量750万千瓦。此外，还有丰富的地下热能，开发潜力巨大。

四川省能源资源丰富，以水能、煤炭和天然气为主，它们在四川一次能源生产总量中占99.96%的比重。其中水能资源最为丰富，理论蕴藏量达1.43亿千瓦，占全国的21.2%。此外，太阳能、风能、地热资源也较为丰富，有望很好地开发利用。

贵州省能源资源富集。水、电、煤多种能源兼备，水能与煤炭优势并存，水火互济。水能资源蕴藏量为1874.5万千瓦，居全国第六位，其中可开发量达1683万千瓦，占全国总量的4.4%。贵州省素以“西南煤海”著称，煤炭资源储量达497.28亿吨，居全国第五位，超过南方12省（区、市）煤炭资源储量的总和。煤炭不仅储量大，且煤种齐全，煤质优良，为发展火电，实施“西电东送”奠定了坚实的基础，同时为煤化工、实施“煤变油”工程提供了资源条件。在“西电东送”的推动下，电力建设得到快速发展，到2005年末，贵州省电网统调装机容量达到1324万千瓦，发电量达到786.78亿千瓦时。

云南省能源丰富，太阳能仅次于西藏、内蒙古、青海等省区，全省年太阳总辐射量为每平方米3620～6682兆焦耳，年日照射数960～2840小时。共探明煤炭储量270亿吨。全省拥有的水能资源理论蕴藏量为10364万千瓦，年发电量9078.66亿千瓦时，占全国总量的15.3%，仅次于西藏、四川两省区，居全国第三位。此外，还有风能、地热、沼气和油气等能源。

7.7.2 产业情况

（1）工业。湖南省工业门类齐全，在国家规定的40个工业行业大类和197个中类中，湖南省分别有39个和188个。已形成以冶金、机械、电子、食品、能源、建材等工业为主体的产业结构体系。有近30种工业产品产量居全国前10位。

从20世纪50年代起，湖北省为我国工业重点建设地区，利用省内蕴藏丰富的矿产资源，建设了武钢、大冶铁矿、荆襄磷矿、应城石膏矿等大型矿山基地。20世纪80年代初，基本建成以钢铁、机械、电力、纺织、食品为主体、门类齐全的综合性工业生产体系，是全国重要工业生产基地之一。全省已形成十堰—襄樊规模和实力都蔚为壮观的汽车工业走廊，汽车生产已形成重中轻相结合、改装车与零配件配套的系列，汽车产量居全国第一位。

纺织工业包括棉、麻、毛、丝、化纤等部门，以棉纺织工业为主，是省内轻工业中最重要的部门。主要分布于武汉、宜昌、黄石、襄阳、沙市等地，其中武汉是省内最大的纺织工业基地，纺织工业产值约占全省的一半，也是中国著名的棉纺织中心之一，纺织品畅销国内外。

改革开放以来，安徽省注重调整工业产业结构，轻工业迅速崛起，已形成以家电、电子、纺织、烟酒、日用化工为支柱的轻工业生产体系。轻工产品花色品种从约 2 万种增加到 5 万多种，涌现出如美菱集团、荣事达集团等一批骨干企业，其产品销量位居全国同行业前列。

江西省相继建设了一批大中型骨干企业，形成了汽车、机械、电子、化工、冶金、建材、食品、纺织、医药等多门类的工业体系，布局日趋合理，支柱产业和优势产业茁壮成长。主要工业品产量成倍增长，一批工业企业的产品接近或达到国内先进水平。

重庆市工业基础雄厚，门类齐全，综合配套能力强，是我国老工业基地之一。制造业发达，是全国重要的摩托车、汽车、仪器仪表、精细化工、大型变压器和中成药的生产基地。该市拥有亚洲最大的铝加工厂，有规模以上汽车、摩托车企业 382 家，摩托车产量占全国的 1/3，出口超过 1/2，已成为全国十大机电产品出口基地之一。

四川省为工业强省。2006 年，高新技术、优势资源、装备制造和农产品加工四大优势产业完成增加值 1 904. 7 亿元，能源、原材料、食品、轻纺品、耐用消费品、建材化工、机电等产品生产增势良好。

（2）农业。湖南省是一个农业大省，农业发展历史悠久，源远流长，历史上曾有“九州粮仓”、“鱼米之乡”的美誉。稻米、生猪、棉花、油料、茶叶、淡水产品、麻类、棉花、烤烟等农产品享誉全国。其中稻谷、生猪产量居全国首位。全省拥有耕地资源 391. 26 万公顷，只占全国 3% 的耕地，却产出了占全国 6% 的粮食、8% 的棉花、13% 的柑橘、11% 的生猪、6% 的油菜和 8% 的水产品。全省建有商品粮基地 50 个、商品棉基地 18 个、良种猪基地 65 个、油料基地 3 个、糖基地 2 个、商品鱼基地 30 余万亩。湖南省不仅农产品总量大，而且科技含量高，农业科技在湖南农业增长中的贡献率达到 45% 。

湖北省是全国重要的粮、棉、油、猪生产基地，素有“湖广熟、天下足”的美誉。经过多年建设，农业综合生产能力稳定提高，主要农产品产量位居全国前列，淡水水产品产量位居全国第一，粮、棉、油、猪、禽、蛋、菜、果、茶、中药材、食用菌、魔芋等在全国占有举足轻重的地位。

农村改革以来，安徽省的农业和农村经济稳定、持续发展，农业生产力大幅度提高，农产品生产在全国居重要位次，常年粮食产量居全国第六位，油料居第六位，淡水水产品居第四位。农产品及其加工制成品出口额占全省的 40% 以上，以农副产品为原料的轻纺总产值占其总产值的 70% 左右，农业为基础产业。

江西省作为一个农业比重较大的省份，粮食、油料、蔬菜、生猪、蜜橘、淡水鱼类等农业品在全国占有重要地位。随着农业科技推广和产业化经营步伐的加快，传统农业正迅速向现代农业转变，生态农业前景可喜，绿色农产品正成为重要增长点。

重庆市是我国重要的粮食主产区和商品猪肉生产基地。

四川省农业历史悠久，是我国西部的一个农业大省。由于自然、技术、经济、社会诸因素的影响，四川省的农业长期以来形成了三个主要特点：一是人多地少。二是农业生产以种养业为主。三是农业生产地域差异显著。尽管农业生产存在局限性，四川省仍是我国粮食、油料、蚕茧、生猪和多种经济作物的主要产区，是我国三大林区之一、五大牧区之一，还是我国药材的主要生产基地。

贵州省农作物品种丰富，栽培的粮食作物、油料作物、纤维植物和其他经济作物近600个品种，粮食作物以水稻、玉米、小麦、薯类为主，经济作物以烤烟、油菜子为主要品种。

云南省农业以种植业、畜牧业和渔业为主，2006年，全年粮食总产量达1 542.21万吨，油料产量39.01万吨，烤烟产量75.78万吨，蔬菜产量1 033.78万吨，水果产量162.56万吨，茶叶产量13.82万吨。全省肉类总产量达322.05万吨，牛奶产量36.4万吨，禽蛋产量达20.5万吨，水产品产量29.24万吨。

（3）对外贸易。重庆市摩托车产量占全国的1/3，出口超过1/2，重庆市已成为全国十大机电产品出口基地之一。2006年，四川省外贸进出口总值达79亿美元，增长15.1%，其中出口47亿美元，增长18.1%。云南省2006年外贸进出口总额62.3亿美元，其中出口33.9亿美元，进口28.4亿美元，出口对象主要为亚洲、欧盟、东盟和非洲国家。

（4）交通运输。湖南省的铁路网较为发达，有京广、浙赣、湘桂、湘黔、枝柳五条铁路干线贯穿全省，全省各旅游城市或地区基本有铁路通达。全省的公路通车里程达6万多千米，106、107、207、209、319、320、322等国道经过湖南省境内，各旅游城市和风景区之间都通班车。航空以长沙为中心，长沙黄花国际机场有多个航班飞往国内外各大城市，另外两个民用机场，分别是张家界机场和常德机场。省内湘、资、沅、澧四水均可通航。长沙、衡阳、株洲、湘潭、邵阳、怀化、常德、岳阳等城市，不仅是全省铁路和公路交通的枢纽，也是水路交通的重要中转站。

湖北省交通便利。铁路有39条，线路总延长6 265.462千米，其中营业里程2 709.2千米，连接湖北、河南、湖南、江西、陕西、安徽六省。全省公路总里程181 791千米，公路密度达到每百平方千米97.8千米。省内河长在5千米以上的中小河流共有1 193条，总长度达35 130千米，通航里程10 000余千米。

安徽省公路总里程已达72 809千米，其中高速公路通车里程已达1 501千米，基本实现所有乡镇通油路（水泥路）。全省内河航道总里程已达到6504千米，居全国第七位。全省拥有营运客车71 460辆，营运载货汽车22万辆，港口码头泊位1 450个。

京九铁路，从南至北穿越江西省26个县市，在江西省境内长达700余千米，占全线总长近1/3。江西省已建成昌九、昌樟、温厚、九景、黎温等多条高速公路，高速公路通车总里程达到1 770千米。全省现有4个民用航空港，开通了至北京、上海、香港等地的几十条航线。

重庆市是中国西部唯一集水陆空运输方式为一体的交通枢纽，横贯我国内地东西和纵穿南北的几条铁路干线、高速公路干线在重庆交汇，3 000吨级船队可由长江溯江至重庆港，重庆江北国际机场是国家重点发展的干线机场。

四川省交通以铁路、公路为主。铁路有宝成、成昆、成渝、达成等线。公路以成都、内江、乐山、南充等城市为中心。成渝高速公路是本省与相邻地区公路交通的大动脉。有成乐、成雅、成绵、内宜等高速公路，以及在建的成南等多条高等级公路。长江及其支流可通水运，乐山、宜宾、泸州为内河运输重要港口。民航以成都为中心，已开通多条国际国内航线，宜宾、西昌、泸州、南充等机场开有多条国内航线。

截至2005年末，贵州省公路里程达33 217千米，全省公路密度为每百平方千米218.84千米，94%的乡通了公路。全省有通航河流26条，通航里程2 048千米。

云南省交通以公路、铁路、航空、水运为主。已形成以昆明为中心，连接全省和四川、贵州、广西、西藏等省区以及周边国家的公路交通网，总里程上万千米。铁路有准轨、米轨和寸轨三种，被称为“铁路博物馆”。云南省有58条国内航线和10条国际航线，省内通航的有8个机场，昆明机场和西双版纳机场为国际机场。通往省外和国外的主要水路是金沙江和澜沧江，主要港口有水富港、思茅港和景洪港。

7.7.3 长江中上游经济区物流发展

长江中上游经济区包括湖南、湖北、安徽、江西、重庆、四川、贵州、云南七省一市，是全国物流网络中的重要环节。近年来呈现良好的发展势头，未来发展空间很大。

交通运输业是现代物流业的发展基础。2012年，湖南省完成货运量及货物周转量分别为144 240万吨和18 785 681万吨千米，同比增长13%和22%。各种物流基础设施初具规模，物流园区建设快速。现已建成株潭、怀化、衡阳和岳阳为中心的四大区域物流中心。

湖南省“十一五”规划中指出湖南省现代物流业未来发展重点，是建设七大物流枢纽。以长沙为核心，建设一批现代物流园区，引进一批专业化物流企业，把长株潭建成国家级区域现代物流中心。依托岳阳通江达海的区位优势，建设一批江海联运的物流配送中心。发挥郴州、怀化跨省交通枢纽优势，加快商贸物流项目建设。利用衡阳、常德、益阳交通枢纽优势，培育一批以大宗农产品跨区域调动为主的物流集团。积极发展第三方物流，促进企业内部物流社会化、社会物流信息化。2012年，全省物流总费用9.4万亿元，同比增长11.4%；社会物流总费用与GDP的比率为18%，同比提高0.2个百分点。

“十二五”时期，湖北省将着力构建物流圈（带）——物流节点城市——物流园区——专业化物流中心的现代物流网络体系。物流圈（带）包括以武汉为核心，辐射武汉城市圈及周边地区的武汉（城市圈）物流圈；依托鄂西生态文化旅游圈，以宜昌、襄阳两个省域副中心城市为支撑，辐射湖北西部及周边地区的鄂西物流圈；依托长江经济带，辐射带动长江沿岸及周边地区的长江物流带。物流节点城市围绕全省“一主两副”的规划布局，武汉为全国性物流节点城市，襄阳、宜昌规划为区域性物流节点城市，其他14个市（州）规划为重点物流节点城市。

到2015年，充分依托湖北的区位优势、交通条件、产业基础和物流需求，逐步构建物流圈（带）——物流节点城市——物流园区——专业化物流中心为骨干的现代物流服务网络体系，发展辐射全国的中部物资集散中心、商贸流通中心和物流信息中心，建设南北物流通道中心枢纽和长江物流通道中心枢纽，力争建成以“一主两副”中心城市为核心，立足湖北、面向全国、连接国际的中部物流核心区域，确立现代物流业作为全省支柱产业之一的重要地位。

为了加快物流业的发展，安徽省出台了现代物流规划研究报告，报告提出了“三大物流区域，五大物流系统，五个物流园区和13个物流中心”的交通物流框架。即完成对长江物流区域、合肥物流区域和淮河物流区域等三大交通物流区域物流基础资源的优化配置；建立安徽省快速货运、专业运输、城市配送、多式联运和第三方物流五大物流服务系统；重点建设芜湖、安庆、合肥、蚌埠、阜阳五个物流园区和13个市级物流中心；建立起以物流园区、物流中心、港口、货运站场等为主体的功能完善的物流基础设施平台及交通物流信息平台。

安徽省“十一五”规划也将建设现代物流作为带动安徽省经济发展的重要内容。物流发展的方向为：推进物流管理体制改革，构建快速物流运输平台和物流信息平台，加速融入长江三角洲物流圈。依托合肥、芜湖、蚌埠、安庆、阜阳等区域中心城市和交通枢纽地区，培育一批物流龙头企业和物流园区。推进物流标准化管理。整合物流资源，鼓励邮政、仓储业、运输业、货运代理和企业物流等向第三方物流转化。到2010年基本形成结构合理、设施配套、技术先进、运转高效、互联互通、与长江三角洲经济圈全面对接的现代化综合物流体系。

江西省物流业发展呈现良好态势，2012年，江西省铁路、公路、水运完成旅客运输量84 239.3万人，比上年增长6.7%；完成货物运输量127 017.9万吨，增长13.8%。机场旅客吞吐量752.0万人，增长13.7%。其中，昌北机场旅客吞吐量601.8万人，增长12.5%。

长江是重庆市发展物流业的一条“黄金通道”。重庆市以北部新区物流基地为平台，在长江上构筑起一条物流通道。这条通道的建成，将打通西部的出海通道，使西部地区与东部地区物流畅通。按照重庆市国民经济和社会发展总体要求，以科学发展观为指导，立足重庆，服务西部，面向全国，以提高效率、优化服务为宗旨，以组织创新、科技进步为动力，坚持“政府引导，企业主体，市场驱动，资源整合，扩大开放，环境营造”的现代物流产业发展思路，大力发展重庆现代物流业，促进物流资源优化组合和生产要素合理配置，加快传统物流向一体化、专业化的现代物流转变，增强其对国民经济的支撑作用，发挥重庆现代物流业在我国中西部地区经济发展中更强的辐射和带动作用。

充分发挥重庆综合优势，大力发展区域物流和配送物流，培育和完善“结构合理、设施配套、技术先进、运转高效”的重庆现代物流体系。“十一五”期间，优化结点布局，建设物流平台，实施物流项目，健全保障措施，大力发展第三方物流，提升现代物流业发展水平，适应国民经济和社会发展的需要。到2010年，重庆已建设成为全国物流网络中的主要枢纽和结点之一，现代物流业发展水平超过国内平均水平，现代物流业逐步成为经济社会发展的新兴产业和新的经济增长点，初步建成长江上游现代物流中心框架。到2020年，现代物流业将成为重庆市国民经济的支柱产业，并成为长江上游现代物流中心。

四川省被纳入全国规划建设的六大商品粮物流通道，成为长江中下游稻米流出和玉米、小麦流入通道之一，给四川省物流业的发展带来了机遇。《四川省现代物流发展规划纲要》提出：到2020年，建成层次分明、设施完备、功能完善的现代物流体系，初步形成全国重要的现代物流中心和全球物流体系中的重要节点。

贵州省由于受到交通运输条件的制约，物流业发展滞后。因此，要加快物流业的发展，首先要解决交通问题。贵州省先后开通了贵遵、贵新、贵毕等公路，大大改善了交通状况。但是，贵州省不沿江海，其境内的货物的流通仍是靠铁路和公路。今后，贵州省依托资源优势，建立大型物流园区，扶持龙头物流企业，引导物流产业健康快速发展。

《云南省现代物流业发展规划》指出，在未来10年内，云南省将形成一个全新的物流产业发展格局，即构筑一个物流核心圈，三大物流枢纽，五大物流区，简称“135布局”。物流核心圈以昆明为中心，涵盖昆明、曲靖、楚雄、玉溪等滇中四州市。该物流圈就像云南省的一个“物流总部”，圈内的产业集中度高，城市经济发达，区位交通优势明显，各城市之间经济发展具有相似性和互补性，未来可带动整个滇中城市乃至云南省其他城市物流业的发展。圈内重点建设四个物流园区，它们分布于昆明呈贡新城、玉溪滇南、曲靖和楚雄，同时规划发展花卉、烟草、果蔬、医药等专业物流中心，并积极培育大型的第三方物流企业。到2012年，云南省货运总量为8.9亿吨，物流成本占GDP的比重降到20%左右，物流业增加值突破300亿元。

7.8 新疆、西藏经济区

7.8.1 新疆经济区

1. 地理位置

新疆维吾尔族自治区，简称“新”，位于亚欧大陆中部，地处中国西北边陲，总面积166.49万平方千米，占全国陆地总面积的1/6，周边与俄罗斯、哈萨克斯坦、吉尔吉斯斯坦、塔吉克斯坦、巴基斯坦、蒙古、印度、阿富汗等八个国家接壤。陆地边境线长达5 600多千米，占全国陆地边境线的1/4，是我国面积最大、陆地边境线最长、毗邻国家最多的省区。

2. 资源概况

（1）气候及水资源。新疆维吾尔族自治区属典型的温带大陆性干旱气候，冬冷夏热，气温日变化大，干燥少雨，光照丰富，多风，气候垂直变化明显。年均天然降水量155毫米。

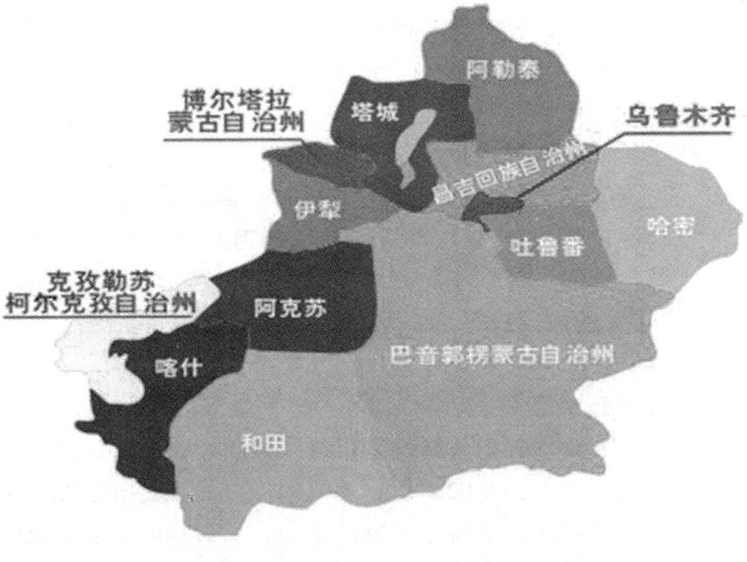

图7-5 新疆维吾尔族自治区行政区域图

新疆维吾尔族自治区降水量少，区内蒸发量大，致使一些地区水资源不足，制约着新疆经济的发展。区内大小河流570多条，其中年径流量超过10亿立方米以上的有11条。

湖泊分为高山湖泊和平原湖泊，面积大于1平方千米的有139个，喀纳斯湖是区内较大的淡水湖，水量容积53.8亿立方米。新疆维吾尔族自治区的冰川资源非常丰富，区内高大的阿尔泰山、天山及昆仑山三大山系，在海拔3 000米以上终年积雪，素有“群玉之山”的美称，孕育着18 600多条冰川，其面积共计22 184.83平方千米，占全国冰川面积的37.8%，冰川储量折合水量19 087.2亿立方米。

（2）动植物资源。新疆维吾尔族自治区野生动植物资源物种丰富，种类繁多，品种独特，特性优良，开发的潜力较大。野生植物达4 000余种，天然药物，如麻黄、罗布麻、甘草、贝母、党参、阿魏、肉苁蓉、秦艽、雪莲等分布广泛，质量上乘，具有独特的品质和优良的特性。此外，新疆维吾尔族自治区还是多种果树的原始起源中心和次生中心，果树优良品种约300余种。

区内脊椎野生动物近700余种，约占全国的11%。新疆维吾尔族自治区有许多国际濒危野生动物，如普氏野马、藏野驴、藏羚羊、雪豹、棕熊、白肩雕、藏雪鸡等；也有一些是我国仅分布于新疆维吾尔族自治区的特有动物，如四爪陆龟、新疆北鲵、塔里木兔、新疆大头鱼等。新疆维吾尔族自治区共有国家重点保护动物116种，约占全国保护动物的1/3，其中列为一级保护的有28种，列为二级保护的有88种。

（3）矿产资源。新疆维吾尔族自治区矿产种类全、储量大，开发前景广阔。已发现的矿产有138种，其中，9种储量居全国首位，32种居西北地区首位。石油、天然气、煤、金、铬、铜、镍、稀有金属、盐类矿产、建材非金属等蕴藏丰富。另外，黄金、宝石、玉石等资源种类繁多，古今驰名。

（4）能源。新疆维吾尔族自治区能源丰富。石油资源量208.6亿吨，占全国陆上石油资源量的30%；天然气资源量为10.3万亿立方米，占全国陆上天然气资源量的34%；煤炭资源预测量2.19万亿吨，占全国的40%。全区油气勘探开发潜力巨大，远景十分可观。此外，还有丰富的风能、太阳能。

3. 产业情况

（1）工业。改革开放以来，新疆维吾尔族自治区工业经济快速增长，技术水平明显提高，形成了以矿产资源开发和农副产品深加工为主导力量，包括石油天然气开采、石油化工、钢铁、煤炭、电力、纺织、建材、化工、医药、轻工、食品等门类基本齐全并具有一定规模的现代工业体系。

轻工业在新疆维吾尔族自治区的工业发展中占较大比重，特别是特色产业，主要涉及轻工业中的酿酒、罐头、饮料、乳制品、日用化工、香精香料、宝玉石加工、制糖、功能性食品、民族用品等十几个行业。初步形成产业规模的产品主要有番茄、葡萄酒、果汁饮料、红花、枸杞、胡萝卜、化妆品、香精香料、啤酒花、甜菜糖、低聚糖、宝玉石加工及民特产品等大类；另外，鲜奶酒、酸马奶、罗布麻茶、葡萄籽油、香梨果胶及以维吾尔族药材为主要原料的各种功能性食品和功能性饮料等产品的开发也保持了良好的势头。

2012年，新疆所有工业增加值达2 929.9亿元，比上年增长12.7%。规模以上工业增加值2 804亿元，增长12.7%。其中，轻工业207.24亿元，增长14%；重工业2 596.76亿元，增长12.5%；石油工业1 386.17亿元，增长4.1%，非石油工业1 417.83亿元，增长21.8%；公有制经济2 155.23亿元，增长10.7%，非公有制经济648.77亿元，增长21.0%；中央企业1 903.47亿元，增长8.0%，地方工业900.53亿元，增长22.4%。

（2）农业。新疆维吾尔族自治区农业发展历史悠久，盛产小麦、玉米、棉花、油菜、甜瓜、哈密瓜、葡萄、香梨等农产品，自古以来就有“瓜果之乡”的美誉。农、林、牧用地面积约6 306.07 万公顷。现有耕地面积406.34 万公顷，人均占有耕地0.2 公顷，为全国人均水平的 2 倍；园地面积 35.43 万公顷；林地面积 677.07 万公顷；牧草地总面积 5 116.07 万公顷，占全国草场总面积的 20%，仅次于内蒙古自治区，居全国第二位。

近年来，新疆维吾尔族自治区农业综合生产能力逐年提高，已形成了棉花、粮食、甜菜、林果和畜牧等优势主导产业。特色农产品发展方兴未艾，棉花、啤酒花、番茄、红花、枸杞、哈密瓜、吐鲁番葡萄、库尔勒香梨、和田石榴等特色农产品饮誉国内外，其中啤酒花占全国总产量的70%，枸杞占 50% 以上，红花占 60% 以上。新疆维吾尔族自治区已成为全国最大商品棉、啤酒花和番茄酱生产基地和全国重要的畜牧业和甜菜糖生产基地。

（3）对外贸易。新疆维吾尔族自治区对外开放水平不断提高，逐步形成了沿边、沿桥（亚欧大陆桥）和沿交通干线向国际、国内拓展的全方位、多层次、宽领域的对外开放格局，成为中国向西开放的前沿。全区已有国家批准的开放市县 70 个，开放一类口岸 17 个，两个国家级经济技术开发区，一个国家级高新技术开发区，一个加工贸易区，三个边境经济合作区，已同 100 多个国家和地区建立了经贸关系。2004 年，全区对外贸易进出口总额 56.36 亿美元，比上年增长 18.2%，比 1978 年增长了 244 倍，年均增长 24.6%。其中，出口总额30.47 亿美元，进口总额25.89 亿美元。在出口总额中，一般贸易 5.02 亿美元，加工贸易 2.66 亿美元，边境小额贸易 22.38 亿美元。主要出口机电产品和高新技术产品。在进口总额中，一般贸易 10.15 亿美元，加工贸易 0.52 亿美元，边境小额贸易 14.71 亿美元。2006 年，全区外贸进出口总额上升为 73.7 亿美元。对外贸易主要国家和地区为哈萨克斯坦、美国、俄罗斯、欧盟等。全区利用外资规模不断扩大，自 1978 年起，外商直接投资累计 5.8 亿美元；自 1992 年起，已成功举办 13 届乌鲁木齐对外经济贸易洽谈会。

（4）交通运输。新疆维吾尔族自治区交通运输发展快速。1962 年底兰新铁路铺轨到乌鲁木齐，结束了新疆没有铁路的历史。后又相继建设了连接内地的兰新铁路和南疆铁路、北疆铁路以及兰新铁路复线等，铁路营业里程达到 3 000 多千米。新疆维吾尔族自治区还与哈萨克斯坦开通了乌鲁木齐至阿拉木图的 13/14 次国际旅客列车。全区铁路货运平均运距 901 千米，是全国平均运距的 1.3 倍以上。公路建设形成以乌鲁木齐为中心，以国道、省道公路为骨架，县乡公路为脉络，连接区外和周边国家的交通运输网，公路通车里程由 1955 年的 8 820 千米增加到 9 万千米。穿越塔克拉玛干大沙漠的沙漠公路，是世界上首次在流动性大沙漠上修筑的长距离等级公路。民航运力迅速增加，民航通航里程已达 11.95 万千米。已有 44 家航空公司运营新疆维吾尔族自治区航空运输市场，全区拥有航线 127 条，其中国内航线 82 条，国际航线 45 条。全球 20 个国家的 86 个城市与新疆自治区通航，已形成以乌鲁木齐区域性枢纽机场为核心的航线网络布局，成为我国西部的国际门户。

4. *新疆经济区物流发展*

新疆维吾尔族自治区现代物流业处于起步发展阶段。与全国发达省区市相比，新疆维吾尔族自治区物流业发展差距还很大。截至 2012 年年底，新疆全区注册商贸物流企业（个体工商户）共计 10 000 余家，从业人员达 30 000 余人，其中绝大部分为传统商贸业，物流公司有 30 家，占商贸物流企业总数的 0.1%。2012 年，实现社会消费品零售总额 35.91 亿元，同比增长 16.2%；物流企业实现营运收入 2.3 亿元，同比增长 23.2%。

目前，新疆维吾尔族自治区依靠政府政策、资金支持及各类企业的积极投入，围绕新疆维吾尔族自治区石油天然气、重化工、绿色食品加工、轻工纺织和高新技术五大产业基地建设，规划构建跨部门、跨行业、跨地域的一批现代物流园区（二级四园六中心）体系。以乌鲁木齐为中心，规划建设一级枢纽区的四大物流园区；以北疆、南疆、东疆三条物流通道为主干，各地、州、市中心城市为重心，规划建设二级枢纽区（物流中心）；以区域特色经济发展为依托，规划建设六大专业物流（配送）中心，形成新疆全区以国际物流为重点、区域物流为基础、城市配送物流为支撑的多层次综合性物流体系。

7.8.2　西藏经济区

1. 地理位置

西藏自治区位于青藏高原西南部，地处北纬26°50′～36°53′，东经78°25′～99°06′之间的广大地区。北邻新疆维吾尔族自治区，东连四川省，东北紧靠青海省，东南连接云南省，南与缅甸、印度、不丹、锡金、尼泊尔等国毗邻，西与克什米尔地区接壤，陆地国界线4000多千米，南北最宽900多千米，东西最长达2000多千米，是中国西南边陲的重要门户，无出海口。全区面积120.223万平方千米，约占全国总面积的1/8，在全国各省区市中仅次于新疆维吾尔族自治区。

2. 资源概况

（1）气候及水资源。西藏的气候独特且复杂多样，总体上具有西北严寒、东南温暖湿润的特点，呈现出由东南向西北的带状分布：热带—亚热带—温带—亚寒带—寒带；湿润—半湿润—半干旱—干旱。由于地形复杂，还有多种多样的区域气候及明显的垂直气候带。西藏气候总的特点是：日照时间长，辐射强烈；气温较低，温差大；干湿分明，多夜雨；冬春干燥，多大风；气压低，氧气含量少。年降水量在74.8～901.5毫米之间，全区年均温度在－2.8℃～11.9℃之间。

区内流域面积超过1万平方千米的河流有20多条，著名河流有金沙江、怒江、澜沧江和雅鲁藏布江，是国际上河流分布最多的一个中国省区。雅鲁藏布江为西藏自治区第一大河，也是世界上海拔最高的大河，流域面积达24万平方千米。西藏高原上分布着大小湖泊1520多个，面积超过100平方千米的有47个。

（2）动植物资源。西藏自治区有脊椎动物795种，其中两栖类45种，爬行类55种，鸟类488种，兽类142种，鱼类63种。全区有昆虫近4000种。大中型野生动物数量居全国第一位，特别是藏羚羊数量占世界上整个种群数量的70%以上；黑颈鹤越冬数量占世界上整个种群数量的80%左右；野牦牛数量占世界上整个种群数量的近80%。

西藏自治区是我国森林和原始林最大的林区之一。截止2012年年底，西藏全区森林覆盖率达到12.11%以上。森林面积名列我国第五，活立木总蓄积量名列我国第一。常见树种主要有云杉、冷杉、铁杉、高山松、华山松、落叶松、云南松、白桦、青枫木等，经济价值很高。高等植物6400多种。药用资源丰富，西藏全区植物性藏药材有191科、682属、2085种；矿物性藏药材有50余种。全区已开发常用藏药360多种，比较著名的植物性藏药材有冬虫夏草、藏红花、贝母、手掌参、藏茵陈、藏菖蒲、毛膏菜、绿蓉蒿、胡黄连、忍冬果、檀香、桃儿七、雪莲花、天麻、灵芝、三七、大黄、党参等，这些药材药用价值高，其中不少畅销国内外。

（3）矿产资源。全区已发现101种矿产资源，查明矿产资源储量的有41种，勘查矿床100余处，发现矿点2000余处，已开发利用的矿种有22种。优势矿种有铜、铬、硼、锂、铅、锌、金、锑、铁，以及地热、矿泉水等，部分矿产在全国占重要地位，矿产资源潜在价值万亿元以上。矿产资源储量居全国前五位的有铬、工艺水晶、刚玉、高温地热、铜、高岭土、菱镁矿、硼、自然硫、云母、砷、矿泉水等12种。石油资源目前也有很好的找矿远景。

（4）能源。西藏自治区煤炭储量不足，能源主要有水力、地热、太阳能、风力和林木等。水能资源理论蕴藏量2亿多千瓦，占全国的29%，居全国首位；地热和风能比较丰富，地热发电潜力为80万千瓦，年风能资源量为930亿千瓦时；太阳能资源量位居全国之首，很多地区年日照在3000小时以上，年辐射量在每平方米6000～8000兆焦耳。生物质能方面，全区森林资源可提供的薪柴理论资源量折合为270万吨标准煤，居全国第一。

3. 产业情况

（1）工业。随着我国改革开放的不断深入和中央对西藏自治区援助工作力度的不断加大，西藏自治区的工业从无到有，不断发展壮大，已基本形成了一个以电力、采矿、建材、机械、医药、农畜产品加工和民族手工业为主的工业体系。

（2）农牧业。西藏自治区现有耕地22.3万平方千米。农作物主要有青稞、小麦、玉米、油菜、豆类等品种；蔬菜约有16个大类，150余个品种。青稞和春小麦在西藏自治区的种植历史悠久，青稞有700多种，春小麦有6个品种。萝卜、白菜、西葫芦、西红柿、黄瓜、丝瓜、苦瓜、冬瓜、茄子、辣椒、芹菜、豆类、葱、花菜等大多数蔬菜品种在西藏自治区都有种植。随着高效温室大棚的兴建，内地一些名特优新菜陆续引进并已种植成功。全区建立各类果园400多处，年产干鲜果品1000多万公斤，茶叶1吨，桐油1.5万公斤。

西藏自治区幅员辽阔，畜牧业资源丰富，是我国五大牧场之一。畜种主要有牦牛、黄牛、犏牛马、驴、绵羊和猪等。

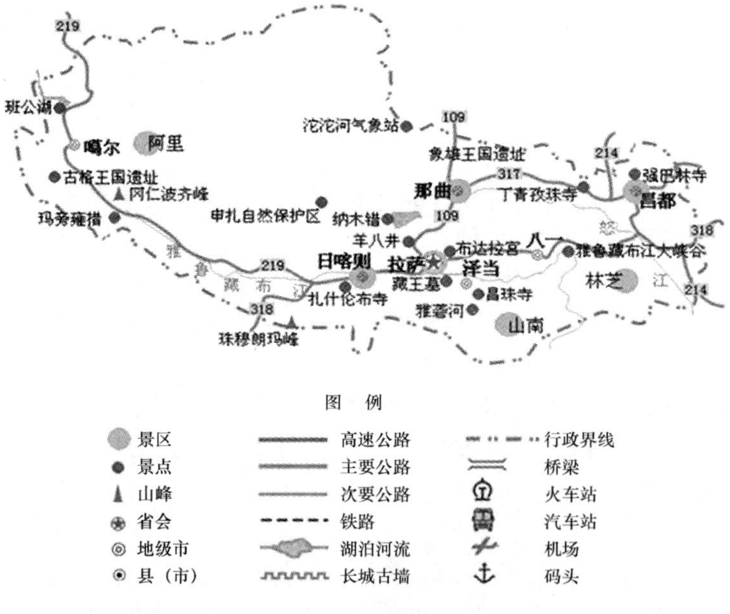

图7-6 西藏区域图

（3）对外贸易。西藏自治区是我国的沿边地区，绵延数千千米的国境线上有普兰、吉隆、亚东、樟木四大传统对外贸易口岸。到 2013 年，西藏自治区外贸进出口为 31. 8 亿美元，同比增长 169. 6%，再创历史新高。2012 年，西藏大力推进口岸基础设施建设，在樟木、拉萨航空港、亚东、吉隆等口岸实施了联检设施、口岸国门等基础设施建设项目，口岸功能大幅提升，通关环境进一步优化。大力建设边贸市场和出口商品基地，活跃传统边贸市场，积极扩大边境贸易和自产产品出口。进出口贸易结构得到优化，规模不断扩大，对外贸易进出口总额快速增长。因为与印度、尼泊尔等多个国家接壤，凭借独特的区位优势和地缘优势，西藏正成为我国与南亚国家之间的通商要道。青藏铁路通车后，西藏的区位优势更加凸显。

（4）交通运输。经过几十年的努力，一个以拉萨为中心，以青藏、川藏、新藏、滇藏、中尼公路为骨架的公路网已经形成。到 2005 年底，全区公路通车总里程达 4. 35 万千米。到 2011 年，全区公路通车里程达到 6. 31 万千米，基本形成“三纵两横，六个通道”的骨架公路体系。

4. 西藏经济区物流发展

长期以来，由于自然条件和基础设施的限制，西藏自治区物流业发展缓慢。青藏铁路的通车运营，给西藏自治区物流业的发展带来了难得的机遇。尤其是青藏铁路格尔木到拉萨段，那曲地区占了 72% 的长度。借助这一优势，投资 15 亿元的那曲物流中心，成为西部最大、国内一流的现代化物流中心。那曲物流中心的建设，有利于最大限度地发挥青藏铁路的强大辐射作用，有利于充分发挥那曲地区承南续北、东接西联的交通枢纽和经济战略地位优势。物流中心强大的人流、物流、资金流和信息流资源，直接辐射拉萨、昌都、阿里和日喀则等区域，为周边地区的发展提供更为广阔的空间，促进西藏自治区区域经济的协调发展。

西藏的货物流通主要通过小型物流公司，如中邮运输公司、中铁运输公司等进行开展。这种物流具有灵活、分散的特点，与西藏经济总规模较小、企业数量较少的现状相适应。目前，西藏具备公路、航空、铁路三个方面的运输能力，也为物流业发展提供了便利的条件。使得西藏在短短几年的时间内实现了物流业从无到有的飞跃，推动了西藏经济的进一步发展。

西藏物流业由于地理优势和物流内需的推动等的优势，近几年在不断地发展，并对西藏经济形成了良好的支柱。但与国内其他省份和国外的先进技术相比，在物流信息技术和物流服务等方面还有很大的差距。同时，由于物流企业市场竞争力弱、管理水平低、基础设备落后、创新能力不强等，加大了西藏物流业进一步发展的难度。

思考与练习

1. 分析经济区划与行政区划的关系。
2. 我国大陆分为哪十大经济区？
3. 简述各经济区物流发展状况。
4. 分析经济区物流的发展主要受哪些因素影响。

第 8 章　港、澳、台物流地理

本章内容摘要

- 我国香港、澳门和台湾地区的地理位置及自然条件；
- 各区的经济特征各区物流业发展状况。

8.1　香港地区物流地理

8.1.1　香港地区概况

1. 地理位置

香港特别行政区位于珠江三角洲南部、珠江口东侧，西邻澳门，北接广东省深圳经济特区，是珠江内河与南海交通的咽喉、南中国的门户，也是太平洋与印度洋之间的航道要冲，历来为沟通日本、东南亚及西太平洋的重要商埠。距广州市大约 140 千米。

香港简称“港”，因产沉香，又称香江、香海，包括香港岛、九龙、新界及附近岛屿，陆地面积 1 103 平方千米。香港岛及九龙半岛是香港政治、经济、文化、交通中心区域。全区人口约 690 余万，是全球最重要的贸易经济体之一。

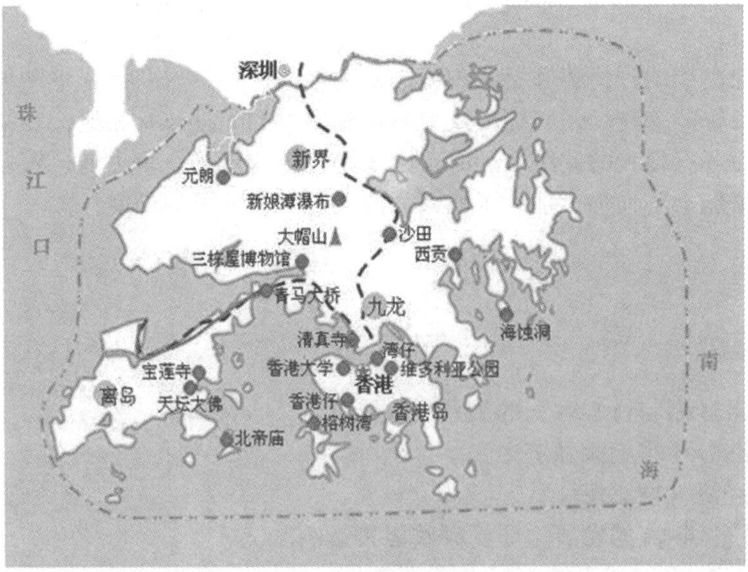

图 8-1　香港地理位置

2. 自然条件

香港岛地势陡峻，太平山最高峰552米，北岸与九龙半岛相对，中间为维多利亚港，吃水12米轮船可以自由进出，是世界三个最优良天然港口之一。新界丘陵起伏，大雾山海拔957米，是全区最高山峰。香港的山丘主要由花岗石和火成岩构成。这两类岩石通常颇易挖掘，可做填海物料。香港的矿藏有铅、锌、石英、绿柱石和石墨等，但产量不多。香港全境领域之中，海域约占2/3。由于本港的海域面阔水深，群山屏障，是可供船只停泊的理想海港，所以一直以来既是国际航运的主要通道，又是世界上最繁忙的港口之一。世界各地与东亚之间的贸易都经过香港或以香港为中转站。

气候属亚热带湿润季风气候，年平均气温为23.3℃。由于缺乏大河流和湖泊，加上地下水资源缺乏，香港地区的淡水主要靠广东省供给。香港邻近大陆架，洋面广阔，岛屿众多，拥有得天独厚的渔业资源，有超过150种具有商业价值的海鱼，主要有红衫、九棍、大眼鱼、黄花鱼、黄肚和鱿鱼。香港土地资源有限，林地占总面积的20.5%，草地和灌木地占49.8%，荒地占4.1%，沼泽和红树林地占0.1%，耕地占6.7%，鱼塘占2%，城郊区建设发展用地占16.8%。农业主要经营少量的蔬菜、花卉、水果和水稻，饲养猪、牛、家禽及淡水鱼，农副产品近半数需内地供应。

3. 香港地区的经济

香港是一个经济高度外向型的地区，在经济发展的历史过程中，经历了两次经济转型，从20世纪50年代开始工业化，到70年代初完成了由转口贸易向工业化过程的转变；之后，香港地区推行经济多元化方针，金融、房地产、贸易、旅游业迅速发展，特别是从80年代初开始，香港的制造业大部分转移到内地，香港地区各类服务业得到全面、高速发展，实现了从制造业向服务业的转变。香港已成为亚太地区主要的国际金融、贸易、航运、旅游和信息中心，拥有全球最繁忙的货柜港，亦是主要的黄金交易中心。香港是世界上经济最开放的地区之一，商品、资金进出自由，是全球经济最自由最具竞争力的经济体之一。

金融服务、贸易及物流、旅游和工商业支援及专业服务是香港经济的四个主要行业。这四个主要行业带动其他行业的发展，并制造就业机会，是香港经济动力的所在。

（1）金融服务。金融服务涵盖广泛范围的服务，包括银行、保险、证券经纪、基金管理及其他金融服务。作为亚太地区国际金融中心的香港，拥有高度发达的金融运作系统。金融服务业是香港重要经济支柱，直接贡献本地生产总值约13%，从业人数超过18万人。通过不断的改革与创新，香港金融业在为本地和国际投资者提供更加全面的服务的同时，其国际金融中心地位也日益巩固。

香港金融市场的特色是流通量高，市场在有效和具有较高透明度的监管下运作，各项监管规例都符合国际标准。在自由的市场经济下，香港特区政府恪守尽量不干预金融市场运作的原则，并尽力为金融机构提供一个有利营商的环境。香港的低税政策和简单税制，为各类商业企业提供了更多的自主权和创新空间；而完善的法制则保证了市场的公平竞争，吸引了大批外国金融机构进驻香港，使香港金融业始终保持着不断进取的活力。

香港现已形成包括银行体系、外汇市场、货币市场、证券市场、债务市场、金银贸易、保险业以及投资管理等金融运作系统，它们既各自独立，又互相依存、互为补充，共同为资本的顺畅流通和增值提供保障。

作为全球最大的银行中心之一，香港拥有本地和外国银行及存款机构251家，除存贷款之外，这些银行还从事包括贸易融资、公司财务、个人理财、证券及金银买卖等业务。在香港的外资银行达114家，其中的77家属于全球100家最大银行。

香港的外汇市场发展成熟，交易活跃，以成交额计是全球第七大外汇市场。由于没有外汇管制，香港的投资者可以全天24小时在世界各地的外汇市场进行交易，这对促进外汇市场的发展十分重要。

备受海内外投资者关注的香港股票市场，截至2007年3月底，在香港上市公司达1 180家，资本市值总额达13.55万亿港元。根据伦敦2007年3月公布的环球金融中心指数，香港在金融中心竞争力方面已排名全球第三，为全球10大股市之一。配合资讯科技的发展，香港交易所近年来不断进行技术更新，目前已实现自动对盘交易，投资者、经纪和交易所联网，大大提高了市场效率。目前，香港交易所正在与伦敦等国际主要交易所磋商，为实现24小时环球股票交易创造条件。

香港对金融市场的监管一向非常重视，已形成一整套金融监管制度。主要监管机构金融管理局和证监会等，适应市场的发展变化，不断修改和完善有关规章制度，以维护和提高香港的国际金融中心地位。

（2）对外贸易。对外贸易一直是香港经济中最主要的支柱产业，香港是举世闻名的贸易港口，也是重要的国际贸易中心。香港地区对外贸易包括进口、港制产品出口和转口贸易三大部分，进口商品来源地主要是中国内地以及日本等亚洲国家，其次为美国、韩国、新加坡、德国和英国。香港地区产品主要输往中国内地以及美国、英国、德国、日本、加拿大、澳大利亚、新加坡、荷兰、瑞士和法国。转口贸易主要输往中国内地、澳门和台湾地区，以及美国、新加坡、印尼、日本、韩国、菲律宾、沙特阿拉伯等国家和地区。

内地是香港地区的最大贸易伙伴，香港地区九成转口货物来自内地。2007年，内地与香港进出口总额达1972.5亿美元，同比增长18.7%。其中，内地对香港出口1844.3亿美元，同比增长18.7%；自香港进口128.2亿美元，同比增长18.8%。香港是内地第五大贸易伙伴、第三大出口市场。香港地区也是内地（特别是广东省）的主要服务中心，为内地提供港口和机场等支援性的基建设施以及银行、保险和其他商业服务。多年来，香港地区一直是内地的主要转口港。

（3）交通旅游。香港地区具有发达的立体式水、陆、空交通系统，公共交通十分发达。优越的地理位置和良好的港口使香港地区成为亚洲水运中心，其港口是世界最繁忙、效率最高的港口，同时与世界上200多个国家和地区的460个港口有运输和贸易往来，形成了以香港为枢纽，航线通达五大洲、三大洋的完善的海上运输网络。

香港机场是世界十大航空港之一，到世界各地有19条主要的航线。新机场距离市区有40千米，有地铁交通和机场巴士与之相连。香港地区拥有全球最完善、快捷的公众运输系统。铁路交通有到北京的京九线、到上海的沪港铁路和到广州的广九铁路三条线路。

香港素有"东方明珠"之美称，是举世瞩目的美丽的海港城市。这里蓝天碧海，山峦秀丽，自然风光优美动人，旅游资源丰富。有缤纷繁华的购物街、殖民时期至现代时期的建筑、大型主题公园、传统中国风味的庙宇、展览馆及浴场等。在香港旅游，游客既可以观赏到美丽的自然风光，又可以获得商业文明带来的种种享受；既可以沉浸在摩登社会的物质享乐中，又可以重温旧时代的朴真生活方式。香港的主要景点有海洋公园、中环及太平山顶、大屿山风景区、天坛大佛、青马大桥、香港迪士尼乐园、黄大仙祠、尖沙咀—旺角、浅水湾沙滩、香港会议展览中心等。

图 8-2　维多利亚港

8.1.2　香港物流业

1. 香港物流业发展概况

香港一向是世界一流的物流枢纽。多年来，香港都保持着世界最繁忙货柜港及国际航空货运中心地位。物流业是香港四个支柱行业之一。服务跨越海陆空领域，涉及多个领域，主要包括分发、供应链管理及资讯科技等。

在空运方面，每星期提供约 5 000 班定期航班由香港地区飞往全球 140 多个目的地，香港国际机场 2012 年货物吞吐量为 26 930 万吨，居世界各机场国际空运吞吐量的首位。在海运方面，香港是两种不同的模式海上运输的交汇处，在港内作业的包括从太平洋驶来的巨型远洋船，也有从珠江驶来的较小型沿岸船和内河船。香港更是新加坡与上海之间唯一发展完善的现代化深水港，因而成为华南所有海上贸易活动的枢纽。每周约 80 多家国际集装箱航运公司提供 400 余条航线开往全球各地。香港是一个自由港，凭着完善的国际网络、优越的物流基础配套、丰富的货运经验、先进的资讯科技等优势，提供高效、快捷和完善的服务，赢得了世界的称誉。

2. 香港物流业发展面临的机遇与挑战

（1）香港发展物流业的优势。香港发展物流业具备以下优势。

一是地理位置及配套设备。香港地区位于亚洲的心脏地带，同时也是中国内地这个世界上最大制造业基地和最多人口消费市场的主要国际门户；香港拥有世界级的基建设施；港人熟悉内地的经营环境。这些都有利于香港物流业的发展。

二是香港的物流业有着较为成功的管理经验；物流业能够创造大量职位，而相当一部分更是一些低技术的职位，对于香港的失业问题有正面的影响，所以政府重视发展物流业。为了发展和推广香港成为国际和珠江三角洲地区首选的运输及物流枢纽，特区政府成立了物流督导委员会，负责制定有关物流发展的政策以及督导落实各项有关的措施。同时，香港特区政府还成立了香港物流发展局，负责执行督导委员会的决策，为政策与业界人士提供渠道。发展物流业不但能巩固香港作为珠江三角洲的货物运输枢纽，而且还能增强本港的营商环境，加速经济发展。

（2）香港发展物流面临的机遇。中国内地经济的快速增长会刺激全球贸易及货运的发展，珠江三角洲地区目前已发展成为举世瞩目的强大的制造业中心，并正在向服务业、高增值行业转型。内地物流业发展未臻完善，香港与珠江三角洲作为进出中国的门户，力求成为区内的物流枢纽，为内地以及整个东南亚地区提供服务。这为香港发展物流业提供了相当大的发展空间。

2004年1月1日正式实施CEPA（内地与香港关于建立更紧密经贸关系的安排），根据CEPA的承诺，内地向香港地区开放的物流服务的范围主要包括：允许香港地区服务提供者以独资形式在内地提供相关的货运分拨和物流服务，包括普通货物的运输、仓储、装卸、加工、包装、配送及相关信息处理服务和有关咨询服务，国内货运代理业务，利用计算机网络管理和运作物流业务，等。

CEPA实施后，货物贸易降税范围逐步扩大，已基本涵盖所有港澳产商品，受惠进口货物稳步提升。海关统计显示，港澳CEPA货物贸易连年高速增长。据统计，截至2011年年底，港澳CEPA实施8年间，内地累计进口香港CEPA项下受惠货物76.18亿美元，关税优惠3.12亿元人民币，年平均增长率分别为38%和39%；累计进口澳门CEPA项下受惠货物573.85万美元，关税优惠316.47万元人民币，年平均增长率分别为81%和78%。香港货物物流协会的280家会员中，九成已在内地开设了分公司。香港地区政府看到了香港地区与内地合作发展物流的机遇，与珠三角合作发展成为连接内地与世界市场的物流业枢纽，并增加香港地区作为供应链基础的优势，建设珠三角物流基地，再向华南乃至全国、全世界辐射。

（3）香港发展物流业的威胁与挑战。香港在发展物流业方面的劣势一方面主要是码头处理费用高昂，这个费用一直以来是全球最高的。另一方面，物流业越来越成为世界的主要行业，随着各国物流业的发展，香港地区物流业面临更多的挑战。

3. 香港地区物流发展对策

（1）发展即时转运。即时转运可节省成本、提高效率，我们知道“物流”（Logistics）就是指“物资流通”，主要工作是在指定的时限之内，以最具竞争力的成本，将付货人的货物送抵目的地，让付货人可以专注其核心业务，缩短业务周转时间。加强物流业的“即时转运”，是指货物在中转站能按客户需要，以最短的滞留时间付运出口。香港现时每星期有超过5 000班航机遍及全球140多个目的地，基本上货物到达机场立即可以上机；而香港港口的作业流程亦素以高效率见称，货柜船在港内的周转时间，平均只需13小时；一般货船在浮泡和锚地从事中流作业，周转时间分别为32小时及49小时，充分体现香港转口货运“即时”的高水准优势。即时转运的好处就是能为客户提供高效率的服务，以抵消香港高成本的问题。香港经营成本高于邻近地区，是客观的事实，不过亦间接肯定了自身的优势，而要维持这种优势，唯一的出路，只能是继续强化自身，顺应即时转运这一全球物流发展的大趋势，提升本港的即时转运能力，打开内地尚未成熟的即时转运市场。

（2）全面的基建设施。在基础设施方面，香港国际机场采用最先进设备和双跑道设计，以应付日益繁重的运输量，近90家国际航空公司来往于香港与全球150多个目的地。另外，作为全球最繁忙和最高效率的国际集装箱港口，香港与全球500多个港口和城市有着密切联系，超过80家国际集装箱航运公司每星期提供400条航线，能到达全球500多个目的地。香港是无论从技术装备、信息网络建设，还是从码头作业效率、口岸经营环境来看，香港均达到国际一流的物流中心指标。

（3）加强与内地的联系。由于香港与华南地区的经济往来日益频繁，加上中国已成为世界贸易组织的成员，所带来的经济发展机遇，加强香港与珠江三角洲的经济联系对香港物流发展也很重要。香港处理出口和转口货物中，在珠江三角洲生产的高达70%，因此珠江三角洲的货运和经济发展对香港有举足轻重的影响。香港将与广州研究建设“区域快线”以加强与华南的人流和物流的联系。

（4）资讯建设和人才培训对物流业发展也很重要。要建立完善的物流管理，可靠而迅速的信息流尤其重要。因此，政府必须加强和鼓励物流资讯系统营运、建设和管理，建立完善的信息平台，增加培训，提升现有从业人员的水平，以促进香港物流业的发展。

总体来说，香港拥有地利和国际贸易的优势，还有一流运输设施和交通网络，以及背靠珠江三角洲及内地强大的生产能力。香港有足够的条件发展成为连接内地与世界市场的物流枢纽。

8.2　澳门地区物流地理

8.2.1　澳门地区概况

1. 地理位置

澳门特别行政区地处珠江口西岸，南对南中国海，北以关闸为界与珠海经济特区的拱北接壤。它距中山市（石岐）40 千米，东北距广州 145 千米，东距香港 61 千米，西面则隔江与珠海市湾仔镇相望。以经纬度定位，则在东经 113°34′47″～113°35′20″、北纬 22°06′40″～22°13′0″（以东望洋山灯塔为准）。

澳门总面积 25.8 平方千米，人口大约为 43.6 万人，其中大部分居民住在澳门半岛，两个离岛人口较少。澳门地区居民以华人为主，占总人口的95%，葡萄牙人及其他外国人只占 5%左右。

2. 自然条件与旅游资源

现在的澳门由澳门半岛与两个由大桥相连的离岛凼仔（又名潭仔）、路环组成。澳门过去是广东省中山市（古称香山县）南端的一个小岛，屹立海中，与今日的离岸岛屿无异，其后由于西江的泥沙冲积，在澳门与大陆之间由于海水对流关系冲积成一道沙堤（莲花茎，今关闸马路），才与大陆相连接，成为一个半岛。在澳门半岛有莲花山、东望洋山、炮台山、西望洋山和妈阁山，在凼仔岛有观音岸、大凼山（鸡颈山）、小凼山，在路环岛有九澳山、叠石塘山。山岩性质以花岗岩与火山岩为主。在澳门半岛，平地面积较大，约占 80%以上；凼仔岛和路环岛，丘陵面积较多。澳门海岸线长达 937.5 千米，形成了南湾、东湾、浅湾、北湾、下湾（以上位于澳门半岛）、大凼仔湾（凼仔）、九澳湾、竹湾、黑沙湾、荔枝湾（以上位于路环）等多处可供船只湾泊的地方。目前除九澳湾、竹湾、黑沙湾外，其他港湾不是早已开辟成港口码头，就是因为淤泥堆积或填海造成消失殆尽，只剩下一个历史名词而已。

澳门地区全年气候温和，平均气温约 20℃，属季风区及夏季多雨暖温带气候，每年以 10 月中旬至 12 月天气最稳定，阳光充沛不太炎热，湿度不高，最为舒适，是旅游的理想季节。澳门春季较不明显，5～9 月，天气炎热并时有台风或西南季风低压槽带来的长时间暴雨；1～3 月，冬季来临，虽较寒冷，但阳光普照。

澳门地区的名胜古迹多与宗教有关，大三巴牌坊是澳门最为人熟悉的标志，是圣保禄禄火灾后遗留下的前壁。它先后经历三次大火，屡焚屡建，除了是旅游热门景点外，也是澳门回归庆典中重要的庆祝场所。妈阁庙、普济禅院、蓬峰庙被称为澳门地区三大禅院。天主教的玫瑰堂、望德堂、大堂、板樟堂等也很有名。另外大炮台、黑沙海滩、澳门博物馆、松山灯塔等都是游客的好去处。

图 8-3　大三巴牌坊

3. 澳门地区的经济

20 世纪 60 年代以前，澳门地区经济十分弱小，从 70 年代开始，澳门地区依靠工资低、地价廉、享有欧美市场的纺织品配额的优势，吸引香港地区工业资本前来投资，逐渐形成以纺织、电子玩具、塑料花等为主的出口加工业，并进而同旅游娱乐业、建筑房产业、金融保险业一起，逐步成为澳门地区的四大经济支柱。由于地理位置和历史的原因，澳门与香港的经济、文化联系十分紧密，澳门地区依赖香港，香港也利用澳门。由于回归，澳门地区的经济也越来越被看好。

（1）出口加工业。澳门现代工业的产生和发展，只是近二三十年的事。20 世纪 70 年代，在香港经济起飞的带动下，澳门的工业有了长足的发展，利用低地价、低工资以及欧美国家给予的较充裕的成衣、针织品配额和对澳门产品实行特惠税，大量吸纳香港资金来澳设厂，制衣、针织、手袋、玩具、电子制品等行业迅速发展起来。到 80 年代中期，工业达到鼎盛，有工厂 2 700 余间，工人 8 万，产值占全澳总产值的 37%，成为澳门经济的第一大产业，不仅为 1/3 的澳门劳动人口提供了就业岗位，而且是外汇收入的主要来源。

工业主要是劳动密集型的加工业，其中制衣、毛纺毛织占总产值的 70%。工厂的规模也较小，多数是不足百人的小厂，500 人以上的工厂只有几家，所以澳门的加工企业大多经营灵活，产品更新方便。但是澳门加工业对外依赖性很大，资金和技术主要来自香港，原料需全部进口，工人中相当部分是从内地输入的劳工，产品 90% 以上出口。目前澳门的工业产品已销往100多个国家和地区，其中70%以上销往美国和欧盟国家。

20世纪90年代，由于邻近的珠江三角洲及东南亚一些国家出口加工业的迅速发展，澳门工业受到很大的挑战，生产成本低廉的优势逐渐丧失，竞争力下降，发展明显放慢，增长幅度由80年代的两位数降为一位数，许多工厂或者部分生产工序转移到成本更低的邻近地区。面对新形势，澳门的一些企业家正致力于促进工业转型，即将原来粗放式的劳动密集型产业向半技术密集型及高附加值的产业转移。他们一方面开发新产品，开拓新市场；另一方面积极改进经营管理，引进新科技，降低成本，改善产品质量，提高产品的竞争能力。目前，澳门工业虽然进入转型调整阶段，遇到的困难不少，但发展前景仍然光明。

（2）金融服务业。金融业是澳门的四大经济支柱之一。银行业和保险业作为澳门金融体系的两大主体，即使过去数年经济增加放缓，但与其他行业相比，仍能保持较为平稳的发展。目前，澳门银行共有22家，其中9家为本地银行，其余为外来资本银行设在澳门的分行。此外还有2家财务公司、1家邮政储蓄机构和7家货币找换店。

保险业方面，澳门共有21家保险公司，其中3家为澳门公司，其余则来自8个国家及香港地区。以业务类别区分，6家从事人寿保险业务，15家从事非人寿保险业务。

（3）对外贸易。澳门地区是典型的出口导向型经济，对外贸易是澳门地区经济的生命线。20世纪50年代由于美国对中国的禁运和封锁，使澳门地区的对外贸易曾一度不景气。20世纪60年代开始，由于新型工业的兴起，社会经济不断发展，对外贸易出现转机。70年代后，一方面，由于澳门地区拥有欧美给予的特惠税和较多的纺织品配额，另一方面，香港地区厂家也转移至澳门地区发展，澳门地区经济进入高速增长期。90年代后澳门地区出口增长放缓。东南亚金融危机的爆发，使澳门地区进出口贸易受到很大的冲击。由于邻近不少国家和地区的货币贬值，在坚持联系汇率、港元不贬值的情况下（澳门货币与港元挂钩），澳门地区的产品出口价格失去了竞争力，导致部分出口下降。

澳门出口货物主要以纺织品、玩具、电子产品为主，进口主要是工业原料、粮食和食品。澳门特别行政区政府成立以来，按基本法的规定实行自由政策，保障货物、无形资产和资本的流动自由，澳门地区的外贸取得了新进展，2012年，进出口贸易总额达64亿美元，同比增长35.6%，其中出口9亿美元，进口为55亿美元。出口方面，纺织品及成衣仍居主要地位，主要输往美国和欧盟；进口货物原产地主要集中于亚洲地区，中国内地及香港地区占总进口量的一半以上。

（4）博彩旅游业。“银牌高署市门东，百万居然一掷中。”澳门世界是闻名的赌城，有“东方蒙蒂卡罗”之称。澳门的赌业由来已久，清朝时已具规模。1872年，港英当局严格禁赌，清朝政府也在广东禁赌，赌徒流聚澳门，澳门赌业得以兴旺。1937年，澳门开设专营赌场，其税收成为澳门政府财政收入的重要来源。1961年，葡澳政府颁布法令，将博彩业合法化。1962年澳门旅游娱乐有限公司取得博彩业的专营权并经营至今。

澳门的博彩业主要有幸运博彩、跑狗、跑马、白鸽票（彩票）。博彩业的收入十分可观，目前仅幸运博彩的年收入已超过170亿澳门元。澳门的赌场与美国的拉斯韦加斯、大西洋城相比，其建筑、设施和繁华程度都远为逊色，但来澳门赌徒所下的赌注却大得惊人，常常是少数人在几张赌台上的豪赌带给赌场的收入占赌场总收入的近半数。博彩税是澳门政府财政收入的主要来源，近年比重已达50%。目前，澳门博彩业仍属专利经营性质，由政府开设。由于澳门以博彩旅游为主要经济支柱的现状是历史形成的，博彩业在澳门已有相当的基础，因此，在今后相当长的历史时期内还将是澳门税收的重要来源。根据澳门基本法第118条规定：“澳门特别行政区根据本地整体利益自行制定旅游娱乐业的政策”，博彩业对今后澳门经济的发展还会有一定的推动作用。

博彩、娱乐、中西文化的交汇，吸引了大量外来游客到澳门观光。2011年，澳门地区入境旅客突破2 800万人次。大量旅客的到来，带动了澳门的酒店业、餐饮业、旅客运输业、珠宝金饰业和商业的兴旺。

（5）建筑产业。澳门是世界上人口密度最高的地区之一，土地资源变得越来越珍贵。澳门土地按用途分为农业、货仓、商业、住宅、工业和其他六大类；按性质分为政府用地和私人用地两大类，其中政府用地包括政府租借地、政府租售地、政府公共土地、临时性使用式占用地等，私人用地包括业权已明确的土地和业权未明确的土地两种。

20世纪50年代初期，大量新移民进入澳门，对房屋的需求十分殷切，60年代中期，“分层出售”的楼房买卖和银行提供“分期付款”供楼等方式先后出现，为房地产的发展创造了条件。70年代末，由于制造业的兴起，居民就业情况理想，置业安居愿望强烈，同时随着内地改革开放，数以万计的内地新移民到澳门定居，使澳门人口急剧增长，楼价也急速上涨。澳门建筑地产业进入第一个高峰期。80年代后期，中葡通过谈判顺利解决了澳门问题，澳门前景明朗，多项大型建设得到落实，市场资金充裕，分期付款供楼成为一种潮流，建筑地产业再创高峰。作为澳门经济的支柱产业之一，建筑产业在澳门经济结构中具有重要作用，也是财政收入的重要组成部分。

8.2.2 澳门物流业

1. 澳门物流业发展概况。目前澳门物流管理仍属起步阶段，但澳门绝对有条件发展物流业。在陆路方面，除了历史最悠久的陆路边检与内地连接外，现在还有莲花大桥连接珠海横琴；在海路方面，有九澳货柜码头和内港货运码头。关于内地轻铁延伸到澳门的问题，澳门特区政府一直都有意向就跨境项目与内地政府交换意见，有关计划目前仍处研究阶段，并会在适当时候磋商。

澳门特区政府的策略是首先主力发展空运。澳门国际机场自1995年以来，除了1999年因受到亚洲金融风暴的不景气影响，出现过下跌以外，其余每年处理的航空货物均有两位数增长。所处理的货物总量由1996年全年的2.5万多吨，大幅增至2012年的21.5万多吨，增长势头强劲。目前珠三角地区的货运有八成以上是经香港出口的，香港是区域内最重要的物流中心。澳门政府希望能分担珠江三角洲西部的物流。特区政府同时着手修改法律，实行软硬设施同时进行，为未来的物流业铺路。

目前，澳门机场大部分货物是集中走台湾路线，澳门航空公司首条全货运航线2005年10月正式开通，每周飞六天，每天提供两班经澳门往返台北和深圳之间的航班。澳门国际机场是除关西机场外全球第二个完全由填海造陆而建成的机场。机场跑道建于一个条状的填海地段上，跑道与航站楼之间由两条桥相连接。2012年全年，澳门国际机场旅客吞吐量449万人次、飞机起降41 997架次，超过预期目标。客运量和飞机起降架次较2011年分别上升了11%和8%。

澳门国际机场一直致力于为旅客提供更多的航线选择。2012年共引进5家新航空公司，包括华信航空、越南航空、微笑泰航、釜山航空以及菲律宾亚洲航空。丰富的航班选择令东南亚航线的旅客数量跃居首位，占整个旅客市场的37%；中国内地占32%；台湾市场占31%。

澳门要发展现代物流，就要提升传统运输业，并利用澳门现有的基础设施，联合澳门的周边地区，汇合成一个全立体的运输网络，创造整体经济效益。莲花大桥、横琴口岸、国际机场为澳门物流发展打下基础，与欧盟、台湾地区的贸易关系和自由港优势可以开辟特定市场，澳门物流发展将独辟蹊径。

2. 澳门地区物流业发展前景。2005年配额制度取消，澳门制造业功能将出现转型，原来的制造业工人会被物流业所吸纳。澳门机场的航空网络日渐增强，可提升澳门物流业的竞争力。

海峡两岸物流合作有着较为广阔的前景。物流业是CEPA框架下粤澳服务业合作的一项重要内容，粤澳双方互补性很强，合作潜力巨大，特别是在生产性服务业领域的合作空间十分广阔。粤澳两地政府按照粤澳联席会议决定的合作目标，参与和开展了一系列活动。通过举办“2007粤澳物流合作交流会”，促进双方企业的对接和交流。截至2011年年底，广东省共吸收澳门服务业企业2 835家，合计实际投资46.96亿美元，共登记注册澳门永久性居民个体工商户427家，资金数额2 136.63万元人民币。截至2011年年底，澳门经济局已发出了631张CEPA下的“澳门服务提供者证明书”，其中属于物流运输范畴的就达478张。这些物流企业中，部分计划在内地一个城市以上设立分公司，其余也将在多个城市开设代表处或办事处，足显澳门物流运输业界对拓展内地市场的热情。珠澳跨境工业区珠海园区设有24小时通关的专用口岸通道，物流不受时间的制约，实现珠澳跨境工业区珠海园区对澳门发展的延伸，体现粤澳两地合作的效果和实施的价值。

8.3　台湾地区物流地理

8.3.1　台湾地区概况

1. 地理位置

台湾地区位于祖国大陆架的东南缘。地处东经124°34′30″（宜兰县赤尾屿东端）至119°11′03″（澎湖县望安乡花屿西端），北纬21°45′25″（屏东县恒春镇七星岩南端）至25°56′30″（宜兰县黄尾屿北端）之间。北临东海，东北接琉球群岛，东滨太平洋，南界巴士海峡，与菲律宾相邻，西隔台湾海峡与大陆福建省相望，最近处仅130千米。全省恰扼西太平洋航道的中心，在战略上，素有我国“七省藩篱”之称，位置十分重要。

台湾是中国一个由岛屿组成的海上省份。全省由台湾本岛和周围属岛以及澎湖列岛两大岛群，共80余个岛屿所组成。陆地总面积35 989.76平方千米。截至2012年年底，台湾地区人口总数为2 323.9万人，人口密度为每平方千米632人。

2. 自然条件

台湾本岛是中国第一大岛。台湾本岛是一个多山的海岛，高山和丘陵面积占2/3，平原不到1/3。台湾岛地形，中间高，两侧低。以纵贯南北的中央山脉为分水岭，分别渐次地向东、西海岸跌落。但由于高山多集中在中部偏东地区，就形成了东部多山地、中部多丘陵、西部多平原的地形特征。

台湾地区跨温带与热带之间，年平均温度，除高山外约在22℃左右。气候特点与处于同一纬度的大陆云南、广西和广东等省区一样，属于热带和亚热带气候。但它四面环海，受海洋性季风调节，终年气候宜人，冬无严寒，夏无酷暑，四季树木葱茏，百花芬芳，农作物南部一年三熟。

台湾森林覆盖面积占全省土地总面积的一半以上，台湾因受气候垂直变化的影响，林木种类繁多，包括热带、亚热带、温带和寒带品系近4 000种，是亚洲有名的天然植物园。台北的太平山、台中的八仙山、嘉义的阿里山，是全省的三大著名林区。这里各类阔叶树、藤类植物的浓枝密叶，终年遮云蔽日。全省经济林面积约占林地面积的4/5，主要有红桧、扁柏、台湾杉、肖楠、马尾松、樟、榉、楠、栎、朴等名贵木材，为舟船、枕木、桥梁等的上选材料。台湾的樟科树木居世界之冠。用樟树提炼的樟脑和樟油，在医药上和化学工业上用途很大，是台湾一大特产，产量约占世界总产量的70%，最多时年产1 000多万斤。台湾现已探明的各种矿藏有200多种，但多数储量不丰，铁、煤、石油等资源尤其缺乏；目前已经开采的矿藏有30余种，主要是煤、硫黄、金、铜、天然气等。在台湾北端大屯山一带，还出产重要的化工原料——硫黄，这是我国天然硫黄储量最多的地方。

台湾四面环海，又处暖流与寒流的交汇地，海产十分丰富，一向是我国重要产渔区。鱼类多达500多种，其中以鲷鱼、鲔鱼、鲨鱼、鲣鱼、鲳鱼为最多，高雄、基隆、苏澳、花莲、新港、澎湖等地都是著名的渔场。近几年台湾还发展虱目鱼、吴郭鱼、鲢鱼、鳗鱼及虾、贝等淡水养殖业。此外，台湾出产的海盐也久负盛名，从鹿港到安平之间的沿海地区是海盐的主要产区。

3. 台湾地区的经济

台湾经济是典型的出口导向型经济体系。50多年来，通过进口替代、出口扩张、结构调整与自由化改革的发展轨迹，台湾经济获得了较快发展。

（1）农业。台湾地区地狭人稠，境内2/3为山地丘陵，气候温暖，雨量充沛。台湾现代农业生产发达，现有耕地面积约1 290万亩，目前台湾农业总产值约为4 000亿元新台币，占台湾经济生产总值的3.3%，在台湾经济发展中占有重要地位。主要农产为稻米、甘蔗、槟榔、茶、玉蜀黍等，主要畜产为猪、鸡、鸡蛋、牛乳、鸭、鹅等，畜牧方式以栏牧为主。渔业可分为远洋、近海、沿岸渔业及养殖渔业四种，每年冬季的乌鱼汛，为典型的近海渔业。高雄前镇渔港则为远洋渔业的基地，主要渔产为鲔鱼、鲣鱼等，养殖渔业主要鱼类为虾、虱目鱼、吴郭鱼及石斑鱼等。主要针叶林产为扁柏、红桧、肖楠等，主要阔叶林林产为乌心石、榉木、黄连木、泡桐等。

（2）工业。工业是台湾经济的重要支柱。经过几十年的发展，台湾基本上建立了部门比较齐全、以委托加工型态为主体、以信息电子产业为支柱的工业体系。20世纪70年代以前，台湾工业特别是加工出口工业有了较快发展，以轻纺工业为主，70年代初起，台湾在继续发展加工出口工业的同时，开始推动第二次进口替代工业，采取保护政策（即进口替代），建立台湾自己的重化工业。1978年，台湾重工业生产比重首次超过轻工业，台湾有了自己较为齐全的工业体系。1980年，新竹科学工业园区的正式建立，是科技工业政策调整的重要标志，其主要目的是引进新技术，开发新产品，吸引与培养高科技人才，建立与发展技术密集工业。1981年年底，台湾又提出以信息与机械工业等为代表的策略性工业，并逐渐形成“二高”（附加价值高，技术密集度高）、“二大”（产业关联效果大，市场发挥潜力大）、“二低”（污染程度低，能源密集度低）的策略性工业发展标准，并采取多种措施予以鼓励，以实现工业升级与经济结构的转型。于是80年代以后，台湾资本与技术密集工业得到迅速发展，逐渐取代传统工业或劳力密集型工业。90 年代以来，台湾主要推动高新技术产业的发展，提高工业技术水平，高科技产业逐渐成为台湾工业发展的主体与核心。2012 年，台湾多项电子通讯相关产品出货量为全球第一。显示台湾 ICT 产业在全球具有领先的优势。台湾 ICT 产业形成上、中、下游紧密完整的产业群聚体系。虽然台湾多项电子产品为全球出货量第一，但令人担忧的是多数产品都是以代工为主，若市场需求停滞或是代工的品牌客户成长不再，将面临严重的供过于求的问题。

（3）对外贸易。台湾经济是一种“海岛型经济”，需要外向发展，加强与世界各地的经济交流，扩大原料来源和产品销售市场。台湾的出口产品分为农产品、农产加工品和工业品三大类。台湾的进口产品一般为农工原料、机器设备和消费品三大类。战后，台湾对外贸易的发展经历了三次重要转折。第一次转折是自 1962 年起工业产品出口超过农产品和农产加工品而居首位，彻底改变了以农产品和农产加工品为主的传统出口结构。第二次转折是 1971 年实现了外贸顺差，扭转了过去 18 年之久的入超局面。在此后的 20 多年间，除个别年份出现贸易逆差外，其余年份均保持顺差，表明台湾的国际收支状况开始得到根本改观，为其后来成为世界“外汇储备大户”打下了基础。第三次转折是 80 年代以来出口额在亚洲“四小龙”中保持第一。台湾对外贸易自 1976 年起一直维持顺差，1987 年顺差达到 187 亿美元，创历史最高峰。随后，由于台湾市场的逐渐开放，进口增长速度加快，贸易顺差开始减少。90 年代，除 1991 年与 1996 年外贸顺差超过 130 亿美元外，一般在 90 亿美元以下。1998 年，由于受亚洲金融危机的影响，贸易顺差降至 59 亿美元，创历史新低。此后，由于岛内投资与消费的下降，进口减少，外贸顺差逐年增加。截至 2012 年，台湾总额为 5718.4 亿美元，比上年减少 3%；其中出口 3011.1 亿美元，缩减 2.3%。但全年贸易顺差达 303.8 亿美元，创历史新高，同比成长 13.3%。

8.3.2　台湾物流业

1. 物流业发展概述

台湾地区的物流业发展始于 20 世纪 80 年代初期，它既拥有发达地区的一些典型特点，也具有国内物流业的一些类似问题。台湾物流业最初源于制造业，制造业为提高其产品的配送效率，纷纷设置物流部门作为仓储、配送作业的专门处理机构。随着环境的变化和市场竞争的加剧，社会对商品需求的变化，导致流通产业的结构变化，并引起各部门对流通效率的重视，由此许多专业物流企业应运而生。随着物流服务经验的积累和对发达国家物流管理技术的应用，台湾地区的物流业发展十分迅速。台湾地区的物流企业多以中小型企业为主，且多为区域性物流企业，能够提供综合性物流服务功能的物流中心仍为数不多，这与台湾地区产业的地域分布和经济特点相吻合。总体上，台湾的物流业发展是依靠市场需求来推动的，地区政府和协会在物流业的发展中发挥了积极的作用。地区政府主管部门负责对大型物流基础设施的规划、相关法规和标准的制定，并在物流研究领域给予了充分的重视。地区政府定期委托咨询机构对物流整体运行状态进行及时的调查和研究，并制定相应的发展对策。同时行业协会充分发挥了积极作用，能为政府和企业提供及时的动态信息。

台湾物流业的发展经历了两个重要发展阶段。第一个阶段是在 20 世纪六七十年代，地区政府大力推动“十大”建设，进行高速公路、机场与港口的建设，打通了北高两市交通的任督两脉，使台湾一下子成为亚洲地区的重要枢纽，商贸活动开始频繁起来，许多企业也开始重视物流的重要性。第二个阶段是80年代台湾完成工业化之后，经济部商业司紧接着推动流通自动化，将自动化扩展到资金流、信息流、商流与物流四大领域之中，至此物流正式成为台湾发展地区经济建设的重要一环。

2. 台湾地区的物流企业

台湾地区最早的物流企业，是在1975年由声宝和新力两家公司为配送旗下家电而共同投资成立的东源储运公司。时至今日，台湾物流业百家争鸣，由传统多层次而复杂的配送通路，包括大批发商、大盘商、中盘商、小盘商、中间经销商等，转化成今日由供货商直接透过物流中心将商品运送到各零售卖场据点或是个别消费者之手的形式。物流业依其发展特性的不同，可以分为四种。

第一种是由制造商向下整合发展的物流中心。由于制造商为降低商品流通成本、增加商品的竞争能力，便自行出资设立物流中心，这类由制造商发展的物流中心，包括统一集团的捷盟物流、泰山集团的彬泰物流、味全集团的康国物流、联强物流等。

第二种是由经销商或代理商向上整合所成立的物流中心，如德记洋行、农林集团的侨泰物流等，其供货商品广泛，包括食品、日用品、冷冻等，且供应对象不拘，包括全省便利商店、超级市场、零售商、量贩店等各种零售通路。

第三种是由零售通路业者向上整合发展的物流中心，如顶好惠康超市的惠康物流、全台物流等，前者便是负责提供顶好惠康超市的各种食品及日用品。

第四种是由货运业者发展的物流中心，如大荣货运、新竹货运、中连货运等，其主要客户不拘，囊括全省便利商店、超级市场、零售商、量贩店等，提供其低温及常温商品。这种由货运业者发展的物流中心，相较于其他物流中心而言，先天就具备专业、熟练的物流技术和区域性配送能力，以及广布全省的配送网络等优势。

值得一提的是，台湾地区政府在推动物流业发展的过程中扮演了极为重要的角色。岛内所制定的政策对业界发展起到积极作用，有关方面的协调、扶持也有很大影响。

3. 台湾物流业发展借鉴

（1）企业市场国际化，方可实现规模化。台湾物流发展与经济的市场化和国际化有密不可分的关系。台湾经济对国际市场的依赖很大，企业的弹性应变能力很强。台商到各地经商，使本地经济延伸至国际市场，促使了企业规模化。台湾电脑制造业占世界市场的50%，上中下游的协调非常重要，供应链运作相当成熟。在物流业在台湾兴起之初，就接受了国际上的先进理念和技术，特别是日本的。经过引进、吸收、改造，逐步实现了物流理念和技术的本地化，目前而言，台湾的食品和饮料的物流配送技术和物流中心的建设，已经达到了相当成熟的阶段，可以说，哪个产业的发展程度好，则与之相适应的物流业的发展成熟度就高。

（2）产业结构转型，物流业得到升级。由于制造业向内地转移，很多产品需要进口，流通服务环节就成为影响台湾经济贸易成败的关键。物流业因此受到各界的关注，从事国际物流的企业，得到了许多的便利。而吸引国际物流资本也从多方面提升了台湾物流产业的技术标准。10多年来．台湾流通连锁业的发展，促进了物流配送业进步。

（3）供应链锻炼了物流企业实际运作能力。跨国公司的一个重要的理念，就是在原材料最便宜和最适合生产的地方设立工厂，在价格最好和市场最有前景的地方行销产品，在人才最丰富的地方设立研究和发展中心。各种不同公司的机构散布的各个国家和地区，要克服空间和时间上的距离，全球物流网络成为十分关键的问题。台湾主要以外销为导向，许多企业到内地、到东南亚、到世界各地投资。外包对台湾经济的影响很大，如IT业的许多产品实际上都外包给台湾的厂家，为了配合国际大客户的需要，台湾企业就必须克服物流上的困难，发挥供应链上游零部件、制造商和下游装配厂商的作用，满足客户对产品在时间和空间上的要求。这就在客观上训练了台湾物流企业跨区域的实际运作能力。

图8-4 桃园机场

4. 两岸“三通”将促进两岸物流业的共同发展

自1979年年初全国人大常委会发表《告台湾同胞书》起，祖国大陆就一贯主张尽快实现两岸直接“三通”，积极推动两岸通邮、通商、通航。尽管两岸“三通”发展进程一波三折，但是，经过两岸同胞的共同努力，海峡两岸从互不往来到间接“三通”，从试点直航到局部直通，20多年来不断取得进展和突破。两地之间的人员、货物、资金、信息等各种经济要素的相互流动日趋频繁，经济交流规模日益扩大，从而加深了两岸经济的相互依赖，促进了两岸经济的共同繁荣，也必将带动两岸物流业的发展。

据港媒报道，有“台湾物流教父”之称的台湾“全球运筹发展协会”理事长苏隆德在接受《香港大公报》采访时表示，如若两岸真正实现“三通”，将会促进台湾的物流企业到大陆投资兴业，从而极大地推动两岸物流业的发展。

中国大陆的经济发展迅速，世人有目共睹，在政府积极推动下，大陆的物流企业也如雨后春笋般迅速增加。但大多数企业对物流认知不够，不了解物流产业在不同经济发展阶段所扮演的角色，以及在不同业态间物流管理作业的差异，一窝蜂地投入，往往会造成无序的价格竞争，导致物流服务质量的低落。而台湾物流产业的基盘虽小，但由于较早接受国际化及自由化的冲击，各种经营模式与管理活动已接近甚至超越先进国家或地区的水平，这些都可以作为大陆物流企业发展的借鉴。因此两岸物流企业可以携手合作，共同为扩展全球市场而努力。

两岸同文同种，能够快速、有效地沟通，因而两岸企业携手合作，共同竞逐海内外市场，将会产生“1+1>2”的成效，两岸企业合作将给所延伸的整合性物流服务业带来商机，台湾物流企业能协助 IT 产业做到“982”的交货模式（98%的货物能够在 2 天内全球交货），也能协助流通零售产业做到接到订单 4 小时内将货品送到顾客手上，这种高效率一直为全球所称道。台湾物流企业能以最小的成本和优质的作业模式，进行物流网络的布建，以协助顾客对市场变化做出快速反应。因此大陆物流业者可以借助台湾物流企业的经验，降低学习成本和提升经营质量，以创造竞争力。

思考与练习

1. 香港物流业发展的优势及面临的机遇有哪些？
2. 香港物流业面临哪些挑战？
3. 简述澳门物流业发展概况。
4. 简述台湾地区的物流发展现状。

第9章 国际物流与外贸地理

本章内容摘要

- 国际物流的含义；
- 国际贸易口岸的概念、地位与作用；
- 世界主要的海峡和运河；
- 世界主要的枢纽港口；
- 世界航空区划及主要航线分布；
- 国际多式联运及陆路运输。

9.1 国际物流概述

国际物流的完成主要是通过海上运输、航空运输、国际多式联运及陆路运输实现的。

9.1.1 国际物流的含义

所谓国际物流，就是组织商品在国际间进行合理流动，也就是发生在不同国家之间的物流。国际物流的实质是按国际分工协作的原则，依照国际惯例，利用国际化的物流网络、物流设施和物流技术，实现商品在国际间的流动与交换，以促进区域经济的发展和世界资源优化配置。

9.1.2 国际物流环境

随着国际贸易壁垒的拆除、新的国际贸易组织的建立，若干地区已突破国界的限制形成了统一市场，使得国际物流出现了新的情况，国际物流形式也随之不断变化。国际物流的实质是按国际分工协作的原则，依照国际惯例，利用国际化的物流网络、物流设施和物流技术，实现货物在国际间的流动与交换，以促进区域经济的发展和世界资源的优化配置。

国际物流的总目标是为国际贸易和跨国经营服务，即选择最佳的方式与路径，以最低的费用和最小的风险，保质、保量、适时地将货物从某国的供方运到另一国的需方。国际物流是为跨国经营和对外贸易服务，使各国物流系统相互“接轨”，因而与国内物流系统相比，具有国际性、复杂性和风险性等特点。

(1) 国际性是指国际物流系统涉及多个国家，系统的地理范围大。这一特点又称为国际物流系统的地理特征。国际物流跨越不同地区和国家，跨越海洋和大陆，运输距离长，运输方式多样，这就需要合理选择运输路线和运约方式，尽量缩短运输距离，缩短货物在途时间，加速货物的周转并降低物流成本。

（2）国际物流的复杂性主要包括国际物流通信系统设置的复杂性、法规环境的差异性和商业现状的差异性等。在国际的经济活动中，生产、流通、消费三个环节之间存在着密切的联系，由于各国社会制度、自然环境、经营管理方法、生产习惯不同，一些因素变动较大，因而在国际组织好货物从生产到消费的流动，是一项复杂的工作。

（3）国际物流的风险性主要包括政治风险、经济风险和自然风险。政治风险主要指由于所经过国家的政局动荡，如罢工、战争等原因造成货物可能受到损害或灭失；经济风险又可分为汇率风险和利率风险，主要指从事国际物流必然要发生的资金流动，因而产生汇率风险和利率风险；自然风险则指物流运输过程中，可能因自然因素，如海风、暴雨等，而引起的风险。

从企业角度看，近十几年跨国企业发展很快，越来越多的企业在推行国际战略，在全世界范围内寻找贸易机会、最理想的市场和最好的生产基地，这就必然将企业的经济活动领域由一个地区、一个国家扩展到国际之间。这样一来，企业的国际物流也被提到议事日程上来。企业为支持这种国际贸易战略，必须更新物流观念，扩展物流设施，按国际物流要求对原来的物流系统进行改造。

9.1.3　国际物流的产生与发展

国际物流活动随着国际贸易和跨国经营的发展而发展，经历了以下几个阶段。

第一阶段：20 世纪 50 年代至 80 年代初。这一阶段物流设施和物流技术得到了极大的发展，建立了配送中心，广泛运用电子计算机进行管理，出现了立体无人仓库，一些国家建立了本国的物流标准化体系等。物流系统的改善促进了国际贸易的发展，物流活动已经超出了一国范围，但物流国际化的趋势还没有得到人们的重视。

第二阶段：20 世纪 80 年代初至 90 年代初。随着经济技术的发展和国际经济往来的日益扩大，物流国际化趋势开始成为世界性的共同问题。美国密歇根州立大学教授波索克斯认为，进入 80 年代，美国经济已经失去了兴旺发展的势头，陷入长期倒退的危机之中。因此，必须强调改善国际性物流管理，降低产品成本，并且要改善服务，扩大销售，在激烈的国际竞争中获得胜利。与此同时，日本正处于成熟的经济发展期，以贸易立国，要实现与其对外贸易相适应的物流国际化，并采取了建立物流信息网络，加强物流全面质量管理等一系列措施，提高物流国际化的效率。这一阶段物流国际化的趋势局限在美、日和欧洲一些发达国家。

第三阶段：20 世纪 90 年代初至今。这一阶段国际物流的概念和重要性已为各国政府和外贸部门所普遍接受。贸易伙伴遍布全球，必然要求物流国际化，即物流设施国际化、物流技术国际化、物流服务国际化、货物运输国际化、包装国际化和流通加工国际化等。世界各国广泛开展国际物流方面的理论和实践方面的大胆探索。人们已经形成共识：只有广泛开展国际物流合作，才能促进世界经济繁荣，物流无国界。

9.1.4　国际物流的种类

（1）根据商品在国与国之间的流向可以将国际物流分为进口物流和出口物流。

（2）根据商品流动的关税区域可以将国际物流分为不同国家之间的物流和不同经济区

域之间的物流。

（3）根据跨国运送的商品特性可以将国际物流分为国际军火物流、国际商品物流、国际邮品物流、国际捐助或救助物资物流、国际展品物流、废弃物物流等。

此外，根据国际物流服务提供商的不同，可以将国际物流的运营企业分为国际货运代理、国际船务代理、无船承运人、报关行、国际物流公司、仓储和配送公司等。

9.1.5　国际贸易口岸

1. 口岸的概念

口岸，原指设在海口的商埠，也称通商口岸。

2. 口岸的分类

（1）按照批准开放的权限，可将口岸分为一类口岸和二类口岸。

（2）按照出入境的交通运输方式，可将口岸分为港口口岸、陆地口岸和航空口岸。

此外，在实际工作中，还经常使用边境口岸、沿海口岸、特区口岸、重点口岸、新开口岸和老口岸等提法。

3. 口岸的地位和作用

（1）口岸象征着一个国家的主权。

（2）口岸是对外开放的门户。

（3）口岸是国际货物运输的枢纽。

9.2　国际海上运输

9.2.1　国际航区划分

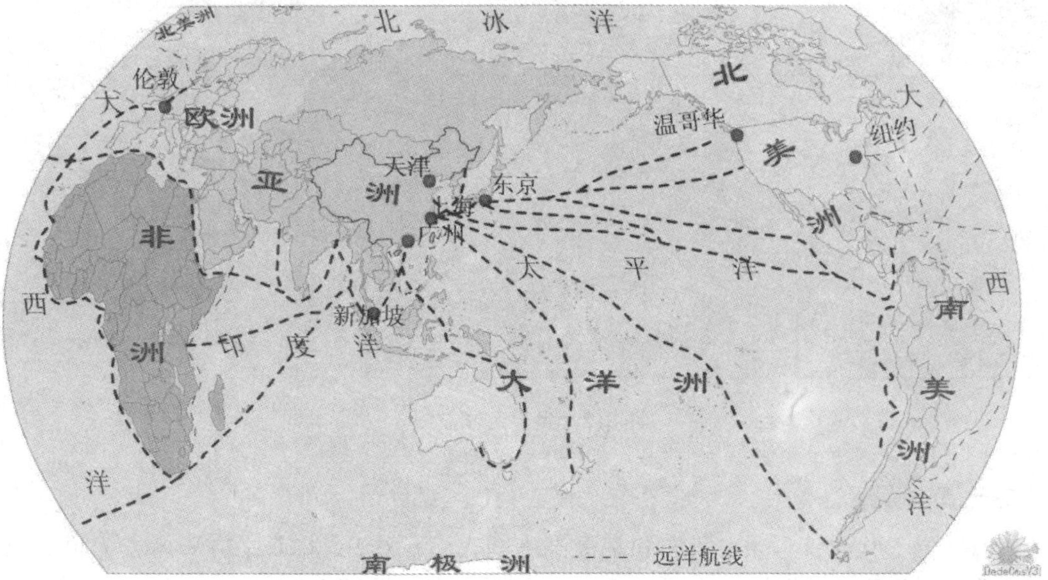

图9-1　远洋航线分布

1. 太平洋航区

太平洋位于亚洲、美洲、大洋洲和南极洲之间，从白令海峡到南极洲的罗斯冰障，南北长约15 900千米，从巴拿马至中南半岛的克拉地峡，最大宽度约19 900千米，面积17 968万平方千米，占世界海洋总面积的49.8%，是世界上最大的洋。太平洋东南部通过南美洲南端的麦哲伦海峡、德雷克海峡与大西洋相通，中美洲的巴拿马运河是沟通两洋的便捷通道；太平洋西部通过大洋洲和亚洲之间的海峡和内海以及澳洲和南极洲之间的海域与印度洋相通，东南亚的马六甲海峡、龙目海峡是沟通两洋的重要水道。太平洋是世界重要的海运大洋。随着东亚的发展以及美国、加拿大等国经济关系重心转向太平洋，世界航运中心正从大西洋移向太平洋。

太平洋航线：太平洋大洋航线联结着亚洲、美洲大陆和大洋洲，西部通过马六甲海峡同印度洋各国相接，东部通过巴拿马运河或麦哲伦海峡同大西洋沟通。太平洋沿岸国家和地区聚居着世界上约半数的人口，是全世界农、矿原料的主要供应者，并有美、俄、日本三个经济大国毗邻或位于此海域，沿岸地区已成为世界经济的重心。因此，太平洋航线的地位日益重要。目前，其经济联系和货物运输的规模已超过大西洋航线。

太平洋的主要航线有：

（1）北太平洋航线：自北美经夏威夷到日本、中国和东南亚；

（2）南太平洋航线：自北美经新西兰、澳大利亚到印度尼西亚；

（3）亚洲东部近海航线：自俄罗斯经朝鲜、中国，南下中印半岛至印尼或新加坡；

（4）美洲西岸近海航线；

（5）澳大利亚、日本航线。

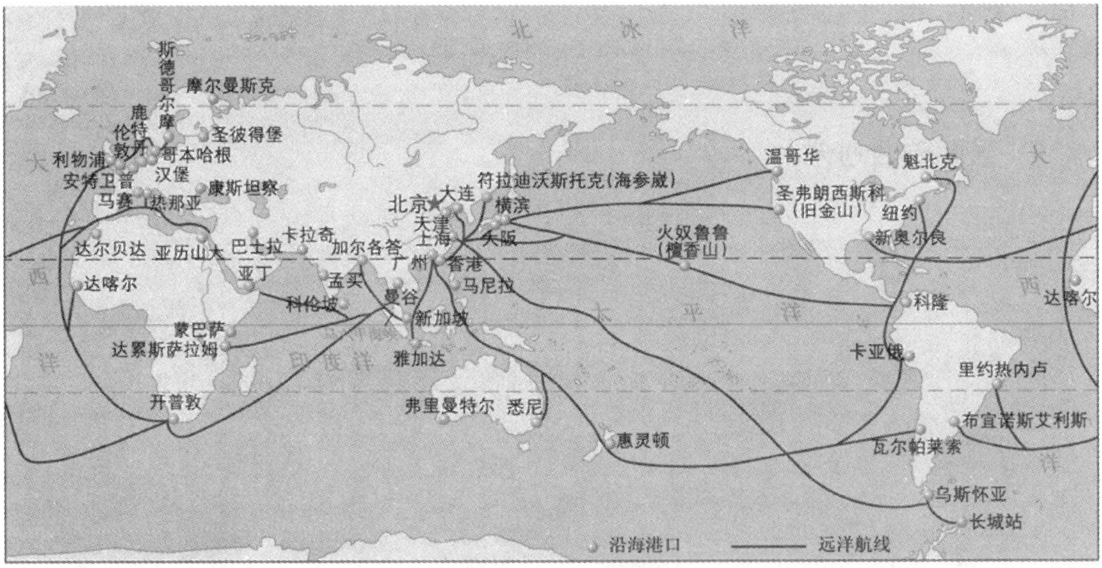

图9-2　世界远洋航线

2. 大西洋航区

大西洋位于欧洲、非洲、美洲和南极洲之间，面积约9 300万平方千米，为世界第二大洋，西部通过巴拿马运河与太平洋沟通，东部经直布罗陀海峡、地中海、苏伊士运河、红海（印度洋属海）可进入印度洋，由东南绕好望角也可进入印度洋。大西洋航运发达，是世界上海运量最大的洋。

大西洋航线：大西洋东西两岸分布着世界上主要的工业化资本主义国家，其他大洋的航线也多同大西洋航线有联系，故过去一向有“世界海上航线枢纽”之称。

大西洋的主要航线有：

（1）欧洲同北美各国间的北大西洋航线，这是第二次世界大战前船舶周转量最大的航线，现已相对衰落；

（2）西欧经非洲西岸几内亚湾或南美东岸的航线；

（3）北美通往加勒比海和南美各国的航线；

（4）地中海航线：西欧、南欧各国通往中近东的航线，中经直布罗陀海峡、苏伊士运河和亚丁湾，同印度洋航线相接，是过去所谓“大英帝国的生命线”。

3. 印度洋航区

印度洋面积约7 492万平方千米，是世界第三大洋，由于它介于亚洲、非洲、大洋洲之间，距欧洲也只隔一个地中海，故印度洋在贯通世界东西交通方面占有重要地位，同时也是中东石油输出的主要路径。本航区主要航线有：横贯印度洋东西的大洋航线和通达波斯湾沿岸产油国的航线。横贯印度洋东西的航线包括从亚太地区及大洋洲横越印度洋西行的航线，和从欧洲、非洲横越印度洋东行的航线，基本上是沟通三大洋的航线。在这组航线上，东端的马六甲海峡和西端的苏伊士运河是两个枢纽地点。波斯湾输油航线一面西行（经苏伊士运河或好望角）至欧洲和美国，一面东行（经马六甲海峡或龙目海峡）至亚太地区。

印度洋航线：印度洋是亚洲南部、非洲东部和澳大利亚西部海上联系的通道，也是西南亚石油输出的主要径路。我国通往南亚、西南亚、非洲和欧洲的航线，也必经印度洋。

印度洋的主要航线有：

（1）横断印度洋航线：由澳大利亚、东南亚、南亚、红海过苏伊士运河至欧洲和北美；

（2）波斯湾的对外航线：东去日本，西绕好望角达欧美各国，是目前世界上运输最繁忙的航线；

（3）南亚各国对外航线。

4. 北冰洋航区

北冰洋大致以北极为中心，介于亚洲、欧洲和美洲之间，为三洲所环抱，在亚洲与北美洲之间有白令海峡通太平洋，在欧洲与北美洲之间以凶岛—法罗海槛和威维亚·汤姆逊海岭（凶岛与英国之间）与大西洋分界，由丹麦海峡及北美洲东北部的史密斯海峡与大西洋相通，面积约1 310万平方千米，是世界四大洋中最小的洋。北冰洋系亚、欧、北美三大洲的顶点，有联系三大洲的最短大弧航线，但气候严酷，洋面大部分常年冰冻，故北冰洋的航运意义不大。目前主要的航线有从摩尔曼斯屯到符拉迪沃斯托克的北冰洋航线和从摩尔曼斯克直达斯瓦尔巴群岛、雷克雅未克和伦敦的航线。

北冰洋航线：北冰洋“东北航道”西起西欧和北欧港口，穿过西伯利亚与北冰洋毗邻海域，绕过白令海峡到达中、日、韩等国港口。它被称作“传说中的航道”，因为一年中大多数时候结着厚厚冰层，只有俄罗斯核潜艇和破冰船在这一带活动，以前商船想进入这一海域，几乎是不可能的事。此航线经过俄罗斯沿岸，因此必须向俄罗斯有关当局缴纳“买路钱”，而俄罗斯方面也希望借此机会以北冰洋东北航线的贯通来挑战苏伊士运河的地位。

9.2.2 世界主要枢纽港口

世界上的国际贸易海港约有3000多个，其中国际贸易商港约占77%，约有500个港口能停靠3.5万吨级船舶，能停靠10万吨级的船的港口约有70个。其中较著名的港口有以下几个。

1. 鹿特丹（荷兰）

鹿特丹是荷兰第二大城市，世界最大的港口，位于欧洲莱茵河与马斯河汇合处。整座城市建设在马斯河两岸，距北海约25千米，有新水道与北海相连。鹿特丹是连接欧、美、亚、非、澳五大洲的重要港口，素有“欧洲门户”之称。

2. 新加坡

该港口位于新加坡岛南部沿海，西临马六甲海峡的东南侧，南临新加坡海峡的北侧，是亚太地区最大的转口港，也是世界最大的集装箱港口之一。该港扼太平洋及印度洋之间的航运要道，战略地位十分重要，目前已发展成为国际著名的转口港。

3. 香港（中国）

维多利亚港是位于香港地区的香港岛和九龙半岛之间的港口和海域，是中国的第一大、世界第三大海港，仅次于美国的旧金山和巴西的里约热内卢。维多利亚港水面宽阔、景色迷人，海港的西北部有世界最大的集装箱运输中心之一的“葵涌货柜码头”。

4. 安特卫普（比利时）

安特卫普是比利时最大的海港，欧洲第三大港，是排名位于鹿特丹港和马赛港之后的欧洲大港。安特卫普港连同城市于16世纪就成为欧洲十分繁荣的商业港口城市，比利时全国海上贸易的70%通过该港完成。安特卫普港以港区工业高度集中而著称。

5. 休斯敦（美国）

休斯敦是美国南方第一大城，休斯敦港口是全美最大的石油工业中心和第三大港，位于德克萨斯州东南沿海，加尔维斯顿湾西北岸平原上，通过长80千米的通海运河与墨西哥湾相连。

6. 高雄（中国）

高雄港，中国台湾省内最大的海港，位于台湾省高雄市。高雄港是大型综合性港口，有铁路、高速公路作为货物集运与疏运手段，是当今世界集装箱运输的大港之一。

7. 马赛（法国）

马赛是法国的第二大城市和最大的海港，该市三面被石灰岩山丘所环抱，景色秀丽，气候宜人。马赛东南濒临地中海，水深港阔，无急流险滩，万吨级轮船可畅通无阻；西部有罗纳河及平坦河谷与北欧联系，地理位置得天独厚。

8. 纽约（美国）

纽约港是美国最大的海港，世界最大的海港之一，位于美国东北部哈得孙河河口，东临大西洋。纽约港是世界上天然深水港之一，有两条主要航道：一条是哈得孙河口外南面的恩布娄斯航道，另一条是长岛海峡和东河，由北方进港的船舶经过。

9. 新奥尔良（美国）

新奥尔良是美国南部城市，濒临墨西哥湾，路易斯安那州一个重要的港口城市，以爵士乐和法国殖民地文化闻名。新奥尔良市是美国路易斯安那州最大的城市，也是美国仅次于纽约的第二大港城。它坐落在路易斯安那州的东南部，密西西比河下游入海处，北临庞恰特雷恩湖。

10. 汉堡（德国）

汉堡是德国北部一座美丽的港口城市，它位于不莱梅东北部易北河岸。汉堡是世界大港，被誉为“德国通往世界的大门”。世界各地的远洋轮来德国时，都会在汉堡港停泊。

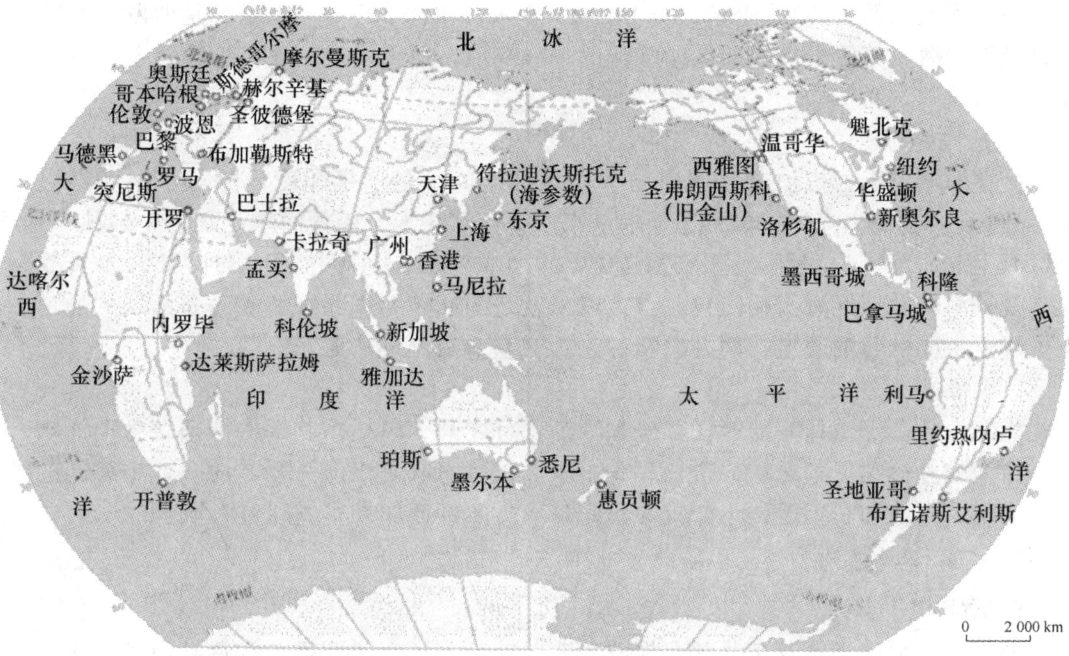

图9-3　世界主要港口城市分布图

9.2.3　世界上主要海峡和运河

1. 世界主要海峡

海峡是两块陆地间连接两个水域的狭窄水道。它是世界航运中的咽喉要道。全世界约有海峡1 000多个，其中可航行的有130多个，重要海峡有40多个。

（1）马六甲海峡

马六甲海峡位于马来半岛与苏门答腊岛之间，有一条细长的水道，呈东南—西北走向。

（2）霍尔木兹海峡

霍尔木兹海峡位于亚洲西部，介于阿曼穆桑达姆半岛与伊朗之间，东接阿曼湾，西连波斯湾，呈“人”字形。由于它是波斯湾进入印度洋的必经之地，因此有“海湾咽喉”之称。

“霍尔木兹”原出自波斯语，意为“光明之神”。海峡东西长约150千米，最宽处达97千米，最狭处只有48.3千米。海峡的最深处为219米，最浅处为71米。霍尔木兹海峡是波斯湾门户，在战略和航运方面具有十分重要的地位。

（3）英吉利海峡和多佛尔海峡

英吉利海峡和多佛尔海峡位于英国和法国之间。英吉利海峡，西通大西洋，东部与北海沟通。多佛尔海峡地处英吉利海峡东部，西南连大西洋，西北通北海，是英国去欧洲大陆最短的海道。

（4）直布罗陀海峡

直布罗陀海峡地处欧洲伊比利亚半岛和非洲西北角之间，是沟通地中海和大西洋的唯一水道。海峡东西长约65千米，宽14～43千米，水深50～1 181米，是西欧、北欧各国船只经地中海、苏伊士运河通往印度洋的咽喉要道，每天过往船只在千艘之上，有“西方海上生命线”之称。

（5）曼德海峡

曼德海峡位于阿拉伯半岛西南与非洲大陆之间，是连接印度洋的亚丁湾和红海的水道。其长约8千米，宽约26～43千米，水深29～323米。曼德海峡是红海中最狭窄地段，是红海上北通苏伊士运河，南下通印度洋的咽喉要道，地理位置十分险要，颇具战略意义。曼德海峡紧扼红海南端门户，自古以来就是沟通印度洋和红海的一条活跃的通道。现为国际上主要的石油通道，西方国家称之为“世界战略的心脏”。

（6）黑海海峡

黑海海峡位于土耳其的亚洲部分和欧洲部分之间，包括东北部的博斯普鲁斯海峡、马尔马拉海峡和达达尼尔海峡，全长375千米。黑海海峡是黑海—爱琴海—地中海间的唯一海上通道，经济和军事地位十分重要，每年有数万艘商船及军舰通过海峡。

2. 世界主要运河

（1）苏伊士运河

苏伊士运河位于埃及东北部，扼欧、亚、非三大洲交通要害，沟通红海和地中海、大西洋和印度洋，大大缩短了东西方的航程，具有重要的战略意义和经济意义。苏伊士运河是世界第一大运河。

苏伊士运河全长170多千米，河面平均宽度为135米，平均深度为13米。苏伊士运河从1859年开凿到1869年竣工。运河开通后，英法两国就垄断苏伊士运河公司96%的股份，每年获得巨额利润。

（2）巴拿马运河

巴拿马运河是通过巴拿马地峡沟通大西洋与太平洋的通航运河。巴拿马运河的开通使太平洋至大西洋的航程缩短了1万多千米，因此素有“世界桥梁”之称。该运河是仅次于苏伊士运河的世界第二大运河。巴拿马运河全长81.3千米，最窄处为152米，最宽处为304米，从运河中线分别向两侧延伸16.09千米所包括的地带，为巴拿马运河区，总面积为1 432平方千米。

巴拿马运河极大地促进了世界海运业的发展。目前，已有占全球贸易运输量5%的货物通过该运河被送往世界各地。美国、日本和中国是巴拿马运河三个最大的使用国。1996

年，香港和记黄埔集团有限公司获得了巴拿马运河两端的巴波亚和克里斯托瓦尔港的经营权，管理期限为25年，到期后可再延长25年。

（3）基尔运河

基尔运河，又名北海—波罗的海运河，是沟通北海与波罗的海的重要水道。它位于德国北部，西起北海畔易北河口的布伦斯比特尔科格，向东延伸98千米，到达荷尔台瑙（波罗的海的基尔湾）。基尔运河全长98.7千米，河面宽103米，深13.7米，建有7座高桥（约43米），可通行海轮。

9.3 国际航空运输

9.3.1 世界航空区划

一区（TC1）：包括北美、中美、南美、格陵兰、百慕大和夏威夷群岛。

二区（TC2）：由整个欧洲大陆（包括俄罗斯的欧洲部分）及毗邻岛屿，凼岛、亚速尔群岛、非洲大陆和毗邻岛屿、亚洲的伊朗及伊朗以西地区组成。

三区（TC3）：由整个亚洲大陆及毗邻岛屿（已包括在二区的部分除外），澳大利亚、新西兰及毗邻岛屿，太平洋岛屿（已包括在一区的部分除外）组成。

9.3.2 世界主要航空线的分布

1. 航空线的确定

飞机飞行所经的线路及起讫点和经停点连接而成的线路，称为空中交通线，简称航空线。航空线通常以飞行线路的起讫点和经停点命名。

2. 航空线的划分

航空线可分为航空支线和航空干线。

3. 世界重要航空线

（1）北大西洋航空线。

（2）北太平洋航空线。

（3）西欧—中东—远东航空线。

9.3.3 世界航空港的分布及航空组织

1. 国际航空港

（1）亚洲的北京、上海、香港、东京、首尔、马尼拉、新加坡、仰光、曼谷、雅加达、新德里、加尔各答、卡拉奇、德黑兰、贝鲁特、吉达、迪拜；非洲的开罗、阿尔及尔、喀土穆、内罗毕、达喀尔、拉各斯、约翰内斯堡、布拉柴维尔。

（2）欧洲的伦敦、巴黎、布鲁塞尔、阿姆斯特丹、法兰克福、柏林、维也纳、苏黎世、华沙、莫斯科、罗马、雅典、布加勒斯特、马德里、哥本哈根、斯德哥尔摩。

（3）北美洲的纽约、华盛顿、芝加哥、亚特兰大、洛杉矶、旧金山、迈阿密、西雅图、达拉斯-沃斯堡、休斯敦、蒙特利尔、多伦多、温哥华。

（4）拉丁美洲的布宜诺斯艾利斯、里约热内卢、圣保罗、利马、圣地亚哥、加拉加斯、墨西哥城、圣胡安。

（5）大洋洲的悉尼、奥克兰、火奴鲁鲁、楠迪。

2. 主要的国际航空组织

国际航空运输组织是国家间航空运输企业自愿联合组织的政府间或非政府性的国际组织。最重要的国际航空组织有：国际航空运输协会（International Air Transport Association，IATA）、国际民用航空组织（International Civil Aviation Organization，ICAO）和国际机场协会（Airports Council International，ACI）。

国际机场协会是世界各地机场组成的国际组织，主要目的是促进会员间的合作，以及会员与政府、航空公司及飞机制造商的合作。目前，国际机场协会在全球拥有535家组织和1 500个会员机场。

9.4 国际多式联运及陆路运输

9.4.1 国际多式联运概述

1. 国际多式联运的概念

国际多式联运是一种以实现货物整体运输的最优化效益为目标的联运组织形式。它通常是以集装箱为运输单元，将不同的运输方式有机地组合在一起，构成连续的、综合性的一体化货物运输。

2. 国际多式联运特征

按照《联合国国际多式联运公约》的解释，“国际多式联运”必须具备如下条件：

必须具有一份多式联运合同；必须使用一份全程多式联运单证；必须是至少两种不同运输方式的连续运输；必须是国际的货物运输；必须由一个多式联运经营人对货物运输的全程负责；实行全程单一运费费率。

3. 国际多式联运经营人

国际多式联运经营人（multi-modal Transport Operator，MTO），是指其本人或通过其代理同托运人订立多式联运合同的人。可是实际承运人，也可是无船承运人（Non-vessel Operating Carrier，NVOC）。

国际多式联运经营人的责任和义务如下。

（1）从掌管货物时起至交付货物时止，负责从事和/或以他自己的名义组织货物联运工作，包括这种联运所需要的一切服务工作，并在本规则所规定的范围内，承担这种联运和这种服务工作的责任；

（2）对于他们的代理人或雇佣人员的行为和不行为犹如这种行和不行为是他自身的那样，承担责任，如果这些代理人或雇佣人员是在他们职责内行事；

（3）对于他所使用的为其履行以联运单证作为证明的合同而提供服务的任何其他人的行为和不行为，承担责任；

（4）负责从事或组织为确保货物交付所必需的一切工作；

（5）对于从他掌管货物到交付货物期间发生的关于货物灭失或损害，承担本规则规定范围内的责任，并负责支付规则规定的有关这种灭失或损害的赔偿金；

（6）承担在规定范围内关于延迟交货的责任，并负责支付该规则所规定的赔偿金。

4. 国际多式联运的主要业务与程序

（1）托运申请，订立多式联运合同。

（2）空箱的发放、提取及运送。

（3）出口报关。

（4）货物装箱及接收货物。

（5）订舱及安排货物运送。

（6）办理保险。

（7）签发多式联运提单，组织完成货物的全程运输。

（8）运输过程中的海关业务。

（9）货物交付。

（10）货运事故处理。

9.4.2 陆桥运输

陆桥运输是指横贯大陆的铁路与公路把海与海连接起来的快捷的运输方式。通过陆桥运输可缩短运输时间，提高经济效益。目前，国际贸易上常用的大陆桥有西伯利亚大陆桥。20 世纪 50 年代初，西伯利亚大铁路就开始了一般性的海陆联运，主要承运欧洲出口到亚洲 1/5 的杂货，日本到欧洲 1/3 的杂货。其主要经营部门是全俄过境运输公司和国际铁路集装箱运输公司。

1. 陆桥运输的优点

陆桥运输也是一种海陆联运形式，只是因为其在国际多式联运中的独特地位，故将其单独作为一种运输组织形式。它有以下几个优点：

（1）作业手续。大陆桥运输手续简便，可以一次托运，一票到底，一次结汇。货物委托给一个货物运输代理人，即可帮其办理国际集装箱运输的全程手续。可采用“门到门”的方式，货主一旦委托后，便由承运人负责全程运输，因而对货主来讲十分简便，这是货主乐于采用这种方式的重要原因。

（2）物流速度快。“大陆桥”与海运相比，不仅运输里程大大缩短，且装卸集装箱时间也大大减少，再加上铁路运输速度本身就高于海运，因而物流速度就大大加快，时间显著缩短。

（3）物流风险小，时间保证程度高。采用大陆桥运输，气候、季节的影响小，而采用海运，常由于气候自然因素出现风险，延迟船期。

（4）资金周转速度快、成本低。由于“大陆桥”运输系统健全，结汇速度快，比海运可提前 10～15 天结汇，有利于资金周转，从成本看，可降低约 3%～5%。“大陆桥”运输同时也极大地减少了行程的迂回，简化了中间环节和包装，降低了运输费用。

（5）运输质量好。由于采用集装箱货物运输，在装卸搬运过程中，只需换装集装箱，不需要搬动箱内的货物，从而大大保证了货物的运输安全，并为简化货物包装、节约包装材料和费用创造了条件。

2. 陆桥运输的主要形式

（1）大陆桥运输。大陆桥运输是指利用横贯大陆的铁路（公路）运输系统，作为中间桥梁，把大陆两端的海洋连接起来的集装箱连贯运输方式。目前，世界上大陆桥主要有4条：北美大陆桥、西伯利亚大陆桥、陇海兰新欧亚大陆桥和玻利维亚大陆桥。

目前，世界上有许多条大陆桥，最主要的有三条：西伯利亚大陆桥，美国大陆桥和加拿大大陆桥。

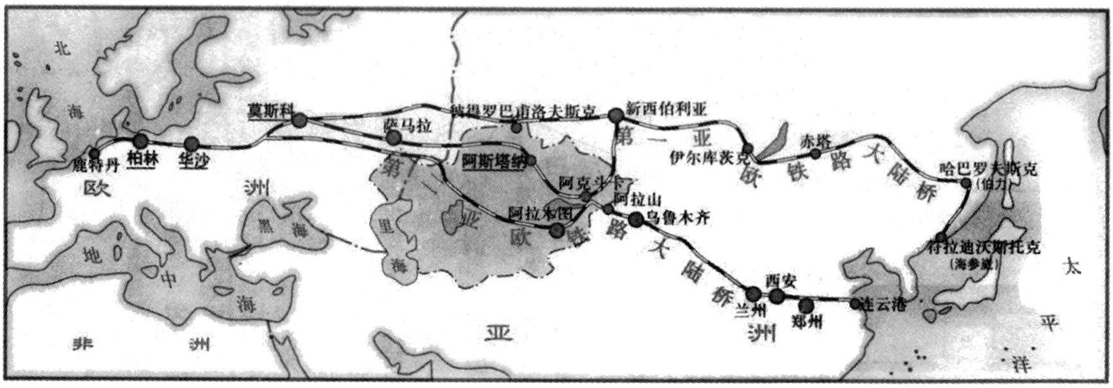

图 9-5　亚欧铁路大陆桥示意图

① 西伯利亚大陆桥。西伯利亚大陆桥是远东—欧洲大陆桥，是当今世界上最长的一条大陆桥运输线，由俄罗斯方面担任总经营人，签发货物过境许可证，签发统一全程联运提单，承担全部联运责任，以用户委托、承运的接力方式施行联运。

② 北美大陆桥。北美大陆桥包括美国大陆桥和加拿大大陆桥。美国大陆桥运输始于1967年，它包括两条路经：一条是连接太平洋与大西洋的路线，另一条是连接太平洋与墨西哥湾的路线。加拿大陆桥运输于1979年开通使用，与美国大陆桥是平行的，是连接太平洋与大西洋的大陆通道。

③ 新亚欧大陆桥。新亚大陆桥是第二条在亚欧大陆上的欧亚大陆桥，该陆桥的中国和哈萨克斯坦区段于1992年12月1日正式开通。亚欧第二大陆桥连接大西洋和太平洋两大经济中心带，将给中亚地区经济的振兴与发展创造新的契机，并已逐步成为我国中西部地区与中亚、中东和欧洲地区之间的新的经济带。东起我国连云港，经陇海铁路到新疆，出阿拉山口至鹿特丹，横贯西亚各国、波兰、俄国、德国、荷兰等三十多个国家和地区，全线10 800千米。新亚欧大陆桥比西伯利亚大陆桥缩短2 000千米，节省运费30%，与海运比较，可节省60%左右的运输时间。

（2）小陆桥运输。所谓小陆桥运输，也就是比大陆桥的海—路—海运输缩短一段海上运输，成为陆—海或海—陆联运方式的运输。美国小陆桥是在1972年由美国的船公司和铁路公司联合创办的，它是将日本或远东至美国东部大西洋口岸或美国南部墨西哥湾口岸的货运，由原来的全程海运改为由日本或远东装船至美国西部太平洋口岸或南部墨西哥湾口岸，以陆上铁路或公路作为桥梁，把美国东海岸与西海岸和墨西哥湾连接起来。小陆桥运输避免绕道巴拿马运河，可以享受铁路集装箱专用优惠价，降低了运输成本，缩短了运输时间。

（3）微型陆桥运输。日本到美国内陆地区的货物，在西海岸港口上陆后，直接由陆上运输运到美国内陆地区的城市。这样就可免去收货人到港口办理报关、提货等进口手续，方便了货主，这就是微型陆桥运输。

（4）半陆桥运输。从东南亚各国（包括孟加拉、缅甸、泰国）到西亚（包括巴基斯坦、伊朗）的货物，利用东印度的加尔各答到西印度孟买的铁路为陆桥的运输，这条集装箱海陆联线，可以节约绕道印度半岛的航程，由于其运输路线短，又通过印度半岛，所以称它为“半陆桥”。

（5）内陆公共点运输。内陆公共点运输，又称为内陆公共点或陆上公共点，即使用两种运输方式将卸至美国西海岸港口的货物通过铁路转运抵美国的内陆公共点地区。

（6）内陆公共点多式联运。内陆公共点多式联运的运输方式、运输途径、运输经营人的责任和风险完全与小陆桥运输相同，它是指使用联运提单，经美国西海岸和美国湾沿海港口，利用集装箱拖车或铁路运输将货物运至美国内陆城市。

9.4.3 国际铁路运输

1. 国际铁路运输

铁路运输是仅次于海运的一种主要运输方式，运量较大，速度较快，运输风险明显小于海洋运输，能常年保持准点运营。

中国通往欧洲的国际铁路联运线有两条：一条是利用俄罗斯的西伯利亚大陆桥贯通中东、欧洲各国；另一条是由江苏连云港经新疆与哈萨克斯坦铁路连接，贯通俄罗斯、波兰、德国至荷兰的鹿特丹。

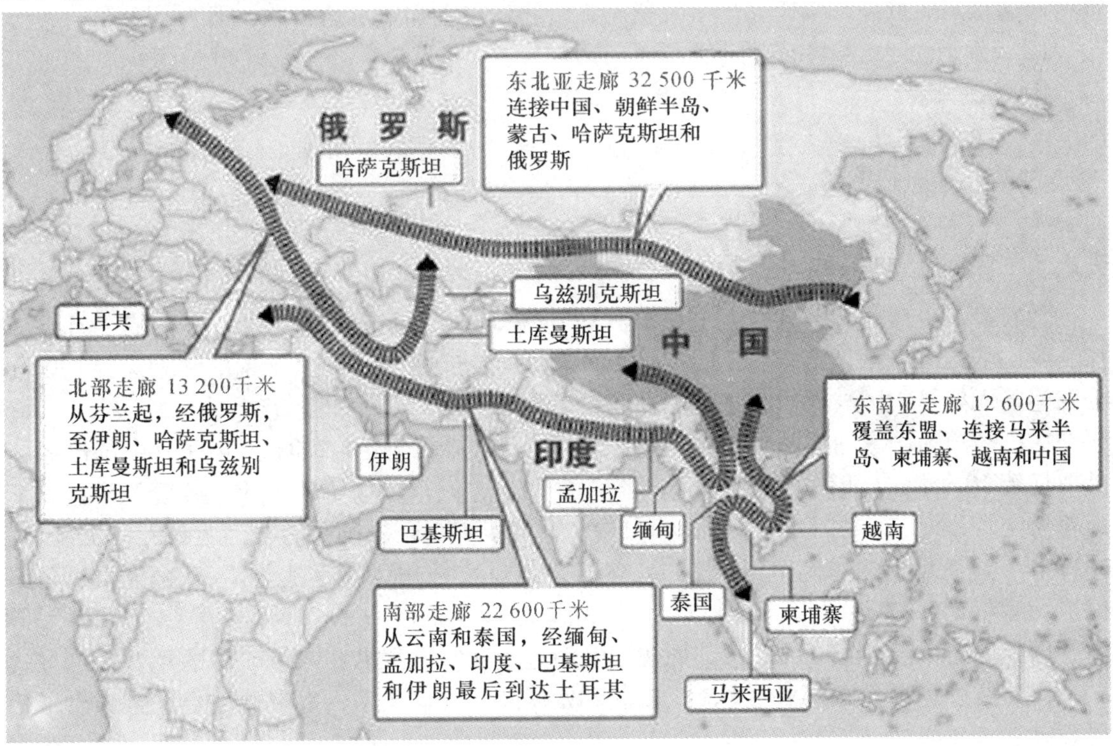

图 9-6 泛亚铁路网四条运输走廊

2. 国际铁路联运货物运费的计算

（1）运费计算的原则。

① 发送国和到达国铁路的运费，均按铁路所在国家的规章办理。

② 过境国铁路的运费，均按承运当日《统一货价》规定计算，由发货人或收货人支付。

（2）过境运费按《统一货价》规定的计算程序计算。

① 根据运单上载明的运输路线，在过境里程表中，查出各通过国的过境里程。

② 根据货物品名，查出其可适用的运价等级和计费重量标准。

③ 根据货物运价等级和总的过境里程查出适用的运费率。其计算公式为：

基本运费额 = 货物运费率 × 计费重量，运费总额 = 基本运费额 × 加成率

（3）国内段运费按价规计算的程序计算

① 根据货物运价里程表确定发到站间的运价里程。一般应按最短路径确定，并须将国境站至国境线的里程计算在内。

② 根据运单上所列货物品名，查找货物运价分号表，确定适用的运价号。

③ 根据运价里程与运价号，在货物运价表中查出适用的运价率。

④ 费重量与运价率相乘，即得出该批货物国内运费，其计算公式为：

运费 = 运价率 × 计费重量

3. 联运出口货物程序

（1）托运与承运。发货人在托运货物时，向车站提出货物运单和运单副本，车站接到运单后，审核通过，即签证车站在运单上签证表示受理托运。发货人按签证指定的日期将货物送达指定的货位，装车完毕后发货站在货物运单上加盖承运日期，即为承运。

（2）发运。

① 物进站。

② 请车拨车。

③ 装车加固和施封。

9.4.4 国际公路运输

随着经济全球化和区域经济一体化不断地展，各国经济互利合作、相互依存日益加深。中国陆地上与俄罗斯等 15 个国家接壤，拥有着长达 22 000 多千米的陆上边界。国际公路运输无疑是中国与周边国家开展经济、贸易合作的重要纽带。

中国与周边国家间的国际公路运输取得了积极进展。截至 2004 年年底，中国已经与俄罗斯等 10 个周边国家分别签署了 10 个政府间双边汽车运输协定和 3 个政府间多边汽车运输协定，设立了 60 个国际公路运输口岸，开通了 140 余条国际客货运输线路。据统计，2012 年，出入境运输车辆达到了 2 504. 88 万辆次，完成出入境客运量 4. 31 亿人次、公路完成货运量 322. 13 亿吨。

国际公路运输已经成为中国与周边国家沿边地区对外贸易和人员往来的重要运输方式之一，为促进经贸合作、文化交流，巩固和发展睦邻友好关系，发展区域经济，做出了重要贡献。

思考与练习

1. 什么是国际物流？国际物流的特点是什么？
2. 太平洋航区的主要航线有哪些？
3. 比较海洋运输与航空运输的优缺点。
4. 国际大陆桥有哪几条？

参考文献

[1] 孙秋菊．物流环境与地理［M］．北京：高等教育出版社．
[2] 张迪祥．国际经贸地理概论［M］．北京：经济科学出版社．
[3] 罗明义．旅游经济学［M］．第2版．天津：南开大学出版社．
[4] 保继刚，楚义芳．旅游地理学［M］．修订版．北京：高等教育出版社．
[5] 曾宪培，陈鹏．物流经济地理［M］．第2版．北京：机械工业出版社．
[6] 马勇，李玺．旅游规划与发展［M］．北京：高等教育出版社．
[7] 李天元．旅游学［M］．北京：高等教育出版社．
[8] 李旸，罗维燕．物流经济地理［M］．北京：北京理工大学出版社．
[9] 戴娟萍．中国经济地理［M］．北京：中国物资出版社．
[10] 胡欣．中国经济地理［M］．上海：立信会计出版社．
[11] 深圳物流网．http://www.sztw.cn/wuliu25/szwl1820.htm．